保险扶贫机制与模式创新

基于中国西部地区的实践经验

刘慧侠 等 ◎ 著

中国社会科学出版社

图书在版编目（CIP）数据

保险扶贫机制与模式创新：基于中国西部地区的实践经验／刘慧侠等著.
—北京：中国社会科学出版社，2024.6
ISBN 978-7-5227-3575-7

Ⅰ.①保… Ⅱ.①刘… Ⅲ.①保险业—关系—扶贫—研究—西北地区 ②保险业—关系—扶贫—研究—西南地区 Ⅳ.①F842②F127

中国国家版本馆 CIP 数据核字（2024）第 101561 号

出 版 人	赵剑英
责任编辑	周　佳
责任校对	胡新芳
责任印制	王　超

出　　版	中国社会科学出版社
社　　址	北京鼓楼西大街甲 158 号
邮　　编	100720
网　　址	http://www.csspw.cn
发 行 部	010-84083685
门 市 部	010-84029450
经　　销	新华书店及其他书店
印　　刷	北京君升印刷有限公司
装　　订	廊坊市广阳区广增装订厂
版　　次	2024 年 6 月第 1 版
印　　次	2024 年 6 月第 1 次印刷
开　　本	710×1000　1/16
印　　张	14.25
插　　页	2
字　　数	238 千字
定　　价	79.00 元

凡购买中国社会科学出版社图书，如有质量问题请与本社营销中心联系调换
电话：010-84083683
版权所有　侵权必究

目 录

第一章 绪论 ……………………………………………………（1）
　第一节　研究背景及意义 …………………………………………（1）
　第二节　研究文献回顾 ……………………………………………（11）
　第三节　研究思路与方法 …………………………………………（17）
　第四节　研究内容 …………………………………………………（19）

第二章 保险扶贫理论与实践概览 ………………………………（21）
　第一节　贫困理论及致贫因素 ……………………………………（21）
　第二节　保险扶贫机理及路径 ……………………………………（24）
　第三节　国际保险扶贫实践概览 …………………………………（32）
　第四节　中国保险扶贫实践概览 …………………………………（37）

第三章 保险扶贫的机制路径演进及减贫成效 …………………（42）
　第一节　引言 ………………………………………………………（42）
　第二节　中华人民共和国成立初期社会保险扶贫
　　　　　机制建立（1949—1977年）………………………………（45）
　第三节　改革开放后社会保险扶贫体制机制建立完善
　　　　　（1978—2012年）…………………………………………（47）
　第四节　商业保险扶贫机制探索建立（1949—2012年）………（55）
　第五节　新时代社会保险精准扶贫的路径及成效
　　　　　（2013—2020年）…………………………………………（59）

第六节 新时代商业保险精准扶贫的路径及成效
        （2013—2020 年） ……………………………………… (75)

第四章 西部地区农村贫困程度测度及致贫因素分析 ……………… (86)
　第一节 西部地区概览 ………………………………………… (86)
　第二节 西部地区农村贫困总体特征 ………………………… (100)
　第三节 西部地区农村贫困程度测度分析 …………………… (104)
　第四节 西部地区农村致贫的风险因素分析 ………………… (112)

第五章 西部地区农业保险扶贫机制模式创新及扶贫
        效果评价 ……………………………………………… (120)
　第一节 引言 …………………………………………………… (120)
　第二节 农业保险扶贫的理论机理 …………………………… (121)
　第三节 西部地区农业面临的各类风险及经济损失分析 …… (124)
　第四节 西部地区农业保险扶贫机制及典型模式 …………… (127)
　第五节 西部地区农业保险扶贫效果实证分析 ……………… (140)
　第六节 西部地区农业保险扶贫存在的主要问题 …………… (146)
　第七节 西部地区农业保险助力乡村振兴的对策建议 ……… (147)

第六章 西部地区健康保险扶贫机制模式创新及扶贫
        效应研究 ……………………………………………… (150)
　第一节 引言 …………………………………………………… (151)
　第二节 健康保险扶贫防贫的理论机理 ……………………… (152)
　第三节 西部农村居民的健康状况及其经济负担分析 ……… (158)
　第四节 西部地区健康保险扶贫机制分析 …………………… (163)
　第五节 西部地区商业健康保险扶贫模式创新 ……………… (167)
　第六节 西部地区健康保险扶贫效应实证分析 ……………… (172)
　第七节 西部地区健康保险扶贫存在的问题及对策建议 …… (177)

第七章　西部地区信用保证保险扶贫实践及改进对策研究 …………（181）
第一节　引言 ……………………………………………………（181）
第二节　信用保证保险扶贫的理论机理 ………………………（182）
第三节　西部地区信用保证保险扶贫的主要模式 ……………（187）
第四节　西部地区信用保证保险扶贫存在的主要问题 ………（190）
第五节　西部地区信用保证保险助力乡村振兴的对策建议 …（192）

第八章　保险助力西部地区乡村振兴的路径及对策建议 …………（196）
第一节　中国保险扶贫的成功经验 ……………………………（196）
第二节　保险助力西部地区乡村振兴的主要路径 ……………（199）
第三节　保险护航西部地区乡村振兴战略高质量实施的对策建议 ……………………………………………………（202）

参考文献 …………………………………………………………………（207）

后　记 ……………………………………………………………………（220）

第一章

绪 论

第一节 研究背景及意义

一 研究背景

贫困是人类社会的顽疾，贫困及其伴生的饥饿、疾病、社会冲突等一系列难题，严重阻碍了人类对美好生活的追求。减少和消除贫困是世界各国在发展中面临的共同挑战。贫困问题是复杂的、持续性的社会经济现象，如何摆脱贫困是一项世界性难题。从绝对收入贫困理论到相对收入贫困理论，再到以阿马蒂亚·森为代表的权利贫困理论，贫困的内涵不断衍化与丰富，扶贫不仅要提升贫困人口的收入水平以保障其基本生活，更要注重维护其基本权利，增强贫困人群内生发展能力和动力，促使他们更好地融入主流社会之中。

中国共产党始终坚持以人民为中心，将消除贫困作为促进人民安居乐业、实现共同富裕的重要前提。消除贫困、改善民生，逐步实现共同富裕，是社会主义的本质要求，是中国共产党的初心使命。自中华人民共和国成立以来，中国始终将反贫困作为治国安邦的大事，经济社会快速发展推进了减贫进程。党的十八大以来，在以习近平同志为核心的党中央领导下，中国实施了人类历史上规模空前、力度最大、惠及人口最多的脱贫攻坚战，各地不断创新机制、扎实推进精准扶贫，形成了特色产业扶贫、劳务输出扶贫、易地扶贫搬迁、生态保护扶贫、教育扶贫、金融保险扶贫、资产收益脱贫、特殊人群关爱服务等精准脱贫机制及多样化模式。经过不懈努力，2020年中国脱贫攻坚战取得全面胜利，现行标准下9899万农村贫困人口全部脱贫，832个贫困县全部摘帽，

12.8万个贫困村全部出列，区域性整体绝对贫困问题已得到解决。中国成为第一个提前实现联合国"千年发展目标"中贫困人口比例减半的国家，为世界减贫事业作出了巨大贡献，开创了中国特色的减贫道路。

　　导致贫困的因素多种多样，既有社会经济和制度因素，又有自然灾害和个人因素，例如重大疾病、养老、教育、住房等支出，可能会剥夺居民的健康权、养老权、教育权、居住权，从而引致贫困的发生。因此，解决贫困问题有助于增强贫困人口抵御风险和参与市场、社会活动的能力。保险作为一种风险管理手段，与生俱来的风险转移及损失补偿机制，不仅能够在贫困人口面临外部疾病、灾害等风险冲击时提供缓冲，保护弱势群体免受风险冲击，而且能够在风险事件发生之前，减小风险事件带来的不确定性，降低贫困人口放弃获益机会的概率（Churchill，2007）。具体来说，保险的风险转移、责任共担、损失补偿机制，本质就是为分摊灾害、事故、疾病等风险而存在的。保险从最初的风险分散、经济补偿功能发展到资金融通、融资增信、社会管理等多元化功能，同时，保险提供的资金融通、风险管理技术及服务支持，对贫困地区具有一定的"造血"功能。保险作为"社会稳定器"，其"事前防范""事后补偿"的双重机制与帮助贫困人口摆脱贫困的目的具有内在的一致性，各类保险计划及多样化的保险工具是国际扶贫减贫的一项重要战略。

　　党的十八大以来，党和政府高度重视建立和完善金融保险扶贫机制，强调借助保险力量助力"精准扶贫、精准脱贫"，解决农村地区因病、因灾、因缺乏资金造成的贫困问题。2014年1月，中共中央办公厅、国务院办公厅颁布《关于创新机制扎实推进农村扶贫开发工作的意见》，提出通过推广小额信用贷款保险、扩大农业保险覆盖面，提高农村扶贫效率。2014年8月，国务院印发《关于加快发展现代保险服务业的若干意见》，提出了加快发展现代保险业的整体战略部署及五项措施，促进保险与保障紧密衔接，把商业保险建成社会保障体系的重要支柱。2015年11月，中共中央、国务院发布《关于打赢脱贫攻坚战的决定》，提出打赢脱贫攻坚战的总体要求以及实施精准扶贫方略，坚持扶贫开发与社会保障有效衔接。党的十九大将脱贫攻坚战作为决胜全面建成小康社会必须打好的三大攻坚战之一，明确提出"在发展中补齐民生短板、促进社会公平正义，在幼有所育、学有所教、劳有所得、病有所医、老有所养、住有所居、弱有所扶上不断取得新进展，深入开展脱贫攻坚，保证全体人民在共建共享发展中有更多获得感，不断促进人的全面发展、全体人民共同富裕"。

新时代十年来，政府出台了一系列政策举措促进保险参与扶贫开发工作。一方面，按照兜底线、织密网、建机制的要求，建立完善社会保障体系，扩大社会保险覆盖面，提高保障水平，增强社会保险的公平性、流动性、统筹接续性，建成覆盖全民、统筹城乡、公平统一、可持续的社会保障网。同时，加强社会保险精准扶贫脱贫的体制机制建设，强化社会保障的兜底减贫作用，保障贫困人群的基本生活，为不同类型的贫困人口织就坚实的社会保障网。截至 2022 年年底，全国基本养老保险、失业保险、工伤保险参保人数分别达到 10.5 亿人、2.4 亿人、2.9 亿人；基本医疗保险参保人数超过 13 亿人，参保率一直稳定在 95% 以上。这个世界上规模最大的社会保障体系正在成为 14 亿多中国人安居乐业的保障，使发展成果更好惠及全体人民。

中国的扶贫开发实践证明，日益健全的社会保险制度是中国最大的反贫困机制，社会保险为城乡全体社会成员提供了基础性的风险保障，为预防和缓解贫困问题提供了坚实的制度保障。同时，不断探索社会保险扶贫与商业保险有效结合、紧密衔接的体制机制，以及二者协同助力精准扶贫脱贫的路径、模式。

另一方面，加快促进商业保险市场发展，提高服务质量，全方位助力脱贫攻坚。改革开放四十多年来，中国保险业发展迅速，保险机构数量大幅增加，从 20 世纪 90 年代的少数几家公司扩展至 2021 年的 235 家法人机构，市场竞争主体呈现多元化特点，包括财产险公司、人身险公司、再保险公司、资产管理公司，还有 2605 家保险中介机构。保费收入由 1980 年的 4.6 亿元增加到 2021 年的 4.49 万亿元，年均增长速度为 25.8%，总保费规模世界排名第 2 位，保险公司总资产达 24.89 万亿元，成为全世界保险市场发展速度最快的国家。随着中国保险业快速发展，商业保险在社会经济中充分发挥分散风险、损失补偿、损失预防、增强信用、产业投资等功能作用。同时，商业保险与社会保障体系紧密衔接，不断创新产品和服务，逐步成为中国社会保障体系的重要支柱以及灾害事故防范救助体系的组成部分。中国的商业保险在扶贫开发战略中发挥了重要作用。在精准扶贫精准脱贫攻坚战中，商业保险扶贫通过健康保险扶贫、农业保险扶贫、融资增信扶贫、产业保险扶贫、民生保险扶贫、教育保险扶贫等途径，创建了中国特色的保险扶贫体系，即以健康保险、农业保险为代表的保险扶贫保障体系，以小额贷款保证保险、农业保险保单质押为代表的保险扶贫增信体系，以保险资金支农融资和直接投资为代表的产业扶贫投资体系等，筑牢因病因灾致贫返贫的"第二层防护网"。

西部农村贫困地区是中国脱贫攻坚战的重点领域，在精准扶贫脱贫攻坚阶段，西部地区各省份根据当地致贫原因和脱贫需求，创设多项支持政策，形成社会保险、商业保险与其他金融机构优势互补、合作发力的保险扶贫机制，精准提供健康保险、农业保险、农业巨灾指数保险、意外保险、信用保证保险等多条保险扶贫路径，开发创新出农业保险、健康和小额人身险、融资增信、产业扶贫、教育扶贫等一系列保险扶贫产品和服务，涌现出宁夏"盐池模式"、甘肃"双保险＋保单增信贷款＋政府补贴"模式、陕西"特色农业保险"模式、云南"三道保障线"模式、青海"脱贫保"模式、四川"保险融资＋担保保证＋再担保"模式、西藏"保险保证＋信贷＋政府补贴"模式等较为成熟的典型模式，有效减缓了疾病和自然灾害给农民带来的各种风险冲击，提升了贫困地区广大群众的风险抵御能力及脱贫内生动力，取得了良好的扶贫脱贫效果。西部地区各省份保险机制参与扶贫的方式，在扶贫实践中探索出的创新举措、体制机制、典型模式、脱贫效果，有待从理论与实证方面进行全面系统研究，其实践经验值得总结推广。

中国已经解决了绝对贫困问题，但广大农村的相对贫困仍然存在，反贫困进入新阶段，农民依然面临自然、社会及市场等风险，这些风险亦是相对贫困的主要特点。在后脱贫时代，尽管部分农户收入高于绝对贫困线，但由于资产和社会保障不足以抵御自然灾害、疾病、环境及其他风险的冲击，可能引起"潜在贫困人口"的存在，形成边缘贫困人口。随着扶贫政策的逐步退出，部分脱贫人口遇到经济下行、市场波动、自然灾害等重大风险时会出现返贫现象，特别是西部地区受自然条件和基础设施的制约更大，风险抵御能力较低，因而重视后脱贫时代"三农"

面临的"风险性"尤为重要。

习近平总书记指出:"脱贫摘帽不是终点,而是新生活、新奋斗的起点。"[①] 贫困治理是一项长期性、整体性工程,脱贫攻坚亦是一个动态过程,通过各项帮扶政策实现脱贫的建档立卡户,其生计系统还比较脆弱,仍存在返贫甚至落入"贫困陷阱"恶性循环的可能性。长效脱贫机制的构建是巩固拓展脱贫攻坚成果的关键。党的二十大报告强调:"巩固拓展脱贫攻坚成果,增强脱贫地区和脱贫群众内生发展动力。"增强内生发展动力,既符合乡村振兴发展的现实需要,也是巩固拓展脱贫攻坚成果的核心环节。那么,后脱贫时代,中国保险扶贫机制如何在现有基础上不断进行优化,构建可持续的长效脱贫机制,进而形成稳定的脱贫体系,持续不断增强脱贫地区与贫困群众的内生发展能力和动力,是当前学者和政策制定者关注的焦点问题。

本书以中国西部地区为例,从理论与实践结合角度全面系统研究保险扶贫的体制机制及模式创新问题,系统梳理中华人民共和国成立七十余年来保险扶贫减贫机制演进发展历程及减贫成效;利用中国西部地区12个省份的保险扶贫实践数据资料,分析西部地区农村脱贫攻坚期间农业保险、健康保险、信用保证保险精准扶贫的机制路径、典型模式,保险产品和服务创新、扶贫效应、存在的主要问题,总结成功经验,提出保险助力巩固拓展脱贫攻坚成果与乡村振兴有效衔接的路径和对策选择。本书总结了更具普遍理论意义和实践应用价值的中国特色保险扶贫脱贫机制路径、经验与智慧。

二 研究意义

西部农村是脱贫攻坚与乡村振兴重点地区,目前是巩固拓展脱贫攻坚成果与乡村振兴建设有效衔接的历史交汇期,立足现实,通盘考虑,积极探索如何更好发挥保险功能的新渠道、新路径,构建有效衔接机制、完善衔接策略、优化衔接路径,恰逢其时且意义深远。

[①] 习近平:《在全国脱贫攻坚总结表彰大会上的讲话》,人民出版社2021年版。

(一) 理论意义

1. 提出"社会保险+商业保险"双保险体系扶贫机制分析框架

本书系统梳理保险功能,保险"事先防范""事后补偿"理论机理,保险工具构成,纵向、横向分析国际、国内保险扶贫实践,并在此基础上,提出了保险扶贫机制与路径分析框架。笔者认为,保险扶贫机制包括"社会保险+商业保险"两大保险体系,具体而言,社会保险(包括养老、医疗、失业、工伤、生育等保险计划)为绝大多数公民提供基本兜底保障,商业保险发挥风险保障、融资增信、投资功能,提供农业保险、大病保险、健康险、融资担保、抵押贷款、产业投资等多样化产品和服务。社会保险减贫政策的成功实施为消除绝对贫困提供兜底性保障,有效遏制贫困增量,而商业保险能够预防风险、补偿经济损失,进而减少贫困存量。

保险分为社会保险和商业保险,保险机制作为经济金融体系的重要构成,内嵌于经济社会运行体系中,保险减贫机制及其策略选择既脱胎于一国的基本国情,又随着全球化的推进发生演变,因此既有共通性又有差异性。纵观世界各国保险扶贫政策工具,或者以社会保险为主,或者社会保险与商业保险相结合,多措并举,通过不同的保险计划为国民提供风险保障。然而,现有关于保险扶贫的研究,或者研究社会保障扶贫,或者研究商业保险扶贫,很少将社会保险与商业保险作为一个系统性、整体性扶贫机制进行理论与实证研究。本书提出的社会保险和商业保险协同扶贫脱贫的"双保险机制"分析框架,扩展了保险扶贫理论分析思路,为进一步全面系统研究各国保险扶贫体制机制(尤其是研究发展中国家的保险扶贫问题)提供借鉴参考。

2. 系统分析保险扶贫的机制路径演进特征及减贫成效

本书梳理分析中华人民共和国成立七十余年来,中国保险机制从弱到强、从单一到多元,逐步形成适合中国国情的社会保险减贫机制与商业保险减贫机制的演进发展阶段。基于制度体系、政策措施、实践演变发展以及学术文献和相关统计数据分析,本书将中国保险扶贫体制机制发展进程划分为三个阶段四个方面,依次为中华人民共和国成立初期社会保险扶贫机制的建立(1949—1977年),改革开放后社会保险扶贫体制机制的完善(1978—2012年),商业保险扶贫机制的探索建立(1949—

2012年)、新时代社会保险与商业保险合力助推精准扶贫（2013—2020年)。本书系统分析了每一个阶段社会保险、商业保险扶贫的相关政策举措、扶贫机制、路径模式以及减贫成效。

　　研究结果表明，中国的保险扶贫机制汇聚社会保险与商业保险之合力，进而形成系统性保险减贫机制。在中国的保险扶贫道路上，商业保险与社会保险相互补充、促进完善，二者都以为广大人民群众提供保障为目标，在实施方式、服务对象、发挥作用及业务范围上具有互补性。社会保险是中国社会保障制度的重要内容，经过不断探索创新，建立起了覆盖城乡、全民共享的社会保险体系，极大地发挥了抵御风险作用，降低贫困发生概率，为消除绝对贫困提供兜底性保障。在扶贫开发中引入商业保险，商业保险与社会保险体系紧密衔接，不断创新保险产品和服务，筑牢因病因灾致贫的"第二层防护网"，逐步成为中国保险扶贫体系的重要支柱以及灾害事故防范救助体系的组成部分。实践证明，快速发展的商业保险在脱贫攻坚战中发挥了显著作用。同时在政府政策引导下，不断探索社会保险与商业保险有效结合的机制路径，二者相互补充、紧密衔接、形成合力，助力精准脱贫攻坚，中国保险扶贫机制在减贫事业中发挥着不可替代的重要作用。这是中国利用保险机制扶贫减贫的经验与智慧，对中国以及其他国家和地区构建长效的保险扶贫体制机制、制定保险扶贫政策，具有十分重要的参考借鉴价值。

　　3. 定性与定量分析农业保险、健康保险、信用保证保险扶贫的机理、路径模式和产品服务创新

　　基于第二章提出的"社会保险＋商业保险"双保险体系扶贫机制分析框架，利用中国西部地区12个省份的农村地区的保险扶贫实践及案例资料，本书从理论与实证方面研究农业保险、健康保险、信用保证保险扶贫的机理、路径模式和产品服务创新。第五章为西部地区农业保险扶贫机制模式创新及扶贫效果评价，构建了农业保险扶贫的理论机制分析框架，总结提炼出西部农业保险风险共担、联办共保的运行机制。第六章为西部地区健康保险扶贫机制模式创新及扶贫效应研究，在梳理健康与贫困循环关系、健康保险分担疾病经济风险、保障医疗可及性功能基础上，提出健康保险扶贫的理论分析框架，厘清了中国的社会医疗保险体系和商业健康保险体系架构，总结分析西部农村地区商业健康险与社

会医疗保险衔接互补共同助力脱贫攻坚的运行机制。第七章为西部地区信用保证保险扶贫实践及改进对策研究，在梳理分析信用保证保险的概念内涵、基本类型基础上，分析总结信用保证保险扶贫的机理与路径。这些数据资料、分析方法和研究结论，既是对中国西部地区保险机制精准扶贫脱贫经验的凝练总结，又对保险扶贫研究及相关政策制定实施具有重要的参考价值。

4. 基于中国保险扶贫实践及大量研究文献，总结中国保险扶贫的成功经验

基于中国保险扶贫实践及大量权威研究文献，本书将中国保险扶贫的成功经验总结为五个方面。

第一，坚持中国共产党的领导，建立健全中国特色的社会保障制度。中国特色社会主义最本质的特征是中国共产党领导，中国特色社会主义制度的最大优势是中国共产党领导。中华人民共和国成立七十余年来，在中国共产党领导下，中国社会保障制度建设取得了伟大成就，逐步形成了以社会保险、社会救助、社会福利为基础，以基本养老、基本医疗、最低生活保障制度为重点的具有中国特色且为世界上规模最大的社会保障体系。中国的社会保障制度不仅在保障和改善民生中发挥了基础性作用，而且在脱贫攻坚中发挥了不可替代的减贫作用，全面助力社会主义现代化建设第一个百年奋斗目标的实现。在促进中国式现代化建设、实现全体人民共同富裕目标进程中，社会保障肩负着更加重大的责任与使命。

第二，汇聚社会保险与商业保险之合力，形成系统性保险扶贫减贫机制。中国共产党始终坚持以人民为中心，走共同富裕发展道路，从开发式扶贫到精准扶贫，中国的保险机制充分发挥社会保险和商业保险各自功能优势，二者紧密衔接、相互补充、形成合力，共同助推脱贫攻坚，使保险精准扶贫的有效性日益增强。

第三，商业保险精准提供多样化的保险产品和服务。自精准扶贫以来，商业保险精准对接各地区的"三农"风险保障需求，不断进行保险产品和服务创新。一方面保险机构通过创新政策性农业保险、家庭财产保险、重大疾病保险、健康保险、意外伤害保险等人身保险产品，在保障城乡居民人身风险、财产安全方面发挥重要作用，从而减缓因灾致贫、因灾返贫状况的发生；另一方面，通过创新信用保证保险、扶贫小额信

贷等机制，为贫困户融资提供增信支持。

第四，商业保险扶贫将政府支持和市场运作相结合，建立了政府、市场、社会共同参与的保险服务体制机制，尤其是在健康保险、农业保险以及信用保证保险扶贫方面，形成了保险机构、金融机构、政府部门等各方优势互补、合作发力的"联办共保"机制。

第五，对建档立卡贫困户精准提供政策支持。社会保险方面，对建档立卡人口、低保对象、特困人员代缴部分或全部最低标准城乡居民养老保险保费，确保贫困人口养老保险全覆盖，社会医疗保险减免保费、降低起付点，提高报销比例；对贫困人口及其家庭的实际医疗负担实施精准补贴，提高受益面和受益水平；不断改善和提升贫困老年人、残疾人、妇女儿童的生活保障水平等。商业保险方面，针对贫困地区和贫困人口，各家保险公司相继出台了一系列降低农业保险费率、放宽投保门槛限制等扶贫政策。针对贫困人口的各项倾斜性政策举措，对提升贫困人口抵御风险的能力、防止因灾因病致贫返贫具有十分重要的作用。本书总结提炼出的这些成功经验，是中国通过保险机制扶贫减贫的智慧与方略，也是中国对国际社会保险减贫理论和政策的重要贡献。

（二）现实意义

2020年西部地区脱贫攻坚任务如期完成，解决了绝对贫困问题。在西部地区农村脱贫攻坚战中，保险机制发挥了积极作用，取得了应有功效。在"后脱贫时代"，西部农村问题的治理仍然是关键，依然面临着来自自然、社会及市场等方面的风险，脱贫人口具有返贫的可能性，西部还有大量中低收入及以下人群，巩固拓展脱贫攻坚成果、高质量实施乡村振兴战略迫在眉睫。如何构建保险助力脱贫攻坚与乡村振兴有效衔接的政策是"后脱贫时代"西部农村贫困治理的重要举措和任务。

1. 全面分析西部农村的贫困状况、分布特征

本书运用西部地区12个省份的面板数据，选择FGT指数测度评价西部地区省际农村贫困水平（贫困的广度、深度和强度），并对各省份进行比较分析，分析主要致贫因素。研究结果表明，在解决绝对贫困问题后，西部农村需要长期可持续性的风险预防和保障性扶贫政策，不断提高脱贫地区广大群众的内生发展动力和能力。本书整理的相关数据信息及分析结果可以为"后脱贫时代"西部地区制定可持续的风险预防和保障性

扶贫政策提供一定参考。

2. 调查并整理出西部地区农村保险扶贫的典型模式和案例

在精准扶贫脱贫阶段，西部地区各省份因地制宜，在解决因灾因病致贫或返贫难题过程中，开发出一系列保险扶贫典型模式、运行机制及产品服务。我们基于实践调研及研究文献资料，系统分析归纳西部地区各省份在农业保险、健康保险、信用保证保险扶贫方面取得良好效果的典型模式和案例。例如，农业保险扶贫方面有宁夏"盐池模式"、甘肃"精准滴灌"模式、陕西"特色农业保险"模式，提供农作物保险、特色经济作物保险、养殖类保险、农房保险、森林类保险等多种农业保险，创新开办价格保险、天气指数保险、"保险+期货"等产品。西部地区农业保险从"保灾害""保成本""保大宗"向"保价格""保收入""保特色""保质量"转变，充分发挥了农业"稳定器"作用。我们总结出农业保险扶贫存在的主要问题为：一些农险产品单一化、碎片化，缺乏整体性与系统性，保险机构各自为政、分散开发农险产品，导致部分农险产品是"一锤子买卖"，缺乏普遍适用性与可持续性；政府与市场在保险扶贫中的角色和责任界定不清，保险机构风险管理能力不足等，并针对问题提出了对策建议。在健康保险扶贫方面，概述社会医疗保险扶贫的机制模式，重点分析西部商业健康保险扶贫模式及产品服务创新，包括云南"三道保障线"模式、宁夏"健康险+意外险"模式、青海"健康保""脱贫保"模式、贵州"大病保险+慢性病辅助险+长期护理险+普惠意外险"模式等。总结成功经验及存在的主要问题，提出"后脱贫时代"健康保险助力脱贫攻坚成果的对策建议。在信用保证保险扶贫方面，主要分析了四川"保险融资+担保保证+再担保"模式、贵州"保险+担保+贷款企业"模式、西藏"保险保证+信贷+政府补贴"模式，分析其运行机制及减贫成效，总结存在的主要问题，提出信用保证保险助力乡村振兴建设的对策选择。

3. 得出了几点具有普遍意义的结论

其一，保险作为风险管理的基本手段，在中国扶贫开发事业中发挥着越来越重要的作用。从长期来看，要持续完善并发挥社会保险和商业保险"双保险体系"协同作用，应把着力点定位于避免"二次返贫"或非贫困户致贫上，提升内生发展能力和动力。其二，从西部保险扶贫体制机制和效果来看，社会保险的兜底保障作用很大，在巩固拓展脱贫攻坚成果与乡村振兴建设中，社会保险的帮扶政策仍有必要，西部欠发达农村地区仍然需要社会保险政策的倾斜支持，面向脱贫人口的社会保险倾斜政策需要动态调整。其三，保险机制在巩固拓展脱贫攻坚成果、保驾护航乡村振兴战略高质量实施中大有可为，保险不仅是"保障式扶贫"的主要工具，更是"开发式扶贫"的有力助手。其四，总结中国保险扶贫的成功经验。

4. 提出保险助力西部地区乡村振兴的路径和对策建议

本书提出的保险助力西部地区乡村振兴的路径为：为边缘脱贫和多维相对贫困人口提供保险保障，为农业生产及粮食供应链稳定提供自然风险和市场风险双保障，为乡村产业振兴发展提供风险保障和投融资支持，为乡村绿色低碳化发展提供绿色保险保障，为农村诚信文化建设提供信用风险保障；对策建议为：确保有效的体制机制及政策扶持、构建保险工具同乡村振兴政策体系协同机制、因地制宜丰富保险产品、不断拓宽保险服务领域、完善激励相容的保险业监管机制、保险科技赋能助力保险业高质量发展。

第二节　研究文献回顾

一　保险扶贫机制与模式相关研究

保险提供的服务与贫困人口的特点能够很好地契合，小额贷款能够满足贫困人口的借贷需求，可以通过保险的杠杆作用来改善贫困程度（Gaiha，1993）。保险通过发挥其增信功能为贫困人口的贷款提供担保，能够降低贫困人口的融资约束，发挥扶贫脱贫效应（Gulli，1998）。其中，小额保险能够使信贷和储蓄更好地用于创造就业机会，为贫困人口提供增收脱贫的路径。当贫困人口遭遇重大疾病或者健康状况不佳时，健康保险、医疗保险以及小额保险则可以为其提供资金来源，从而帮助贫困人口规避因为巨额医疗账单导致家庭陷入财务危机的不良后果（Jutting，Ahuja，2003）。资本作为一项生产要素，对于穷人更为重要。为避免贫困人口陷入贫困陷阱，依托保险机制，构建确保要素顺利流通的资本安全网是必然方式。如果没有这种机制，也应当有非正式的"类保险制度"发挥作用（Santos et al.，2006）。无论是短期还是长期，无保险覆盖的风险都将使得贫困现象固化，而向穷人提供保险，能够满足其信贷和储蓄需求，构建全面防范风险的制度基石。他们提出通过鼓励贫困社区与保险公司建立联盟关系的方式，为穷人提供低成本、量身定做的保险产品；政府、其他金融机构、担保机构作为重要的主体都应参与其中。当然，也有一些研究提出异议。例如，有研究表明，健康保险对提高贫困人口收入、稳定收入水平以及鼓励其扩大生产性投资、减少贫困发生率都有一定作用，但对于此类保险的财务可持续性和医疗服务品质存在质疑（Hamid et al.，2011）。人寿保险合同、农业保险合同等可以用于对突发灾害的反应进行抵押贷款融资，起到缓解家庭短期消费开支或筹资困境的作用（Clarke，Dercon，2016）。也有研究表明，农业保险一方面通过风险损失补偿、价格补偿等方式直接补偿农民的经济损失，缓释自然灾害及价格波动对农业生产带来的不利影响，降低贫困发生的可能性；另一方面，农业保险通过增信担保、资本转化、产业引导等方式发挥间接作用，提升农村地区的风险抵御能力及脱贫内生动力。

国内多位学者对保险扶贫机理、模式及路径进行研究。将农村保险与扶贫贷款相结合，能够促进贫困地区经济振兴。保险遵循的大数法则及射幸性原理在风险分散方面能够发挥再分配功能，一定程度上可以弥补社会保障制度的局限性、优化资金的配置，集中有限的资金重点帮助遭遇不幸的贫困阶层脱贫解困（郑丽莎，2010）。保险机制在扶贫开发中具有独特优势，能够提升扶贫资金使用的效率、提高贫困人口抗风险能力、调节社会利益分配、改善贫困地区的金融生态（廖新年，2012）。中国的商业保险机构通过开办保险精准扶贫产品、加大对贫困地区信贷融资支持、利用保险资金支持贫困地区产业发展、参与公益扶贫等路径参与到扶贫工作中（柯甫榕等，2017）。保险助力精准扶贫具有机制、服务、资金等方面的优势，有助于提升贫困地区风险管控能力，利益调节功能有助于促进贫困治理方式创新，融资功能有助于向贫困地区"输血"并促进"造血"，杠杆功能有助于增强扶贫资金的使用效果（李玉华，2017）。有学者将中国的保险扶贫路径归纳为社会保障全面覆盖，保基本、兜底线，商业保险以补充方式提供农业保险、健康保险、教育保险（吴传清、郑开元，2018）。中国商业保险精准扶贫主要通过农业保险、大病保险、民生保险以及增信融资等路径来实现（江洁，2018；孙向谦等，2019）。2020年以来，学者们关注"后脱贫时代"如何巩固拓展脱贫攻坚成果等问题。有学者认为，保险机制在稳定脱贫边缘群体及解决相对贫困问题上具有独特的优势，因此需要厘清扶贫中政府与市场的关系，合理运用市场化方式，提升保险扶贫项目的投资效益及其可持续性，更好地发挥保险在扶贫工作中的作用（贾若，2020）。构建以落实防贫保障为基础、夯实发展基础为前提、构建长效机制为关键、强化志智双扶为根本、推进产业升级为重心、衔接乡村振兴为目标的"六位一体"的巩固拓展扶贫成果路径（左停等，2021a）。

二 保险减贫效应相关研究

一些国内外学者通过构建各类模型实证分析保险的减贫效应，总体研究结论为：保险机制在助力贫困人口摆脱贫困陷阱、降低家庭贫困脆弱性方面，能够发挥积极作用。通过保险机制对贫困户提供风险保障，能够提升贫困户进行生产性投资的积极性，帮助其摆脱贫困。此外，基于可持续生计分析框架对造成贫困的主要风险进行分析，保险能够对家庭维持可持续生计所需的人力资产、物质资产等面临的风险缺口进行管理，在助力贫困家庭脱贫方面发挥积极作用（潘国臣、李雪，2016）。资产保险能够缓解发展中国家的长期贫困现象，也能够显著减少消除贫困差距所需要的社会成本（Sarah et al.，2021）。有关保险减贫效果的实证研究，更多学者聚焦于农业保险、医疗保险方面。

有关农业保险的减贫效应，相关研究更多地关注农业保险对农业经济的促进作用及对农民的增收作用。学者们的研究表明，农业保险一方面能够降低气候相关风险对农户造成损失的概率进而有效地保障农业再生产（Barrett et al.，2008；Cole et al.，2014）；另一方面，农业保险可以降低农民的风险厌恶程度，提高农民对新技术的利用水平（Zimmerman，Carter，2003；Torkamani，2009；Karlan et al.，2014a），可以平滑农民收入曲线，提高农民收入，降低贫困发生率（周稳海等，2014；段白鸽、何敏华，2021）。也有学者认为农业保险扶贫效应局限于一部分群体，例如，有学者通过构建面板门槛回归模型的分析结果表明，农业保险反贫困效应只对消费水平和HDI高于门槛值的部分农户起作用（邵全权等，2017）。也有学者研究发现，如果家庭资本水平低于某一特定阈值，那么农业保险并不能帮助这部分家庭摆脱贫困，即农业保险对深度贫困家庭不发挥作用（廖朴等，2019）。

保费补贴是农业保险政策的重要组成部分，许多学者对农业保险财政补贴的减贫效果进行了分析。农业保险的财政补贴对于缩小贫富差距、促进农村经济健康发展具有重要作用（Miranda，Gonzalez-Vega，2011）。此外，部分学者对农业保险财政补贴的门槛效应进行了研究，发现农业保险财政补贴的减贫效应会受到地区经济发展的限制（邵全权等，2017；朱蕊、江生忠，2019）。

有关医疗保险的减贫效应。医疗保险一方面能够降低家庭自付医疗支出，另一方面能够提升医疗服务利用率，对于降低家庭灾难性医疗支出具有重要作用（Asfaw et al.，2007；Gross，Notowidigdo，2011；Finkelstein et al.，2012），因此能够在反贫困中发挥有效作用。国外学者分别利用塞内加尔、孟加拉国的数据验证了医疗保险具有减贫效应（Hamid et al.，2011）。中国学者则分别从理论与实证方面，研究新型农村合作医疗、城镇职工基本医疗保险、城镇居民医疗保险对家庭贫困状况的减贫路径与效应。其他学者虽然选择的样本数据以及测度方法各不相同，但是均得到新农合政策具有减贫效应的相同结论（齐良书，2011；陈华等，2017；康萌萌，2018）。也有学者从贫困脆弱性和教育贫困角度对医疗保险的减贫效应进行实证检验，均得到肯定结论（陈华等，2017；刘子宁等，2019）。

随着中国医疗保险体制机制的不断深化改革，多层次医疗保障体系建立完善，城镇职工基本医疗保险、城镇居民基本医疗保险、大病保险、商业医疗保险、医疗救助等在中国的脱贫攻坚战中发挥着愈加重要的作用。针对贫困家庭的倾斜性医疗保险政策（例如提高保费补贴比例和住院医疗费用报销比例等）可以提升贫困家庭抵御灾难性医疗支出的抗风险能力，具有显著的减贫效用（黄薇，2019；刘汉成、陶建平，2020）。商业医疗保险在社会医疗保险的基础上，对缓解家庭"因病致贫"问题发挥着有效的补充作用（高健、丁静，2021）。大病保险一方面能够降低家庭医疗支出从而减轻家庭经济负担；另一方面对家庭成员的劳动参与产生影响，缓冲家庭因健康风险造成的收入波动，因此对贫困家庭具有重要的扶贫作用（陈中南、孙圣民，2022）。

三 保险扶贫绩效评估指标与方法

扶贫不仅要关注当下，更要注重未来。保险扶贫绩效的研究多关注已陷入贫困的人群，利用贫困发生率、贫困深度等指标检验保险能否发挥减贫效应，但新陷入贫困的人口占贫困人口的比例较大，因此反贫困政策也要着重关注尚未陷入贫困但很有可能陷入贫困的人群。为此，学者们提出用贫困脆弱性来度量家庭或者个人未来陷入贫困的概率，利用贫困脆弱性这一指标来检验保险政策能否降低人口未来陷入贫困的概率，发挥其扶贫效应。

随着中国保险精准扶贫脱贫项目的不断深入推进，国内学者从不同视角对保险扶贫的绩效进行评估分析。有学者利用处理效应模型对城镇居民基本医疗保险制度（以下简称"城居保"）的扶贫效果进行评估分析，结果表明，城居保政策对低收入城镇家庭具有明显的扶贫效果，尤其是对受到大病风险冲击的困难家庭能够起到显著的缓解作用，然而扶贫效果在不同收入家庭具有明显的异质性，对中高收入参保家庭的影响更大，出现"目标上移"现象，扶贫的精准性与预期存在差异，因此建议要设计更为精细的多维度评估体系，精准识别扶贫对象（黄薇，2017）。也有学者采用层次分析法构建保险参与精准扶贫的指标体系，评价分析保险精准扶贫绩效，结论表明，中国保险精准扶贫的实施效果为"良好"，但是在保险扶贫可持续性方面仍较为欠缺，需要从经济、社会、生态可持续性等方面进一步提高（杨馥、刘悦，2018）。此外，有学者从核心目标、空间维度、时间维度、内部效应、外部效应五个维度构建保险扶贫项目评估体系，研究结果显示，两个保险扶贫项目在扶贫这一核心目标上均取得了较好的直接效果，但保险扶贫在人群覆盖、持续经营以及推广复制等方面仍存在不足（郑伟等，2018）。也有学者利用分位数回归模型比较财政直接补贴与保险政策对贫困脆弱性的影响，结果表明，与直接补贴相比，保险政策不仅可以降低贫困户的贫困脆弱性，而且这种扶贫效应对脆弱性低的贫困户更加重要，说明保险扶贫具有精准性（和萍等，2020）。部分学者利用三阶段DEA模型对中国农业保险扶贫效率进行评价，结果显示，农业保险整体扶贫效率较好，但是地区差异明显（谭英平、董奇，2020）。此外，有学者采用 AHP 和 DEA 方法对商业保险扶贫效率进行评价，发现民族地区保险扶贫产品单一、管理模式缺乏创新，导致其保险扶贫效率较低（徐多、黄健英，2021）。

四　文献述评

综上，国内外学者从多角度研究保险参与贫困治理问题。国外学者对保险扶贫的理论研究集中于定性分析保险减缓贫困的内在机理，即保险在风险致贫过程中能够发挥"事前防范"与"事后补偿"效应；保险扶贫实践研究集中于对某一典型国家或地区情况，利用数值模型与实证分析方法评估保险能否减贫及其效果，保险实践成果主要聚焦于农业保险与小额信贷保险等方面。国外保险扶贫研究中涉及的农业险或巨灾保险具有普遍意义，一定程度上能够为中国农业保险、巨灾保险的设计提供借鉴。但是，在健康险、小额寿险、保险产业扶贫以及教育扶贫方面，由于各国的人口特征、发展阶段、体制机制等差异，国外经验于中国的借鉴性不强。

随着中国精准扶贫脱贫攻坚战的不断推进，更多国内学者对保险扶贫的意义、优势及各地扶贫实践进行研究，认为保险的内在属性与精准扶贫根本目的具有一致性，保险的功能作用与精准扶贫的基本要求高度契合，保险通过发挥其保障、增信和融资功能发挥减贫效应。许多学者对各家保险公司参与扶贫模式及典型案例进行介绍分析，还有学者对农业保险、医疗保险、养老保险等各类保险的脱贫效果进行实证分析。这些研究丰富并扩大了中国保险扶贫研究成果。保险扶贫的机理从一般意义上阐明了保险支持减贫，然而在具体实践中，针对不同的致贫原因和脱贫需求，保险的保障、增信、融资功能发挥作用的路径、模式及效果不同。中国西部地区农村贫困是脱贫攻坚战的重点领域，疾病和灾害是西部地区农村贫困的最主要诱因，在精准扶贫阶段，西部地区各省份根据当地致贫原因和脱贫需求，创设多项支持政策，形成社会保险、商业保险与其他金融机构优势互补、合作发力的保险扶贫机制。保险参与扶贫的方式、提供的保险产品和服务更加多样化，因地制宜，各具特色。西部地区保险扶贫的体制机制、典型案例、脱贫效果有待从理论与实证方面进行全面系统研究，其实践经验值得总结推广。

现有研究更多聚焦商业保险扶贫，鲜有研究把中国的社会保险体系与商业保险体系二者结合起来作为一个整体性保险扶贫机制予以系统研究，更鲜有研究把中国西部地区作为一个整体，从"社会保险+商业保险"双保险扶贫机制视角研究中国保险扶贫的共通性、差异性、互补性和可持续性，而全面系统分析总结新时代十年来西部地区农业保险、健康保险、信用保证保险扶贫机制、典型模式和案例的研究文献少之又少。

2020年，中国脱贫攻坚战取得了全面胜利，扶贫开发工作重点开始转变，在打赢脱贫攻坚战期间，着重关注贫困户摆脱贫困，而在后脱贫时代，保险扶贫的着力点应该定位于避免"二次返贫"或"非贫困户致贫"。在乡村振兴、中国式现代化建设新的历史时期，保险作为防范和化解风险的重要手段，如何构建防止返贫的长效机制，如何利用保险自身机制优势参与到贫困治理之中，守住脱贫攻坚成果并助力乡村振兴、实现共同富裕，对这些问题的理论与实证研究仍处于初步探索阶段，有待进行深化研究。

第三节 研究思路与方法

一 研究思路

本书首先从理论层面深度梳理分析贫困理论及致贫因素、保险扶贫的机理与路径以及保险工具构成。对国际、国内保险扶贫实践发展进行概览分析，梳理相关研究文献，提出保险扶贫的机制与路径：一个国家的保险扶贫机制包括"社会保险扶贫+商业保险扶贫"双保险体系，搭建起了本研究的理论逻辑和分析框架。其次，全面系统梳理分析中华人民共和国成立七十余年来中国保险机制从弱到强、从单一到多元，逐步形成适合中国国情的社会保险与商业保险协同合作扶贫机制的改革发展历程和减贫效果。再次，聚焦中国西部地区各省份农村贫困治理实践，对保险机制参与贫困治理进行深度研究。利用相关权威统计数据及实践调研收集的数据，测度分析西部地区农村贫困程度及致贫因素，西部地区农业保险扶贫机制模式创新及效果评价，西部地区健康保险扶贫机制模式创新及效应评价，西部地区信用保证保险扶贫模式创新及改进对策。最后，论述分析西部地区保险扶贫机制同乡村振兴有效衔接的路径和对策选择。

二 研究方法

基于中国西部地区扶贫脱贫实践，本书从不同视角和维度分析西部农村保险扶贫的机制路径、典型模式及扶贫效果，提出保险助力乡村振兴建设的长效机制路径。本书所采用的主要研究方法如下。

（一）文献研究法

系统梳理国际国内保险扶贫研究文献，综述贫困理论及致贫因素，梳理保险概念内涵及保险功能学说，厘清保险扶贫的理论机理、扶贫机制及保险工具构成。通过制度体系及相关政策措施演变发展、文献资料梳理及相关统计数据分析，系统分析中华人民共和国成立七十余年来保险扶贫机制路径演进及减贫成效。

（二）理论与实证相结合分析方法

在客观梳理已有贫困及保险扶贫理论和实践研究基础上，第二章构建了社会保险扶贫和商业保险扶贫相融合的"双保险机制"分析框架，概览分析国际、国内社会保险扶贫和商业保险扶贫实践。基于上述理论框架，第三章系统分析中华人民共和国成立七十余年来保险扶贫的机制路径演进及减贫成效，将中国社会保险和商业保险扶贫发展进程划分为三个阶段四个方面，分析每一个阶段保险扶贫的机制路径和减贫成效。第四章运用相关统计数据定性分析西部地区农村贫困现状，基于FGT指数测度贫困程度，分析影响因素。第五章、第六章、第七章分别从理论上分析西部地区农业保险、健康保险、信用保证保险扶贫的机制路径，利用西部地区12个省份的保险扶贫实践数据资料实证分析扶贫效果。第八章提出保险助力西部地区乡村振兴的路径及对策建议。

（三）案例研究方法

他山之石，可以攻玉。案例分析能够很好地反映出西部地区各省份在保险扶贫实践中的创新举措。西部贫困地区经济发展水平不一，各地贫困程度不同，在精准扶贫中，各省市地方政府根据当地致贫原因和脱贫需求，与保险机构紧密合作，探索保险扶贫路径，完善服务工作机制，创设多项支持政策，形成了一批有代表性的扶贫典型模式和案例。

其一，在理论部分概览欧洲、美国、韩国、印度、巴西以及中国的保险扶贫实践，构建理论分析框架。其二，在分析西部地区保险精准扶贫脱贫模式及效应时，调查挖掘西部地区 12 个省份在农业保险、健康保险、信用保证保险、农业巨灾指数保险、意外保险以及产业扶贫、教育扶贫方面的典型模式、运行机制，分析每一种模式下各大保险公司创新的扶贫产品服务、承保风险、损失补偿方式和扶贫案例，分析总结成功经验、存在的主要问题，提出对策选择。例如，在农业扶贫方面，本书提出的对策建议如下：探索建立多层次多元化的农业保险体系、农业保险做"大农险"而不是"小农险"、保险机构要围绕农业生产及粮食供应链稳定创新服务模式、利用金融科技提高保险服务质量、提高保险资金运用效率、政府持续加大对农业保险的支持力度等。

来自西部地区的这些案例真实典型，具有可操作性、可借鉴性以及可推广性。本书总结运行机制、成功举措及存在的不足与问题，以便在西部地区巩固拓展脱贫攻坚成果与乡村振兴建设中不断改进优化，可持续地发挥更大作用，在更大范围借鉴推广。

第四节　研究内容

本书共八章，每一章的主要内容如下。

第一章，绪论。概述研究背景与意义，梳理相关研究文献，描述本书的研究思路、方法及内容概要。

第二章，保险扶贫理论与实践概览。综述贫困理论及致贫因素；在保险功能学说基础上分析保险扶贫理论机理、扶贫机制和工具构成，搭建理论分析框架；纵向横向概览分析国际、国内社会保险扶贫和商业保险扶贫实践。

第三章，保险扶贫的机制路径演进及减贫成效。系统梳理分析中华人民共和国成立七十余年来中国保险机制从弱到强、从单一到多元，逐步形成适合中国国情的社会保险减贫机制和商业保险减贫机制的演进发展路径。本书将中国保险扶贫体制机制发展进程划分为三个阶段四个方面，通过制度体系及相关政策措施演变发展、文献资料梳理及相关统计数据，系统分析了每一个阶段的政策举措、扶贫机制、路径模式以及减贫成效。

第四章，西部地区农村贫困程度测度及致贫因素分析。从地理区位、人口特征、经济发展状况、居民收入及消费、教育水平及医疗服务等方面概览分析西部地区农村的基本情况；从贫困程度、集中连片地区贫困人口分布及收入方面分析西部地区农村的贫困特征；基于FGT指数测度西部地区农村的贫困程度，探析影响西部地区贫困的主客观因素。

第五章，西部地区农业保险扶贫机制模式创新及扶贫效果评价。分析农业保险扶贫理论机理；利用统计数据定性分析西部农村地区农业面临的各类风险及经济损失；基于文献梳理及实践调研资料，分析在西部地区农村脱贫攻坚中农业保险精准扶贫的机制、模式、产品和服务创新以及典型案例，实证分析农业保险扶贫效果以及存在的问题；提出西部地区农业保险助力乡村振兴的路径与对策建议。

第六章，西部地区健康保险扶贫机制模式创新及扶贫效应研究。在梳理健康与贫困循环关系、健康保险分担疾病经济风险、保障医疗可及性功能基础上，提出健康保险扶贫的机制及作用路径，厘清中国的社会医疗保险体系和商业健康保险体系框架；定性分析中国西部地区农村居民健康状况及其经济风险；系统分析西部地区健康保险扶贫脱贫的体制机制、商业健康保险扶贫典型模式和产品服务创新；实证分析西部地区健康保险扶贫效应、存在的问题；提出"后脱贫时代"健康保险助力乡村振兴的对策建议。

第七章，西部地区信用保证保险扶贫实践及改进对策研究。论述信用保证保险扶贫的机理与路径；系统分析在西部地区脱贫攻坚中信用保证保险扶贫模式、典型案例和减贫成效以及存在的问题；提出信用保证保险助力乡村振兴的对策建议。

第八章，保险助力西部地区乡村振兴的路径及对策建议。基于已有权威文献及本书的定性定量研究结果，总结提炼出中国保险扶贫的成功经验，提出保险助力西部地区乡村振兴的路径和对策建议。

第二章

保险扶贫理论与实践概览

消除贫困是人类发展的重要目标，而保险扶贫具有精准扶贫、放大财政资金使用效益、增强贫困人口"造血"能力的比较优势，利用保险扶贫已经成为全球很多国家消灭贫困的重要措施。本章概述贫困理论的演进过程、致贫的主要因素，论证保险扶贫的机理及路径，概览分析国际国内社会保险扶贫和商业保险扶贫实践。

第一节 贫困理论及致贫因素

一 贫困的概念内涵

学术界对于贫困的概念内涵从多个视角进行了广泛研究，先从货币收入角度定义贫困，随后从社会排斥、可行能力等社会层面提出权利贫困和能力贫困，从风险冲击和脆弱性方面理解贫困，最终从人类发展多个维度提出人类贫困说。

经济学家最初从物质收入角度定义贫困。1901年，B. S. Rowntree 最早将贫困定义为：家庭的总收入不能维持人类生存的最基本生活需求。萨缪尔森（P. A. Samuelson）认为贫困是"人们没有足够的收入"。一个人是否贫困不仅取决于他拥有多少收入，还取决于其他人的收入水平。从社会不平等角度来理解，贫困是家庭收入低于社会平均收入水平（Runciman，1966）。20世纪60年代，经济学家开始从社会层面理解贫困。社会排斥是某些人群被排斥在经济、社会、政治等方面之外。如果某些人群被社会排斥，失去在经济、政治等领域追求利益的权利和能力，最终陷入贫困。例如，在劳动力市场中，残疾人群无法得到正常工作的机会,无法获得劳动收入,因被劳动力市场排斥而陷入贫困。社会排斥理论说明了贫困产生的深层次原因,进一步丰富了对贫困理论的认识。从权利可得性理解,贫困是人们缺乏资源而被剥夺获得正常生活水平的权利(Townsend,1971)。权利贫困的度量方法是参与式调查,将非货币因素与贫困联系起来。

20世纪80年代,阿马蒂亚·森(Amartya Sen)建立了可行能力(capabilities)理论,对于每一个人来说,最为重要的就是拥有生活的基本能力,例如良好的健康、较好的营养、拥有自尊和参与社区生活。阿马蒂亚·森系统地发展了能力贫困理论,指出贫困是人们没有创造足够收入的能力。20世纪90年代,巴基斯坦经济学家哈克马赫布卜·乌·哈克在阿马蒂亚·森的理论基础上,倡导了人类发展理论,将发展概念扩展为人们选择的过程。世界银行在《世界发展报告(1990)》中提出能力贫困,将贫困定义为"缺少达到最低生活水平的能力"。联合国计划开发署(UNDP)自1990年开始发行年度《人类发展报告》。2000年9月,联合国举行千年首脑会议,通过了《千年宣言》,为人类发展制定了一系列具体目标,统称为"千年发展目标"。"千年发展目标"涉及8个领域以及相关的18项具体目标和48项指数,其中,8个领域分别是消灭极端贫穷和饥饿;普及小学教育;促进两性平等并赋予妇女权利;降低儿童死亡率;改善产妇保健;与艾滋病、疟疾以及其他疾病对抗;确保环境的可持续性以及全球合作促进发展(刘慧侠,2011)。

1995年,罗伯特·坎勃(Robert Chamber)从风险和脆弱性视角分析贫困,认为贫困是缺乏生活必需品、资产和收入,导致人们在风险冲击面前缺乏保护自己的能力。当发生自然灾害或者重大疾病时,低收入人群往往缺乏足够的能力抵抗风险而陷入贫困。从风险角度考虑贫困,不仅可以让人们意识到负面的外部冲击是贫困发生的原因,而且可以更深刻地理解穷人厌恶风险的行为,对于制定减贫政策具有重要意义(沈小波、林擎国,2005)。

根据世界银行的定义,贫困是指福利的被剥夺状态,不仅指物质的匮乏,也包括低水平的教育和健康;贫困还包括风险和面临风险时的脆弱性,以及不能表达自身的需求和缺乏参与机会。

二 致贫因素

（一）制度因素

马克思在《资本论》中揭示了资本主义制度是无产阶级贫困的重要原因。马克思认为在资本主义中，资本家依靠拥有生产要素的优势无偿占有剩余价值，对无产阶级进行剥削，导致了无产阶级长期陷入贫困。正如恩格斯所言，工人阶级处境悲惨的原因不应当到这些小的欺压现象中寻找，而应当到资本主义制度本身中去寻找。

（二）恶性循环理论

《不发达国家的资本形成问题》中提出贫困恶性循环理论，从供给和需求两个维度解释长期陷入贫困的原因。在供给方面，收入水平过低导致贫困人口扣除生活消费之后的储蓄能力过低，进而没有足够的资本用于生产，导致低生产水平和低收入现象发生，加剧了贫困状况。在需求方面，低收入导致消费需求不足，进而抑制企业的投资需求，并形成低资本水平和低生产能力，最终导致产出水平过低和人均收入低。

（三）人力资本因素

人力资本投资不足是贫困形成的重要原因，人力资本可以解释国民产出增长幅度与土地、劳动时间和物质资本增长幅度的差异（Schultz，1960）。教育、职业培训等人力资本投资是提高贫困人群收入和健康水平最有效的方式之一（Becker，1995）。有学者认为，未提供足够的教育是拉丁美洲广泛贫困、收入不平等和经济增长缓慢的最重要因素。

（四）自然环境因素

匮乏的自然资源和频繁的自然灾害会造成环境型贫困。如果当地缺乏赖以生存的资源，居民迫于生存压力而不得不掠夺性开发自然资源，导致环境进一步恶化，引发频繁的自然灾害，最终使居民人身和财产遭受巨大的损失，即形成"环境脆弱—贫困—掠夺资源—环境退化—进一步贫困"的"贫困陷阱"（郭怀成等，2004）。根据《2019年全球自然灾害评估报告》，1989—2019年，全球较大自然灾害频次年均约320次，其中，洪涝和风暴灾害占比超过60%。自然灾害使基础设施及居民房屋等资产遭受损失，破坏农业生产，导致人们失去生存资源和生产收入而陷入贫困。有学者研究发现，气候变化会影响3%—5%的粮食产量变化，灾害导致粮食减产幅度达到5%—10%（史培军等，1997）。此外，水旱灾害对农业生产的破坏平均每提高10%，农村贫困发生率会增加2%—3%（张晓等，2000）。

总之，贫困是由外部因素和内部因素共同导致的，外部因素主要包括自然灾害、疾病、失业以及经济衰退等风险因素冲击，内部因素则是由于个人及家庭资本积累匮乏所致。外因通过内因产生影响，外部风险因素的负向冲击往往会对个人及家庭的资本积累造成不利影响，进而导致家庭陷入贫困。贫困又会进一步加剧风险暴露，贫困人口往往更易处于风险环境之中，并且受限于资产等缺失，贫困人口面对风险冲击时，无法获取有效的手段来抵御风险造成的损失，导致贫困恶性循环。因此，要帮助贫困人口摆脱贫困，重要举措之一就是要提升贫困人口应对风险的能力，增加和提高其参与社会活动的机会和能力。

第二节　保险扶贫机理及路径

一　保险的功能

保险是一种经济制度，是为了确保社会经济生活的安定，对特定风险事故或特定事件的发生所导致的损失，运用多数单位的集体力量，根据合理的计算，共同建立基金，进行损失补偿或给付的经济制度（孙祁祥，2009）。保险是对国民收入中的一部分后备基金的分配和再分配活动，属于分配环节。不同于其他分配形式，保险分配是对经济损失的部分或全部的平均分摊，体现公平合理的原则（魏华林、林宝清，2006）。

保险最早起源于海上保险，坚持共同海损分摊原则，保险起源的目的决定其最基本功能为风险分散、损失补偿。随着社会保险的诞生，保险为人们的养老、医疗、失业、工伤、生育等人身风险提供了基本保障。随着经济社会快速发展，风险愈加复杂化、多样化，保险的功能从二元功能说再到多元功能说，不断拓展，保险的风险分散、损失补偿、收入再分配、信用保证、融资投资功能更加显现，保险的社会管理功能和作用更加凸显，保险是现代社会经济的"稳定器""安全阀"。

从经营主体来看，保险分为社会保险和商业保险。社会保险一般由政府经营，是社会保障制度的重要组成部分，对参加社会保险者在年老、患病、失业、生育、伤残、死亡和丧失劳动能力等情况下，按照保险原则给付保险金，提供基本生活保障。社会保险的主要特征包括：具有强制性，要求符合法律规定的社会成员都要参加；保费由用人单位和劳动者共同承担，政府财政给予补贴并承担最终责任；具有再分配功能，以社会共济而不是以个人均等作为给付社会保险金的基本原则，社会保险金的分配更有利于低收入和弱势阶层。而商业保险则是由商业保险机构经营，基于自愿原则，保险人与投保人签订保险合同，投保人根据合同约定，向保险人支付保险费，保险人对于合同约定的可能发生的事故，因其发生所造成的财产损失承担赔偿保险金责任，或者当被保险人死亡、伤残、疾病或达到合同约定的年龄、期限等条件时，承担给付保险金责任。商业保险强调个人均等原则，保险费的缴纳与保险金的给付直接挂钩。

二 保险扶贫机理

保险的风险转移、责任共担、损失补偿机制，本质就是为分摊灾害、事故、疾病等风险而存在的。保险从最初的风险分散、经济补偿功能发展到资金融通、融资增信、社会管理等多元化功能，同时，保险提供的资金融通、风险管理技术及服务支持，对贫困地区具有一定的"造血"功能。保险作为"社会稳定器"，其"事前防范""事后补偿"的双重机制与帮助贫困人口摆脱贫困的目的具有内在的一致性，各类保险计划及多样化的保险工具是扶贫减贫的一项重要战略。

（一）风险事件发生前

保险是一种射幸行为，其作用重在"事前防范"和"事后补偿"。风险冲击之前，贫困人口对未来风险事件造成损失的担忧会促使其放弃利用新技术或有利可图的商业机会（Morduch，1999），与此同时，由于流动资金、技能以及机会等匮乏，贫困人口更多局限于低风险和低回报的生计活动。低收入与资本积累制约，进一步降低了贫困人口摆脱贫困困境的概率。保险机制作为一种风险管理机制，使得投保人能够利用小额、定期、可负担的保费对未来不确定的损失进行防范（Brown，Churchill，2000）。如果在风险事件发生之前，贫困人口利用保险机制来锁定未来收益与损失，那么这将对贫困人口选择生计的行为产生正面影响，在提升贫困人口的收入增长能力以及通过自我发展摆脱贫困方面发挥至关重要的作用。此外，保险机制为贫困人口赋予了更大的平等和权利，通过教育、保健、劳动等渠道来增强贫困人口提高生活水平的勇气和信心，提升劳动生产力，进而在扶贫脱贫以及确保可持续发展方面具有十分重要的作用（Patel，2002）。

保险机制能够促进贫困人口对更高生产率水平的技术的利用，提升其积累资本的能力。有研究表明，缺乏正规保险来管理风险，是低收入家庭技术吸收不足与生产效率低下的主要原因（Dercon，Christiaensen，2011）。此外，灾难性风险会阻碍家庭对农业生产活动的投资，而保险机制的引入能够促进贫困人口在生产中采用新的生产方式和农业新技术，同时提升贫困人口走出贫困的积极性（Miranda，Gonzalez-Vega，2011；Karlan et al.，2014b）。

在扶贫中引入保险机制能够激发贫困人口进行生产性投资的热情，促进收入水平提高。利用正规保险机制，贫困人口能够对其收入与投资进行保护，对提升其收入水平具有积极影响（Zimmerman，Carter，2003）。此外，为贫困人口提供保险保障能够激发贫困人群进行生产性投资的积极性，进而更好地促进贫困人口脱贫（Janzen et al.，2007）。大量实证研究表明，小额保险能够减少储蓄成本，促进家庭对生产性资产和高风险、高产值的经济作物进行投资（Mechler et al.，2006；Fulford，2013）。有学者发现，购买天气指数保险的参保户更乐于增加生产性投资（Hill et al.，2012）。保险能够对贫困人口的收入水平或资产水平进行保护，提升贫困边缘群体的信心和信贷水平，有利于贫困人口通过投资获利来脱贫（Janzen et al.，2016）。

（二）风险事件发生后

风险冲击（例如疾病、灾害或者年老等）发生后，会导致贫困人口直接的物质资产、人力资产损失和相关费用上升，贫困人口当期收入水平会受到影响，为维持原有消费水平，迫使贫困人口通过处置生产性资产以弥补损失，贫困人口未来的收入和生计也会因此受到影响（Ali et al.，2000）。相比非贫困群体，贫困人口通常只能通过非正式保险机制（如出售资产、交换礼物、多样化种植以及非正式贷款平滑支出等）来抵御风险，但是这些非正式风险管理方式的效力有限且不利于经济增长和社会流动性（Morduch，1999），可能会导致出现家庭贫困陷阱。

保险机制能够在风险事件发生后，通过向受灾群体提供经济补偿，减少灾害对个人和家庭的负向冲击。贫困人群因为有了保险的损失补偿而无须处置生产性资产，继续维持其消费水平，因此对于稳定贫困人口的收入与资产水平、防止家庭陷入贫困具有十分重要的意义。医疗保险的存在能够提升家庭资本水平，在家庭成员遭受疾病冲击后能够显著减少家庭的医疗费用支出，进而降低家庭因病致贫返贫的概率（Sauerborn et al.，1996）。储蓄、信贷、保险等不仅能够帮助家庭资本的积累，而且对于平稳消费、提高风险承受能力具有明显的作用（Rutherford，2000）。依托保险机制能够促使资本与其他生产要素相结合形成财富积累，因此对于保障贫困人口资本底线、确保要素顺利流通、帮助贫困人口摆脱贫困陷阱发挥了积极作用（Santos，Barrett，2006）。保险等金融产品的可获得性以及其对贫困人口的适应性，能够显著地平滑贫困人口的消费，因此能够显著降低贫困发生率（Geda，2006）。除了能够降低家庭遭受风险冲击的损失，维持消费与收入稳定，保险机制的经济补偿功能还能够在风险事故发生后，向低收入人群提供流动性，促进贫困人口进行再生产活动和投资活动，维持其可持续生计，避免低收入群体陷入贫困陷阱。有研究采用动态资产贫困线，认为保险主要通过发挥其补偿效应来起到防贫的作用（Barrett et al.，2008）。

三　保险扶贫机制与工具构成

（一）保险扶贫机制

保险的本质是互帮互助、扶危济困，与扶贫开发有着天然的内在联系。保险机制具有的经济补偿、资金融通、社会管理等功能与扶贫的基本要求相契合，保险在扶贫脱贫中发挥作用的机制在于提高贫困人口抗风险能力、调节社会各方面利益分配以及改善贫困地区金融生态等。

有关保险扶贫所能发挥的作用机制与路径，可以总结为保障、增信和融资三个方面，也称之为保险扶贫三支柱体系。保险扶贫对贫困的缓解主要是通过三个功能实现的：保险的保障功能可以提高贫困人口抗风险能力；保险的增信功能可以帮助贫困人口便捷获得贷款，有助于激发贫困人口的内生发展动力；保险的融资功能可以缓解贫困地区资金短缺状况,有助于促进贫困地区社会经济发展。该机制分析主要聚焦于商业保险视角(瑞士再保险,2018)。

纵观世界各国众多扶贫政策工具,其中通过建立社会保障制度、完善社会保障体系缓解贫困已经成为全球共识。社会保障制度作为收入调节的"平衡器"、社会稳定的"安全阀"和经济发展的"助推器",是经济社会发展到一定阶段的结果与必然要求。联合国可持续发展目标明确提出,"执行适合本国国情的全民社会保障制度和措施,包括制定最低标准(social protection floor),到2030年在较大程度上覆盖穷人和弱势群体"。社会保障制度减贫,涵盖了社会福利、社会保险与社会救助等项目,国际社会还将积极的劳动力市场项目(active labor market programs)纳入其中。社会福利意在改善公民的生活水平与发展条件,通过无差别的资金、服务与实物供给缓解贫困;社会保险基于风险共担机制凝聚社会力量,消解个体致贫风险,通过保险补偿维持公民基本生活水平,有效防范贫困的产生;社会救助着力化解社会弱势群体与低收入群体的贫困问题,通过针对性举措助其脱离贫困;积极的劳动力市场项目则通过技能开发培训,以及诸如现金或食物换工作等特殊工作计划,帮助贫困人口实现就业,直接提升其收入水平,降低致贫风险(左停等,2021b)。

社会保险对于低收入人群及家庭尤为重要。社会保险为绝大多数人提供了经济安全基础,提供了物质和经济保护,从而使他们能够应对因年老、疾病、工伤、残疾以及失业等风险带来的长期经济问题。

中国扶贫开发取得举世瞩目的辉煌成就,开创了一条中国特色的减贫道路,创立了中国特色的精准扶贫脱贫体制机制及多元化扶贫模式。在反贫困众多机制中,保险作为风险转移和损失补偿的一种有效机制,其扶贫济困、互助共济的天然属性与中国的扶贫开发目标密切契合。在中国的保险扶贫道路上,商业保险与社会保险起到相互补充、促进完善的作用。二者都以为广大人民群众提供保障为目标,在实施方式、服务对象、发挥作用及业务范围上均具有互补性。社会保险是中国社会保障制度的重要内容,经过不断探索创新,中国建立起了覆盖城乡、全民共享的社会保险体系,极大地发挥了抵御风险的作用,降低了贫困发生概率,为消除绝对贫困提供兜底性保障。在扶贫开发工作中引入商业保险,商业保险与社会保障体系紧密衔接,不断创新保险产品和服务,筑牢因病因灾致贫返贫的"第二层防护网",逐步成为中国保险扶贫体系的重要支柱,以及灾害事故防范救助体系的组成部分。同时在政府政策引导下,社会保险与商业保险紧密衔接,形成合力,在中国的反贫困进程中发挥了积极作用。有关中国的保险扶贫机制与成功实践,第三章到第七章进行了系统定性定量及典型案例分析。

基于以上分析,笔者认为,保险扶贫机制包括"社会保险+商业保险"两大保险体系。具体而言,社会保险(包括养老、医疗、失业、工伤、生育等保险计划)为绝大多数公民提供基本兜底保障,商业保险发挥风险保障、融资增信、投资功能,提供农业保险、大病保险、商业健康险、贷款保证保险、保单质押贷款、产业投资等多样化产品和服务(见图2-1)。社会保险减贫政策的成功实施为消除绝对贫困提供兜底性保障,有效遏制贫困增量,而商业保险能够预防风险、提供经济损失补偿,进而减少贫困存量。

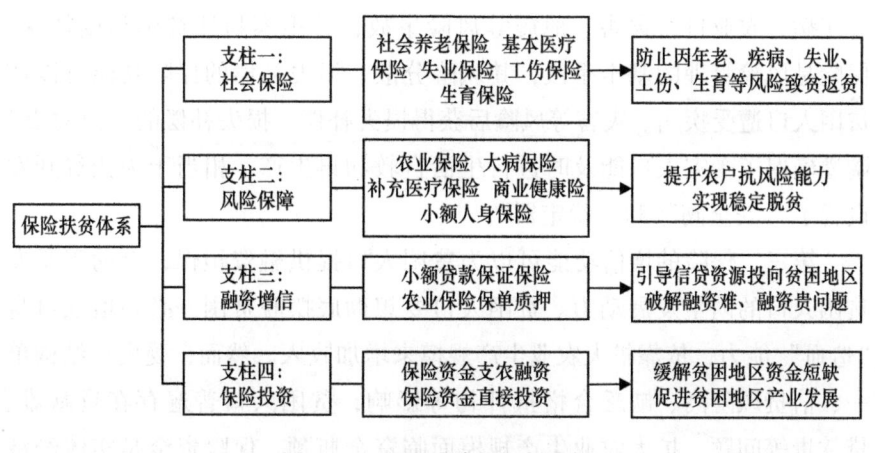

图2-1 保险扶贫机制与路径

第一,社会保险兜底保障。正如阿马蒂亚·森所强调的,对于那些因身体、年龄、家庭等因素造成的脱贫能力低下的人群,社会保险政策是其摆脱贫困的最后保障。对于那些因年老、疾病、工伤、失业等造成的个人和家庭贫困,社会保险是摆脱贫困的最基础性保障。例如,作为社会保险的重要组成部分,社会养老保险和社会医疗保险的减贫效应受到广泛关注。其一是社会养老保险方面,老年人口由于身体机能退化、缺少亲人陪伴、收入来源匮乏，是社会弱势群体，而且随着老龄化趋势加快，长寿风险、老年贫困是世界各国面临的主要难题。社会养老保险作为老年人口未来收入的主要来源，在一定程度上能够保障老年人的收入，增强老年人的获得感和幸福感（邓大松、杨晶，2019）。同时，社会养老保险使老年人退休后的生活更有保障，使他们更加关心子女的教育投资（汪伟，2012），减少教育贫困的代际传递。其二是社会医疗保险方面，重大疾病的巨额医疗费用可能会使患者家庭入不敷出，陷入长期贫困。低收入家庭无法享受高水平的医疗服务，甚至放弃必要的医疗就诊治疗，进一步恶化生活质量和健康状况，进而陷入"疾病—贫困"的循环（刘一伟，2017）。社会医疗保险能够有效抵御疾病风险、应对健康冲击、缓解贫困脆弱性，还可以降低医疗负担，提高家庭医疗消费支出，释放医疗消费需求，确保医疗服务的公平性和可及性。

第二，商业保险的风险保障功能可以提高贫困人口的抗风险能力。贫困人口普遍存在物质资本匮乏和抗风险能力极弱的问题，一旦遭受重大疾病、农业自然灾害、地震等风险事故，就很容易使贫困程度加深。保险是风险管理的基本手段，其风险分散、损失补偿的保障功能可以使贫困人口遭受疾病、灾害等风险后获得损失补偿，损失补偿的"点对点"滴灌确保了受灾人口能及时进行生活自救和再生产，相当于为扶贫开发设置了"安全阀"和"稳定器"。

第三，保险的增信功能可以为贫困人口提供融资担保，有助于激发贫困人口的内生发展动力。贫困人口要想彻底摆脱贫困，必须增强自身"造血"能力，依靠扩大农业生产规模来增加收入。然而，受资产结构单一、信贷风险高、缺乏合格抵押物等影响，贫困人口普遍存在贷款难、贷款贵等问题，扩大农业生产规模面临资金瓶颈。保险资金是实体经济领域资金的重要提供者，在国家基础设施建设、制造业和新兴产业扶持等领域发挥了积极的作用；保险资金也是金融市场重要的资金来源，是除公募基金之外的第二大机构投资者。保险的直接投资、融资增信、风险保障功能发挥，可以提升贫困地区的贷款可获得性，一定程度上解决贫困地区及贫困人口的融资难问题，帮助稀释社会信用风险。例如，保险可以通过小额贷款保证保险、农业保险保单质押等方式为贫困人口提供信用增级服务，有效分担银行等金融机构的信贷风险，引导更多信贷资源向贫困地区投放，从而帮助贫困人口低成本便捷获得贷款，支持其自主创业脱贫，推动扶贫开发由"输血"向"造血"转变。

第四，保险的投融资功能可以缓解贫困地区资金短缺，有助于促进贫困地区发展。保险资金是实体经济领域资金的重要提供者，在基础设施建设、制造业和新兴产业扶持等领域发挥了积极的作用。保险的直接投资可以提升贫困地区的贷款可获得性。随着脱贫攻坚的深入推进，贫困地区经济社会发展对扶贫资金的需求随之增大，有限的政府财政投入不可避免地产生了扶贫资金缺口，迫切需要更多社会资金参与到扶贫开发中来。保险可以发挥直接融资功能，且保险资金具有投资期限长的优势，通过债权、股权、资产支持计划等形式积极参与贫困地区的基础设施、重点产业和民生工程建设，在社会资金和扶贫资金需求之间架起精准的资金投放通道，从而有效缓解贫困地区资金短缺状况，推动贫困地区特色优势产业发展和经济转型升级。

(二) 保险扶贫的工具构成

保险是一种射幸行为，其作用重在"事前防范"和"事后补偿"。保险扶贫的工具构成是基于几类或一系列扶贫险种的有机组合，贯穿于贫困发生因素及演变过程中，直接或间接发挥预防贫困和减贫作用。

第一，社会保险扶贫工具。社会保险扶贫工具因各国的社会保障人群及社会保险计划项目的不同而存在差异。一般地，社会保险涵盖社会养老保险、社会医疗保险、失业保险、工伤保险等。

第二，商业保险扶贫工具。从负债端看，商业保险机构提供的扶贫产品或服务主要包括四类：其一，应对自然灾害及人身风险致贫的农业保险、大病保险、人身意外保险、健康保险或小额寿险、巨灾保险等；其二，应对没有启动资本金致贫的小额贷款保证保险、农业保险保单质押贷款等融资增信产品和服务；其三，应对责任及信用风险的责任保险、信用保证保险等；其四，应对因教育缺失致贫及贫困代际传递风险的助学贷款保证保险等。从投资端看，商业保险机构将保险资金投资于贫困地区基础设施和民生工程等，增强贫困地区"造血"能力。

总之，保险扶贫工具与贫困产生的风险因素密切关联。随着致贫因素多样化、复杂化，其工具构成也将发生变化，决策者应高度关注致贫原因，提供契合实际的保险扶贫工具。

第三节 国际保险扶贫实践概览

实践中，各国或者以社会保险为主，或者社会保险与商业保险相结合，多措并举，通过不同的保险计划为国民提供风险保障。

一 社会保险扶贫实践

现代社会保险制度萌芽于英国制定的《伊丽莎白济贫法》。资产阶级革命与清教运动的爆发，导致英国出现严重的社会动荡和流民贫困，为此英国于1601年制定了《伊丽莎白济贫法》，为身体健全者提供工作以及向贫民提供救济金，建立国家救济贫困与依靠个人劳动脱贫的双重原则，兼具济贫与惩贫双重特征。其后，英国于1834年制定新济贫法，在继续强化社会控制功能的同时奠定了现代社会救助立法的基础。

随着工业革命的推进与社会结构的剧烈转型，德国劳资冲突与工人运动加剧，以施穆勒（Gustav von Schmoller）为代表的学派倡导通过国家福利、社会改良以及社会保险与救助等举措来改善工人生存状况，进而缓解阶级矛盾。在此思想指导下，德国政府于1883—1889年俾斯麦执政时颁布了《疾病保险法》《工伤事故保险法》《养老和残疾社会保障法》三部社会保险法律，并通过社会保障制度的建立营造稳定的社会发展环境，推动经济的快速发展和国民贫困问题的解决。

贝弗里奇（William Beveridge）1942年发表《社会保险和联合服务》，也称《贝弗里奇报告》，提出建立"社会权利"新制度，主张国家为所有英国公民提供社会保险制度，对公民的一切生活予以保障，建立一套系统的从"摇篮到坟墓"的福利计划。第二次世界大战后，以英国为代表的欧洲国家普遍建立起福利制度，发展中国家亦开始建立和完善本国的社会保障制度，通过社会保障制度化解贫困问题成为各国共识。随着全球化的持续推进，理论界对贫困问题认识越发深刻，贫困不再局限于物质层面，贫困研究从收入贫困扩展至能力贫困、权利贫困以及多维贫困等领域，而各国对贫困的化解均将社会保障制度作为减贫的关键举措。

(一) 美国的社会保险计划

美国是保险高度商业化的国家，有非常发达的商业保险体系，尽管如此，美国还为部分公民提供了必要的社会保险项目。1935 年通过了《社会保障法案》（*Social Security Act*），标志着社会保险法治化。目前提供的社会保险项目主要有老年、遗属和残疾保险（OASDI），老年健康保险（Medicare），失业保险，工人补偿保险，强制性临时残疾保险，儿童健康保险（CHIP），铁路退休条例，铁路失业保险条例以及其他政府保险计划。

（二）欧洲国家的社会保险计划

作为福利国家的发源地，欧洲深受合作主义与普惠性思想影响，普遍实行高福利政策并为国民提供完善的福利保障，其贫困更多表现为相对贫困，且贫困的出现多与失业相关联。因此，欧洲各国的社会保险减贫计划主要聚焦于就业与劳动市场领域。

由于资本主义周期性经济危机的爆发和福利国家持续性的经济增长乏力，失业率居高不下，就业问题异常严峻，传统的失业保险政策在保障失业者获得收入的同时，也存在弱化其再就业意愿而形成福利依赖并导致财政负担畸重等问题。此外，制度难以覆盖到非正规就业者和就业不充分人员，制度弊端日渐凸显。欧洲遂推行积极劳动力市场政策，通过降低福利待遇和放松劳动市场保护以激发市场活力，提高就业灵活性，建设就业导向型制度。但在降低失业率提升就业灵活性的同时，临时工、弹性工作及非全职就业人员增加也带来就业质量的下降，部分劳动者即使就业也难以摆脱贫困。为解决该问题，欧洲开始提出并实行"灵活保障"（Flexicurity）政策，以期在提升就业灵活性的同时保障就业，其中以丹麦和荷兰最为典型。"灵活保障"涵盖工作保障、就业保障、收入保障以及综合保障的就业政策，既强调企业用工的灵活性，又重视就业的保障性，意在提升劳动力市场中弱势群体的就业能力和企业竞争力。

（三）韩国的社会保险计划

韩国深受生产性福利思想影响，即支持有工作能力者提升创造性与能力，为不能工作者提供最低生活保障。老龄化趋势加快使老年贫困问题严峻，为此，韩国的社会保障政策聚焦于老年贫困群体，政府多措并举，积极构建多层次养老保障体系，为老年人提供养老收入保障、健康保障以及养老支援保障；同时，为老年人提供再就业机会以拓展其收入来源，缓解老年贫困。

(四) 印度的社会保险计划

印度作为新兴工业化经济体,近年来经济保持高速增长,但过快的人口增长带来较大的贫困问题,为此,印度推行包容性增长扶贫开发政策,建立以促进就业为显著特征的社会保障减贫政策。印度政府为弱势群体提供健康医疗、教育发展、生活保障等方面的补贴,使其共享社会发展成果,提升收入水平。由于大量贫困人口集中于农村,印度政府制定了《全国农村人口就业保障法案》(NREGA),通过增加贫困人群和妇女的就业机会、健全社会保障制度,建立由国家老年退休金计划、全国家庭福利计划和国家产妇津贴计划组成的全国社会保障援助方案,为弱势群体提供综合社会援助。

(五) 巴西的社会保障减贫

巴西在经历快速的经济增长和城市化阶段后,落入中等收入陷阱,不仅经济增长乏力,还面临严重的贫富分化和城市贫困。为此,巴西实施以现金转移支付为主的综合性社会保障减贫政策,以期直接缓解社会分配不平等。巴西政府推行了一系列社会保障减贫举措,包括家庭津贴计划、给予贫困家庭有条件的现金转移支付(Conditional Cash Transfer,CCT)。通过家庭津贴计划实现了短期缓解贫困。同时,巴西实施"零饥饿"计划、扫盲计划、就业促进计划等,通过向小微企业主、个体劳动者提供低息信贷政策来促进就业和增收;另外,还为贫困人群实施保障性住房计划以及家庭保健计划,多途径解决贫困问题。总之,巴西的社会保障脱贫不仅提升了贫困家庭脱贫能力,还改善了教育与医疗生态,为长效脱贫减贫创造有利条件。

二 商业保险扶贫实践

近几十年来,各个国家在结合本国实际的条件下,逐渐探索不同的保险减贫模式。

(一) 农业保险扶贫

因灾致贫是指地震、水旱等自然灾害使农作物等资产遭受损失,破坏农业生产,导致人们失去生存资源和生产收入而陷入贫困。根据《2019年全球自然灾害评估报告》,1989—2019年,全球较大自然灾害频次年均约为320次,其中,洪涝和风暴灾害占比超过60%。低收入群体抗风险能力弱,特别是对于"靠天吃饭"的农民。在非洲,每年约有3亿人口因水资源短缺而处于贫困。

农业保险能帮助农民转移自然风险,保障农民的收入水平。一方面,农业保险通过风险损失补偿、价格补偿等方式直接补偿农民的经济损失,缓释自然灾害及价格波动对农业生产带来的不利影响,降低贫困发生的可能性,起到农户收入"稳定器"作用。另一方面,农业保险通过增信担保、资本转化、产业引导等方式发挥间接作用,能够引导农业向着生产集约化方向发展,促进农业生产结构优化,提高贫困地区农业生产力,提升农村地区的风险抵御能力及脱贫内生动力。

作为农业大国,法国临近大西洋和地中海,经常遭受气象灾害,导致农民收入无法得到保障。1840年,法国农民自发成立农业互助保险社,开始尝试农业保险;1900年,农业保险得到法国政府的认可;1986年,法国开始在全国范围内开展农业保险业务;2005年,法国推出承保多重风险的农作物保险,为激励投保,政府提供35%的保费补贴。

20世纪40年代开始,美国和日本也开发出农业保险,美国在1938年颁布了《联邦农作物保险法案》,正式建立了农业保险制度。随后,菲律宾、印度、巴西等发展中国家也相继推出农业保险,抵御自然灾害对农业生产和农民收入带来的负面影响,通过政府补贴保费来降低农民购买保险的成本。

(二)小额信贷保险扶贫

贫困农民的农业生产受自然环境的影响较大而没有稳定的收入来源,并且没有足够的资产用于抵押,也找不到合理的担保人,导致"贷款难、贷款贵"的现象发生。如果贫困农民无法获得融资,则无法扩大农业生产,也无法较快地提高收入水平,进而难以解决脱贫问题。小额贷款保证保险是对借款人信用风险进行承保,可以作为农民的"担保人",为农民增信,从而在一定程度上提高农民获得贷款的能力,最终实现扶贫脱贫的发展目标。

印度和孟加拉国的农村贫困人口多,缺乏必要的风险防范措施,为此,印度和孟加拉国为低收入群体提供小额信贷保险,为小额信贷提供风险保障,支持农村人口利用小额信贷投资来增加收入、改善生活。此外,还有小额健康保险、小额人寿险等产品,一定程度上满足了低收入群体的风险保障需求。

在肯尼亚和墨西哥农村地区,致贫的主要因素是自然灾害。农业保险成为主要金融扶贫手段。肯尼亚政府为养殖业保险项目提供资助,补偿农户的旱灾损失。墨西哥通过建立卫星指数保险,保障农户在干旱灾害时有能力为牲畜购买牧草。日本建立了农业信用担保保险制度,菲律宾建立了"农业保险+农业信贷"模式,等等。

在中国精准扶贫中,在农村推行的由地方政府、保险机构、商业银行等共同合作建立的信贷分担机制,精准开发各类扶贫小额信贷保险、农业保险保单质押、土地承包经营权抵押贷款等保证保险,有效缓解了农户融资难、融资贵的问题,使贫困地区的人口有更多的资金投入生产活动中,有助于激活贫困地区经济发展内生动力,促进贫困地区开发式扶贫。

(三) 天气指数保险扶贫

1997年,美国推出世界上第一个天气指数保险,主要用于能源产业。气象指数保险是一种基于传统保险的创新保险产品。国际金融公司(IFC)将气象指数保险定义为,根据预先确定的指数为因天气事件造成的资产损失支付保险金的一种创新型保险。农业气象指数保险是气象指数保险在农业方面的运用。2011年,世界银行发布的《农业气象指数保险:从业人员指南》中指出,农业气象指数保险是一种简化形式的保险,赔偿金额的计算基于气象指数,而非每个投保人的损失。同年,国际农业发展基金(IFAD)和世界粮食计划署(WFP)发布了《气象指数保险指南》,明确气象指数保险的基本特征是,保险赔付与否取决于约定时间段内的客观气象参数(降雨量或温度)。所选取的参数与农民遭受的农业生产损失密切相关,同一地区的所有投保人都会根据农场附近气象站的气象结果获得赔付,从而保险人无须查勘定损。2018年,中国减灾司发布的《农业保险气象服务指南——天气指数设计》中将气象指数保险定义为,把一种或多种气象要素(如气温、降水、光照等)对保险标的物的损害程度指数化,并以这种客观的指数作为理赔依据的一类保险。

美国和加拿大等发达国家较早地利用天气指数保险进行农业风险管理。天气指数保险在发达国家成功运行后,世界银行等国际组织开始帮助发展中国家利用天气指数保险对遭受自然灾害的农民进行扶贫救济。

2002年，墨西哥成为首个实施天气指数保险的发展中国家。由于墨西哥的农业生产风险主要是干旱和飓风，该保险计划是以降雨量为依据向农民进行理赔，包括主要农作物的降雨指数保险和经济作物降雨—产量保险，政府的保费补贴比例与当地的贫困程度相关。

世界银行等国际组织也在印度、肯尼亚、埃塞俄比亚等发展中国家实行天气指数保险，帮助农村地区的贫困人口抵御灾害风险，保障并提高农业生产收入水平。马拉维位于非洲东南部，以农业为主，是世界上最贫穷的国家之一。该地区属于热带草原气候，分为干湿两季，而干季会导致农业生产因降雨量不足面临严重损失。在世界银行、国际气候与社会研究所的支持下，马拉维全国小农协会于2008年试点以灾害救济为目的的天气指数保险。

此外，小额借贷保险、大病附加医疗等健康险，以及巨灾保险等与扶贫关联性强的险种，也在众多国家推广。

在国际上，尽管保险扶贫机制及模式方面已有理想化的设计和比较成熟的经验，然而现实中，多数贫困群体往往只关注马斯洛需求层次论中最底层的生存需求，而保险作为更高层次的"安全和保障的需求"，并非眼前所需。处于社会底层的贫困人口，其选择的机会相当稀缺，根本无暇顾及未来的风险。因此，除强制性的社会保险、政策性的农业保险、补充型大病保险之外，其他商业保险对贫困弱势群体而言，因收入低而无保费支付能力，购买需求很低。因此，需要政府从供给和需求两方面提供支持。

第四节 中国保险扶贫实践概览

一 中国社会保险扶贫实践

中华人民共和国自成立以来，不断建立完善社会保险制度。中华人民共和国成立初期，建立了覆盖国有企业职工的劳动保险制度，为保障劳动者的合法权利作出重要贡献。改革开放后，为配合经济体制改革和劳动力市场变化，中国的社会保险制度不断改革，到20世纪末初步建成了包括养老、医疗、失业、工伤和生育在内的职工社会保险体系。进入21世纪，社会保险加速改革，向农村和城镇非就业居民扩展，建立新型农村养老保险制度（新农保）、新型农村合作医疗制度（新农合）以及城镇居民基本养老保险制度、城镇居民基本医疗保险制度等，同时不断完善社会救济和社会福利制度。党的十八大以来，中国的社会保险制度不断深化改革，扩大保障面、提高保障水平；同时，加快促进基本养老保险、基本医疗保险以实现城乡、异地统筹接续。截至2020年年底，中国的基本养老保险覆盖99865万人，基本医疗保险参保人达136131万人，参保率达95%以上，失业保险覆盖21689万人，工伤保险覆盖26763万人。中国已经建成了世界上规模最大、保障人口最多的社会保障安全网，实现了全覆盖、保基本的目标。社会保障制度正在缩小收入差距、降低社会风险，为全体社会成员提供基本生活保障。

日益健全的社会保险制度是中国最大的反贫困机制，社会保险为城乡全体社会成员提供了基础性的风险保障，为预防和缓解贫困问题提供了坚实的制度保障。

一方面，养老保险从单一的保障企业职工到全面覆盖，从城乡分割到城乡整合，其覆盖面不断扩展，保障水平逐步提升。基本养老保险（包括城镇职工养老保险和城乡居民养老保险）参保人数逐年上升。老年福利和养老服务体系得到不断发展完善，享受高龄补贴的老年人数从2006年的233.5万人增长为2019年的2963万人，享受护理补贴的老年人从2013年的11.7万人增长为2019年的66.3万人；享受养老服务补贴的老年人数从2013年的101.9万人增长为2019年的516.3万人。另一方面，基本医疗保险作为医疗保障的托底工程，不仅能够对参保人员的医疗费用支出风险进行保障，而且能够对贫困人口与健康弱势群体提供权益保障。新时代以来，基本医疗保险覆盖范围稳步提高，2020年基本医疗保险（包括职工基本医疗保险和城乡居民基本医疗保险）参保人数达到136131万人，参保率稳定在95%以上。保障待遇水平逐步提升，居民基本医疗保险受益人次不断提高，从2012年的23223万人次增长至2020年的198680万人次。随着基本医疗保险覆盖面的拓展和待遇水平的提高，其在减贫中发挥出举足轻重的作用，减轻了广大人民群众的医疗费用负担，缓解了疾病风险冲击，保障了人民群众医疗服务的可及性、公平性，有效降低了因病致贫和因病返贫的可能性。

二 中国商业保险扶贫实践

商业保险作为一种市场化的风险转移机制，具有风险保障、经济补偿与增信融资功能。实践证明，中国的商业保险在扶贫开发战略中发挥了重要作用。在脱贫攻坚战中，中国商业保险扶贫的主要路径包括健康保险扶贫、农业保险扶贫、融资增信扶贫、产业保险扶贫、民生保险扶贫、教育保险扶贫等，创建了中国特色的保险扶贫体系——以健康保险、农业保险为代表的保险扶贫保障体系，以小额贷款保证保险、农业保险保单质押为代表的保险扶贫增信体系，以保险资金支农融资和直接投资为代表的产业扶贫投资体系，以教育保险、民生保险为代表的扶贫体系，筑牢因病因灾致贫返贫的"第二层防护网"。

（一）健康保险扶贫

中国的商业保险机构与社会医疗保险经办机构合作，承办大病医疗保险，各大商业保险公司还提供补充医疗保险、商业健康保险，典型的模式有湛江模式、太仓模式、洛阳模式、江阴模式、湖南"扶贫特惠保"、青海西宁"健康保"、浙江衢州"扶贫健康险"等。另外，各大保险公司还提供疾病预防与健康管理服务，包括健康体检与疾病筛查、健康档案等。

（二）农业保险扶贫

不断完善政策性农业保险，扩大种植业、养殖业农业保险，提供特色优势农产品保险、农作物目标价格保险、天气指数保险、设施农业保险、收入保险、"保险+期货"等产品。农业保险为降低从事农业生产、抵御灾害能力弱的农村地区的贫困多发状况起到了积极作用，充分发挥农业"稳定器"作用。

（三）融资增信扶贫

保险公司提供扶贫小额信贷保证保险、农业保险保单质押、土地承包经营权抵押贷款保证保险、农房产权抵押贷款保证保险、贫困户土地流转收益保证保险，以及针对物流、仓储、农产品质量保证的"互联网+"保险产品，为贫困户融资提供增信支持。在融资增信、小额信贷保险开展过程中，政府与市场力量协同合作，实现对贫困人群的信贷倾斜，有效缓解了农户融资难、融资贵的问题，使贫困地区的人口有更多的资金投入生产活动中,有助于激活贫困地区经济发展内生动力,进而提升贫困地区的造血能力。

(四)保险资金投资

各大保险机构不断创新保险资金运用方式,将保险资金投入贫困地区,补齐贫困地区资金缺口,为贫困地区产业发展注入源头活水。保险业成立中国产业扶贫投资基金,采取市场化运作机制,专项用于贫困地区资源开发、产业园区建设、新型城镇化发展等领域。通过创新保险资金运用方式,鼓励推动保险资金向贫困农村地区投放,充分发挥保险的风险保障、资金支持等扶贫优势,助推贫困地区产业发展。

(五)教育扶贫

扶贫必扶智,帮助贫困人口摆脱贫困,不仅要帮助其摆脱物质贫困,更重要的是激发贫困人口内生动力,提升其发展能力。中国保险机构积极作为,主要通过提供助学贷款、开办助学贷款保证保险、保险公益捐赠、职业技能培训等方式参与教育扶贫,一定程度上缓解了贫困地区人口因为失学、教育资源不公平、就业能力不足等风险陷入"贫困陷阱"。

(六)小额保险扶贫

在精准扶贫以来,各大保险机构针对贫困人口面临的风险特征以及支付能力较低等因素,开发了一系列保费低廉、保障适度、保单通俗、核保理赔简单的扶贫小额保险。这些扶贫小额保险作为一种有效的保险扶贫工具,能通过对因意外造成伤害的贫困人口进行经济补偿,帮助贫困人群进行生活自救和再生产活动,进一步提升其抗风险的能力。

中国的保险扶贫汇聚社会保险与商业保险之合力,进而形成系统性保险扶贫机制。在商业保险扶贫中,将政府支持和市场运作相结合,建立了政府、市场、社会共同参与的保险服务体制机制,尤其是在健康保险扶贫、农业保险扶贫以及信贷保证保险扶贫方面,形成了保险机构、信贷等金融机构与政府部门各方优势互补、合作发力的"联办共保"机制。例如,农业保险扶贫,一方面,政府部门扩大政策性农险的覆盖范围,鼓励贫困农户参保,让更多农户享受到农险服务;另一方面,相关部门联合起来,激励引导商业保险机构进入农村,到贫困地区开展农险业务,共同承担扶贫重任。财政方面整合扶贫资金,对保费进行全额或部分补贴,突出对建档立卡贫困人口的重点保障和精准扶贫。实践证明,商业保险在中国的脱贫攻坚战中发挥了重要作用。

中国在脱贫攻坚阶段，保险机制因地制宜，探索出了一揽子"保险+"扶贫模式，形成了"保险+信贷""保险+期货""保险+农业订单"等具有代表性的创新型保险扶贫模式。"阜平模式""盐池模式"在保险扶贫中，保险机构与政府通力合作，精准扶贫脱贫效果显著，成为保险扶贫的典范，而"政府+保险资金+企业+农户+保险"的模式成为普惠金融保险在脱贫攻坚中的另一成功典范。

第三章

保险扶贫的机制路径演进及减贫成效

中国脱贫攻坚取得举世瞩目的成就，开创了中国特色的减贫道路，创立了中国特色的精准扶贫脱贫体制机制及多元化扶贫模式。中国特色的保险扶贫包括社会保险和商业保险两大机制，社会保险面向全体社会成员，通过"广覆盖""保基本"原则为绝大多数人提供了经济安全基础，提供了物质和经济保护，同时引入商业保险机制，统筹社会资源，提高风险保障水平，二者相互补充、紧密衔接、形成合力，助力精准扶贫。本章全面系统梳理中华人民共和国成立70余年来中国保险机制从弱到强、从单一到多元，逐步形成适合中国国情的社会保险与商业保险协同合作扶贫机制的改革发展历程及减贫效果。

第一节 引言

中国共产党始终坚持以人民为中心，将消除贫困作为促进人民安居乐业、实现共同富裕的重要前提。消除贫困、改善民生，逐步实现共同富裕，是社会主义的本质要求，是中国共产党的重要使命。自中华人民共和国成立以来，始终将反贫困作为治国安邦的大事，经济社会的快速发展推进了减贫进程。从中华人民共和国成立初期的"保生存"到改革开放后"保生存、促发展"，再到"惠民生、促发展""实现共同富裕"，中国的反贫困实践随着致贫因素与社会经济发展变化经历了救济式扶贫、开发式扶贫、攻坚式扶贫到精准扶贫，再到巩固拓展脱贫攻坚成果、缓解相对贫困等各个阶段，扶贫事业呈现出参与主体更加多元化、扶贫方式更加多样化的特点（见表3-1）。党的十八大以来，在以习近平同志为核心的党中央领导下，中国实施了人类历史上规模空前、力度最大、惠及人口最多的脱贫攻坚战，各地不断创新机制、扎实推进精准扶贫，形成了特色产业扶贫、劳务输出扶贫、易地扶贫搬迁、生态保护扶贫、教育扶贫、金融保险扶贫、资产收益脱贫、特殊人群关爱服务等精准扶贫机制及多样化模式。

表3-1 中华人民共和国成立以来扶贫历程

	致贫原因	扶贫类型	扶贫方式
1978年之前	产业结构不合理	—	—
农村体制改革阶段（1978—1985年）	区域经济发展不平衡	救济式扶贫	体制改革推动扶贫
大规模扶贫开发阶段（1986—1993年）	贫困地区地域性问题	开发式扶贫	区域扶贫
八七扶贫攻坚阶段（1994—2000年）	生存环境与生产条件恶劣	攻坚式扶贫	开发式扶贫（精确到县）
21世纪扶贫阶段（2001—2012年）	基础设施受限，自然灾害严重	农村扶贫	改善软硬条件（整村推进）
脱贫攻坚阶段（2013年以后）	问题长期叠加，扶贫体制机制不完善	精准扶贫	重点区域，人群扶贫（精确到户）

中国脱贫攻坚取得了举世瞩目的成就，开创了一条中国特色的减贫道路，创立了中国特色的精准扶贫脱贫体制机制及多元化扶贫模式。在反贫困众多机制中，保险是风险转移和损失补偿的一种有效机制，其扶贫济困、互助共济的天然属性与中国的扶贫开发目标密切契合。经过不断探索创新，中国建立起了覆盖城乡、全民共享的社会保险体系，极大地发挥了抵御风险的作用，降低了贫困发生概率，为消除绝对贫困提供了兜底性保障；同时，快速发展的商业保险在扶贫中发挥了巨大作用。实践证明，保险机制在中国反贫困进程中发挥了积极有效的作用，在减贫事业中具有不可替代的重要性。

中国特色的保险扶贫包括社会保险和商业保险两大机制。社会保险是中国社会保障制度的重要内容。社会保障制度是针对危及人们基本生活安全的社会风险（疾病、养老、失业、工伤、生育等）、基于公平与效率相结合的基本原则进行的一项保障性制度安排，其首要功能就是保障人的基本生存并提升人的发展能力（郑功成，2010）。社会保障体系主要包括社会保险、社会救助与社会福利三大基础部分。其中，社会保险通过社会公众共同建立社会养老、医疗、失业、工伤、生育等保险基金，风险共担，为绝大多数人提供了经济安全基础，提供了物质和经济保护，从而应对人们因年老、疾病、工伤、残疾以及失业等风险带来的长期经济问题。社会保险作为一种基于社会契约建立的非营利、广覆盖、附带政府责任的公共保险计划，主要通过收入再分配机制和风险分摊机制来预防和消除贫困（左停等，2018）。社会救助通过政府直接给予贫困人口现金救助或实物救助，保障绝对贫困人口的基本生存，对于消除绝对贫困发挥最直接、最明显的减贫作用（杨穗、鲍传健，2018）。社会福利是由政府或社会在法律和政策范围内向全体公民普遍地提供资金帮助与优化服务的社会性制度，目的是增进群众的福利，改善国民的物质文化生活。

除了社会保险，商业保险也是风险管理机制的重要组成部分。随着中国国民经济持续快速发展、人均收入不断提高以及国民风险防范意识逐步增强，商业保险发展迅速，在社会经济中的风险保障作用日益突出。一方面，商业保险弥补了社会保险较低的保障水平，可以满足多层次需求；另一方面，根据重大疾病等人身风险、自然灾害以及其他混合性风险的不断变化，商业保险有针对性地推出了各种健康保险、农业保险等产品和服务，对被保险人进行经济损失补偿给付，避免个人及家庭出现灾难性"经济危机"，又能够帮助人们尽快恢复生产生活，降低贫困脆弱性，起到社会"稳定器"的作用（刘然、刘慧侠，2014年）。

在中国的扶贫道路上，商业保险与社会保险起到相互补充、促进完善的作用。二者都以为社会公众提供保障为目标，在实施方式、服务对象、发挥作用及业务范围上均具有互补性。社会保险面向全体社会成员，通过"广覆盖""保基本"实现减贫，在扶贫开发工作中引入商业保险，可以统筹社会资源、提高风险保障水平。具体而言，商业保险的风险保障功能可以使贫困人口遭受风险后获得损失补偿，提高贫困人口抗风险能力，有助于实现稳定脱贫；保险的增信功能可以为农民及涉农企业提供信用增级服务，引导更多信贷资源投向贫困地区；保险的融资功能在社会资金与扶贫资金需求之间架起精准的资金投放通道，从而有效缓解贫困地区资金短缺问题，有助于促进贫困地区农业产业发展（郑伟等，2018）。中华人民共和国成立 70 余年来，中国的保险扶贫工具应用从弱到强、从单一到多元，逐步形成了适合中国国情的社会保险与商业保险相协同合作的保险扶贫机制。

第二节 中华人民共和国成立初期社会保险扶贫机制建立（1949—1977 年）

中华人民共和国成立初期，国家尚处于"一穷二白"阶段，人民生活缺乏基本保障，全国 80% 以上的农村人口普遍处于贫困状态，其中 30.7% 的人口处于极端贫困状态（郑功成，2021）。在此背景下，中国一方面推进所有制改革，通过发展工业和农业带动国民经济恢复；另一方面积极探索建立社会保险制度，以期缓解普遍性贫困。中国早期的社会保险制度在城乡二元分割社会经济制度下形成了不同的发展路径。

一 城镇企业职工劳动保险制度

1951 年，中央人民政府政务院颁布《中华人民共和国劳动保险条例》，规定对全民所有制和劳动群众集体所有制企业实行综合性劳动保险制度（以下简称"劳保制度"），标志着中国保险制度正式建立。此后，劳保制度不断扩大覆盖面至城市绝大部分居民，明确了企业职工及亲属养老、医疗、工伤、生育等待遇水平。到 1953 年 3 月底，全国实行劳动保险的企业达 4400 多个，参加职工有 350 多万人；没有参加劳动保险条例的单位也大多订立了集体劳动保险合同，全国共有 430 多家企业。1953 年，全国享受劳动保险待遇的职工已有 480 余万人。

二 城镇公费医疗制度

1952 年，政务院颁布了《关于全国各级人民政府、党派、团体及所属事业单位的国家工作人员实行公费医疗预防的指示》，规定对全国各级人民政府、党派，工、青、妇等团体，以及文体、教育、卫生等事业单位的工作人员和残疾军人实行公费医疗制度，经费由各级财政按定额拨付。20世纪70年代末，享受公费医疗保障的城镇工作人员大约有3000万人，加上受惠家属，总受益人口达5000万人左右。这项制度的建立对激发城镇职工社会主义建设的积极性、保障其基本医疗保健需求、减轻他们的疾病经济负担发挥了积极作用。

除了劳保制度与公费医疗制度，城镇地区还推出了职工退休及社会救济制度，包括救济失业工人、退休工人及家属等，依托"单位"提供社会保障措施，避免绝大部分城市居民因失业、老年等陷入贫困，同时通过社会救济制度对困难群体的基本生活提供保障。

三 农村合作医疗制度

早在20世纪40年代，陕甘宁边区出现了具有卫生合作性质的医药合作社。中华人民共和国成立以后，随着农村合作化运动的掀起和农村集体经济地位的确立，农村合作医疗制度建立，并在20世纪六七十年代迅速发展。1958年，全国合作医疗覆盖率达到10%，1962年接近50%，到20世纪70年代中期达到90%。这项制度于1978年被载入宪法。合作医疗（制度）与合作社的保健站（机构）及数量巨大的赤脚医生队伍（人员）一起，被誉为解决中国广大农村缺医少药的"三件法宝"，被世界银行和世界卫生组织誉为"发展中国家解决卫生经费唯一范例"。当时的农村合作医疗是一个以农民自身互助合作的方式投资农村基层医疗保健设施来改善医疗服务供给的制度，村级医疗服务供给体系的建立和维持是以农村集体经济作为保证的，加上当时各级政府大力宣传、推动，使得合作医疗迅速普及、发展。

农村合作医疗制度对农村医疗卫生事业发展、保障农民健康水平提高发挥了巨大推动作用。1949—2001年，全国农村婴儿死亡率从20%下降到3.38%，农村孕产妇死亡率从1.5%下降到0.06%，传染病发病率从20%下降到0.19%，农村人口平均期望寿命从1949年的35岁上升到2000年的69.55岁。农村合作医疗制度的开展在一定程度上降低了农村贫困率的发生（刘慧侠，2011）。以人均预期寿命提高为主要标志的非收入性贫困的极大缓解是1978年之前中国减贫成就的主要方面，也是1978年之前中国减贫的突出成就（李小云等，2019）。

四 农村"五保"救济制度

当时，针对农村丧失劳动能力和无人抚养或赡养的人口，建立了"五保"救济制度，通过为其提供食物、衣服、住处、医疗、教育和丧葬服务等，对农村弱势群体提供了兜底性保障。

总之，中华人民共和国成立初期，通过建立劳动保险、公费医疗、合作医疗制度以及抚恤救济制度等，依托"单位"或"村集体"提供社会保险保障措施，确保了广大人民群众的基本生活，避免了绝大部分城乡居民因疾病、老年等陷入贫困。

第三节 改革开放后社会保险扶贫体制机制建立完善（1978—2012年）

改革开放初期，中国面临着贫困人口基数大、贫困发生率较高的严峻形势，同时伴随着计划经济向社会主义市场经济转型，社会收入差距逐步扩大、贫困问题日益突出。这一时期，中国社会保险制度进入全面改革阶段，这些改革举措及成就无疑成为中国扶贫开发事业的重要组成部分。

从1978年到20世纪80年代中期，劳保制度开始尝试职工分担部分医疗费用以克服部分国有企业无法承受高昂医疗费用支出问题，还有部分地区因国有企业无力承担支付退休养老金而自发对某些行业的退休费用进行跨单位统筹等举措，为之后建立医疗保险和养老保险制度奠定了基础。20世纪80年代后期，随着国有企业改革深化、经济结构调整力度加大，失业者、提前下岗者、亏损企业的职工开始沦为城市的贫困者，城镇贫困问题成为改革推进与社会安定的潜在威胁。

1986年，国务院成立贫困地区经济开发领导小组（1993年更名为国务院扶贫开发领导小组），确定开发式扶贫的基本方针，标志着中国从扶贫救济进入扶贫开发新阶段。同年，《中华人民共和国国民经济和社会发展第七个五年计划》中首次正式提出"社会保障"概念，标志着中国社会保障制度正式开启社会化改革之路。

一 建立完善城镇职工基本养老保险体系

20世纪80年代中后期，中国养老保险制度开启改革新阶段。1986年，国务院颁布《关于发布改革劳动制度四个规定的通知》，试点推行劳动合同制工人退休养老金由企业和职工分担缴费，退休费用统筹互济。1991年，国务院颁布《关于企业职工养老保险制度改革的决定》，标志着中国将建立由国家、企业和个人共同承担的养老保险制度。1995年，国务院颁布《关于深化企业职工养老保险制度改革的通知》，确定了社会统筹与个人账户相结合的养老保险制度试点模式。在总结各地试点经验基础上，1997年，国务院发布《关于建立统一的企业职工基本养老保险制度的决定》，确立了中国城镇职工基本养老保险制度框架。

城镇基本养老保险制度不断改革完善。2005年中国开始改革完善企业职工基本养老保险制度，2008年进行事业单位工作人员养老保险制度改革试点，2009年规范参保人员跨统筹地区养老保险转移接续政策。城镇居民社会养老保险于2011年开始试点。城镇居民养老保险基金由个人缴费和政府补贴构成，实行社会统筹和个人账户相结合的制度。与新农保相比，个人缴费标准设100—1000元10个档次。城居保与新农保在政府补贴及养老金待遇等方面的安排一致。

城镇职工养老保险制度及城镇居民养老保险制度的实施，一方面确保老年人退休后的基本收入水平，保障其基本生活，降低老年人因疾病、意外等致贫返贫的风险；另一方面，该制度降低了不确定事件对参保人的风险冲击，家庭能够将更多的预防性储蓄资金投入子女教育以及生产性投资活动中。这对提升家庭收入水平、降低家庭贫困发生率发挥了十分重要作用。

二 建立完善多层次城镇职工医疗保险体系

1993年，党的十四届三中全会通过《中共中央关于建立社会主义市场经济体制若干问题的决定》，使城镇医疗保险进入了新旧体制的替换时期。从1994年开始，国务院在江苏省镇江市、九江市进行社会统筹与个人账户相结合的医疗保险制度改革试点，"两江试点"初步建立了医疗保险"统账结合"的城镇职工医疗保险模式。1998年，国务院颁布《关于建立城镇职工基本医疗保险制度的决定》，明确了医疗保险制度改革的目标任务、基本原则和政策框架。1999年，全国开始推广建立城镇职工医疗保险制度，坚持"低水平、广覆盖、双方负担、统账结合"原则，保险费由用人单位和职工个人共同负担，建立医疗保险个人账户和社会统筹基金。随后，城镇职工基本医疗保险不断扩大覆盖范围，在2003—2004年，依次将城镇灵活就业人员、混合所有制企业和非公有制经济组织从业人员纳入职工基本医疗保险范围内。2006年，国务院颁布《关于解决农民工问题的若干意见》，提出要积极稳妥地解决农民工社会保障问题，依法将农民工纳入工伤保险，有条件的地方，可直接将稳定就业的农民工纳入城镇职工基本医疗保险和城镇职工基本养老保险。

为了解决城镇职工基本医疗保险的覆盖面窄、保障水平低等问题，从21世纪初开始，中国逐步探索建立以城镇职工基本医疗保险为主，由医疗救助、各种商业医疗保险和城镇居民医疗保险为补充的多层次医疗保障体系。

（一）建立医疗救助体系

2000年12月，国务院印发《关于完善城镇社会保障体系的试点方案》，明确规定要积极建立社会医疗救助制度。2005年2月，民政部、卫生部、劳动和社会保障部、财政部发布《关于建立城市医疗救助制度试点工作的意见》，从2005年开始在各省（自治区、直辖市）部分县（市、区）逐步建立医疗救助制度。救助对象主要是城市居民最低生活保障对象中未参加城镇职工基本医疗保险人员、已参加城镇职工基本医疗保险但个人负担仍然很重的人员和其他特殊困难群众。该制度为困难居民支付个人难以负担的医疗费用，并对未参保的困难居民按规定给予适当救助。

（二）扩大基本医疗保险的覆盖范围

劳动和社会保障部办公厅于2003年5月出台《关于城镇灵活就业人员参加基本医疗保险的指导意见》，并于2004年5月出台《关于推进混合所有制企业和非公有制经济组织从业人员参加医疗保险的意见》，将灵活就业人员、混合所有制企业和非公有制经济组织从业人员以及农村进城务工人员纳入医疗保险范围。同时，建立各种补充医疗保险项目。

(三) 建立城镇居民基本医疗保险制度

从 2004 年下半年起就开始探讨建立城镇居民医疗保障制度，2006 年，党的十六届六中全会通过《中共中央关于构建社会主义和谐社会若干重大问题的决定》，进一步明确提出"建立以大病统筹为主的城镇居民医疗保险"。2007 年开始试点，2009 年将试点地区扩大到 80% 以上城市，2010 年起在全国全面推广城镇居民基本医疗保险。此后，覆盖面逐步扩大，包括破产关闭公司的退休职工与经济困难公司的职工、在校大学、农民工、灵活就业人员和非公有制经济组织从业人员。居民基本医疗保险采取个人缴费与政府补助相结合的筹集方式，试点开始时，政府每年按不低于人均 40 元给予补助，同时对贫困或困难群体采取倾斜政策：针对低保对象或重度残疾的学生和儿童参保所需的家庭缴费部分，再给予每人不低于 10 元的补助；对丧失劳动能力的中度残疾人或低收入家庭中 60 周岁以上的老年人，再按每人不低于 60 元给予补助。此后，政府对城居保参保居民的补助标准逐年提升，从 2010 年每人每年不低于 120 元的标准提升至 2015 年每人每年 380 元；在新农合与城镇居民医疗保险合并后，2021 年政府补助提升至每人每年不低于 580 元。政府补助的不断提升能够确保贫困人群参加基本医疗保险，减缓因病致贫返贫现象的发生。

中国城镇职工基本医疗保险制度的建立完善，为保障城镇职工基本医疗服务需求、减缓疾病经济负担、维护人口健康发挥了至关重要的作用。尤其是随着多层次医疗保险体系建立完善，中国城镇医疗保险的覆盖面不断扩大，保障水平逐渐提高。在支付比例方面，居民医保基金最高支付限额提升至居民可支配收入的 6 倍以上，同时医保住院费用政策范围内报销比例也不断提升，2015—2020 年，中国城乡居民基本医保住院政策范围内报销比例从 64.6% 提升至 70%。此外，为了解决"看病难""看病贵""小病不治，拖成大病"问题，各地逐渐建立了城镇居民医保门诊统筹，将门诊医疗费用纳入保险基金支付范围，不断扩充医疗保险的保障范围，提高保障水平，最大限度减轻城乡居民的医疗经济负担。

三 建立完善新型农村合作医疗制度

农民缺乏医疗保障，因病致贫、因病返贫现象引起了党中央高度重视。在总结前期试点经验的基础上，2003年1月，国务院办公厅转发卫生部等部门发布的《关于建立新型农村合作医疗制度的意见》，从2003年起在全国范围内试点推行新型农村合作医疗制度（以下简称"新农合"）。新农合是由政府组织、引导和支持，农民自愿参加，个人、集体和政府多方筹资，以大病统筹为主的农民医疗互助共济制度。新农合的目标是帮助农民抵御大病风险，提高农民的健康水平，减少由疾病导致的贫困，提高农民对医疗服务的满意程度。新农合的筹资机制为个人缴费、集体扶持和政府资助相结合，明确了中央、地方财政对参合农民给予一定补助的责任。个人缴费费率较低，2003年筹资标准为每户每人10元，只占当时农民人均纯收入的1%。中央政府对中西部地区除市区以外的参合农民每年按人均10元给予补助，地方财政（省、市、县三级财政）对参合农民每年按人均不低于10元给予补助。之后，政府资助额度逐年提高，各级财政对参合农民的补助标准由2008年的每人每年80元提升至2021年的每人每年580元。

随着新农合门诊统筹工作的开展及门诊医药费用报销比例的提升，新农合住院报销比例提升至75%左右，而门诊统筹报销比例超过50%。同时政府大力助推"一站式"结算服务，积极协调医疗救助与新农合、商业补充保险的联动报销机制，共同保障参保农民获得最大受益。

经过政府政策与财政的大力支持，新农合制度得以快速推广普及。从2003年开始试点到2009年年底，全国开展新农合的县（市、区）达2716个，参合农民为8.33亿人，参合率达94.19%，补偿受益人次达7.59亿。至2016年，新农合基本覆盖全国农村居民。新农合制度实施，有效缓解了农民"看病难、看病贵"的问题，对改善农民健康状况、减轻个人及家庭医疗费用负担、降低农村贫困发生率起到了非常重要的作用。

四 建立完善新型农村养老保险制度

2009年，国务院发布《关于开展新型农村社会养老保险试点的指导意见》，提出建立"个人缴费、集体补助、政府补贴""社会统筹和个人账户相结合"的农村养老保险制度。新型农村养老保险制度（以下简称"新农保"）是一项旨在实现农村居民老有所养、增加农民收入、推动农村减贫并缩小城乡差异的社会保险制度。新农保个人缴费标准为每人每年100—500元五个档次，地方根据实际情况增设调整；中央财政对中西部地区按照中央确定的基础养老金标准给予全额补助，对东部地区给予50%的补助，地方财政则在参保人缴费时给予不低于每人每年30元的补贴。养老待遇发放由基础养老金和个人账户养老金两部分构成。截至2012年，新农保制度已覆盖了全国各个县市。

五 建立失业保险制度

城市人口一旦失去工作岗位，就失去了家庭收入来源。如果没有社会保障的扶持或者扶持力度不够，就容易陷入贫困。20世纪90年代，为了解决国有企业改革中出现的下岗职工问题，中国探索建立失业保险制度。1993年，党的十四届三中全会通过《中共中央关于建立社会主义市场经济体制若干问题的决定》，首次提出了"失业保险"概念。1999年1月，国务院正式颁布《失业保险条例》，对失业保险基金的构成、缴纳比例以及待遇支付等都进行了明确规定，标志着中国现代失业保险制度基本确立。《失业保险条例》规定，城镇企事业单位按照本单位工资总额的2%缴纳失业保险费，职工按照本人工资的1%缴纳失业保险费；有关待遇领取，失业人员失业前所在单位和本人按照规定累计缴费时间满1年不足5年的，领取失业保险金的期限最长为12个月；累计缴费时间满5年不足10年的，领取失业保险金的期限最长为18个月；累计缴费时间10年以上的，领取失业保险金的期限最长为24个月。

中国失业保险制度的建立为失业人员的生活保障及就业提供了全新的制度安排，通过提高失业保险金标准、保费补贴以及加强失业人员的职业技能培训等举措，充分发挥了失业保险"保生活""防失业""促就业"的基本功能，为推动中国防贫减贫发挥了积极作用。

六 建立工伤保险制度

工伤保险是指劳动者在工作中或在规定特殊情况下，遭受意外伤害或患职业病导致暂时或永久丧失劳动能力以及死亡时，劳动者或其遗属获得经济或物质帮助的一种社会保险制度。员工因工伤事故丧失劳动能力后不仅失去收入来源，而且需要高昂的医疗费用，而工伤保险能够为工伤人员提供长久且稳定的医疗和收入保障。对于降低工伤人员及其家庭因伤致贫的概率具有重要作用，是防御式扶贫的重要手段。

1951年2月，政务院颁布的《中华人民共和国劳动保险条例》，确立了中国的工伤保险制度。1996年，劳动部根据劳动法的有关规定发布《企业职工工伤保险试行办法》，规定工伤保险实行社会统筹，设立工伤保险基金，对工伤职工提高经济补偿和实行社会化管理服务；覆盖范围包括城镇所有企业及职工，还包括到企业实习的大中专及职高院校学生。2003年，国务院出台《工伤保险条例》，将适用范围进一步扩大到"中华人民共和国境内的各类企业、有雇工的个体工商户"，提高了待遇水平，规范了相关标准、程序，以及基金收支、工伤认定、监督管理等措施。2010年12月国务院颁发586号令，对《工伤保险条例》若干条目进行了修改。2015年7月，人力资源和社会保障部、财政部发布了《关于调整工伤保险费率政策的通知》，根据不同行业的工伤风险程度，由低到高依次将行业工伤风险类别划分为一类至八类。

中国工伤保险制度保障了工伤职工的医疗及其基本生活、伤残抚恤和遗属抚恤，在一定程度上解除了职工和家属的后顾之忧。国家统计局2022年发布的《中华人民共和国2021年国民经济和社会发展统计公报》显示，2021年年末全国参加工伤保险人数为28287万人，比2020年年末增加1523万人。全国新开工工程建设项目工伤保险参保率为99%，全年认定（视同）工伤129.9万人，评定伤残等级77.1万人，全年有206万人享受工伤保险待遇。

七　建立生育保险制度

生育保险是国家通过立法确定的，在劳动妇女因生育子女而暂时中断劳动时，由国家和社会对生育的职工妇女给予必要的物质帮助和生活保障的一项社会保险制度。其宗旨在于通过向职业妇女提供生育津贴、医疗服务和产假，帮助他们恢复劳动能力，重返工作岗位。

1986年，卫生部、劳动人事部、全国总工会、全国妇联联合印发了《女职工保健工作暂行规定》。1988年7月，国务院颁布《女职工劳动保护规定》，对女职工的就业、劳动工作时间、产假、孕期待遇保护及其他福利等作了详细规定。1994年，劳动部颁布了《企业职工生育保险试行办法》，中国正式建立了社会统筹的城镇职工生育保险制度。生育保险制度的实施维护了企业女职工的合法权益，保障其在生育期间能获得必要的经济补偿和医疗保障。此后，生育保险制度不断发展完善。2010年，《中华人民共和国社会保险法》规定男职工未就业配偶也可以按照国家规定享受生育费用待遇。依法将包括农民工在内的合同制工人纳入生育保险保障范围，由用人单位按照国家规定缴纳生育保险费，个人不缴费。2017年，中国开始探索生育保险和城镇职工基本医疗保险合并实施试点，参加职工医疗保险的在职职工同步参加生育保险。2019年3月，国务院办公厅印发《关于全面推进生育保险和职工基本医疗保险合并实施的意见》。合并后，生育保险的覆盖面进一步扩大，保障水平得到提高。国家统计局发布的《中华人民共和国2021年国民经济和社会发展统计公报》显示，1993年，中国参加生育保险的人数仅为557.2万人，到2021年，参加生育保险人数为23851万人，基本实现了制度全覆盖。

中国通过建立并不断完善生育保险制度，为生育妇女提供生育津贴、医疗服务和产假待遇，保障其身体健康，并为婴儿的哺育和成长创造良好的条件。因此，中国的生育保险对社会劳动力的生产与再生产发挥着十分重要的保护作用。

八　城乡社会保障体系改革完善

自20世纪90年代后期以来，随着经济社会发展和城乡社会保险制度的建立与完善，以及社会救济、社会福利的增加，贫困人口分布呈现"大分散、小集中"的新特点，由区域、整体性的贫困逐渐过渡到个体性贫困，贫困人口的构成以边缘化人口为主要组成部分，且相当一部分贫困人口因老、弱、病、残而没有劳动能力，区域瞄准的扶贫开发政策难以有效帮助他们脱贫，需要相关的扶贫政策进行战略性调整，从瞄准区域的政策向瞄准个体的政策转化，完善社会保障体系尤为重要（都阳、蔡昉，2005）。党和政府不断强调社会保障在全面建设小康社会中的作用，推进社会保障改革完善。党的十六大报告提出，"建立健全同经济发展水平相适应的社会保障体系"；"有条件的地方，探索建立农村养老、医疗保险和最低生活保障制度"。党的十七大报告提出,"加快以改善民生为重点的社会建设",要让全体人民"学有所教、劳有所得、病有所医、老有所养、住有所居"。此阶段,中国通过建立完善新型农村合作医疗制度、新型农村养老保险制度,完善城镇养老保险、城镇医疗保障、失业保险、工伤保险、生育保险制度等路径,将90%以上的城乡广大人民群众纳入社会保障覆盖范围,进一步发挥社会保障反贫困的兜底作用。

第四节　商业保险扶贫机制探索建立
（1949—2012年）

中华人民共和国成立初期,中国人民保险公司成立并在全国建立分支机构和代理机构,试办包括牲畜、棉花、小麦、水稻等在内的农业保险业务。1958年,国内保险业务除了上海、哈尔滨等地继续维持了一段时间,其他地方全部停办。停办20年后,1979年11月,人民保险公司开始复业,中国太平洋、中国平安等保险公司相继成立。1981年,中国人民银行发布的《关于国内保险业务恢复情况和今后发展意见的报告》指出,要按照落实农村经济政策的需要,逐步试办农村财产保险、牲畜保险等业务。改革开放40多年来,中国保险业快速发展,产品服务不断创新,为商业保险参与扶贫开发事业奠定了基础。

一　开办农村财产保险

农村地区自然灾害频发、农民居住环境较差等因素导致农村财产容易遭受损失,加剧了农村人口的贫困脆弱性。自中国保险业恢复以来,保险机构在农村地区开展农房、农机具财产保险,这也是中国商业保险参与农村扶贫最早运用的工具（星焱,2018）。通过对农户家庭财产和生产经营财产进行承保,能够降低自然风险对农业生产造成的经济损失,对于缓解农村人口因灾返贫致贫状况发挥积极作用。例如,1985年吉林省农安县双河川村遭遇洪水灾害,456农户中有408户参加了财产保险,他们获得了70万元的财产损失赔偿款。

对于农民而言,住房是其最重要的财产。为确保农民住房安全,中国开办政策性农房保险,为受灾农民重建住房提供一定的经济补偿。

2006年8月，福建省率先启动了农村住房保险试点工作，使全省660多万户农民住房获得保险保障。之后，浙江、甘肃、四川、湖南、云南、广西、贵州等地相继开展农房保险，采用政府投保并缴纳保费、保险公司负责经营、被保险农户不缴或少缴保费的运行模式，承保风险包括火灾、台风、暴雨、洪水、泥石流等自然灾害和意外事故。2012年，民政部、财政部、保监会联合下发《关于进一步探索推进农村住房保险工作的通知》，要求进一步探索农村住房保险工作。随着保险机构不断创新发展，中国的农房保险保障水平不断提高。2008—2014年，农房保险累计为3.02亿间农房提供了4.01万亿元的风险保障，为44.42万间受灾农房支付赔款21.53亿元（见表3-2）。

虽然由于自然环境、制度等方面的差异，各地采取的模式以及各家保险公司提供的产品不尽相同，然而总体上，农房保险为贫困地区的农村住房提供了风险保障，提高了农户抵御自然灾害的能力，当农户因遭受自然灾害和意外事故等造成损失时可以及时获得经济补偿，有利于灾后重建，减少灾难性支出，避免陷入贫困。

表3-2　　　　　　　　　中国农房保险发展情况

	承保数量（万间）	保险金额（万元）	理赔情况 赔付件数（万件）	理赔情况 赔付数量（万间）	理赔情况 赔款（万元）
2008年	—	35204471.33	2.55	2.55	13939.35
2009年	—	36899662.54	3.39	3.02	19215.74
2010年	4383.19	42541627.66	5.08	8.81	29184.94
2011年	6254.69	54908739.84	4.07	4.34	25400.73
2012年	6716.39	63817041.28	6.95	7.18	32789.38
2013年	5978.87	74060621.03	8.29	8.53	48981.30
2014年	7200.60	93822060.27	9.77	9.99	45814.09
合计	30249.26	401254223.95	40.11	44.42	215325.53

资料来源：《中国农业保险发展报告（2015）》。

二　开办农业保险

农业收入是农户主要的经济来源，并且农业活动面临着自然风险与市场风险，而农业保险能够对农业生产面临的风险进行分散，在农户因灾受损后补偿其成本与生产资料的损失，农户可以利用获得的经济补偿投入再生产活动中，从而避免陷入贫困之中。

20世纪80年代初期，中国人民保险公司开展了西瓜、棉花、鸡鸭等种植业与养殖业保险。20世纪90年代，中国农业保险发展迅速，一些财产险公司在农村开办种植业和养殖业保险，种植业承保粮食作物、经济作物、森林、其他作物四大项16个种类，养殖业保险涉及大牲畜、小牲畜、家禽、水产养殖、特种养殖五大项12个种类。这一阶段，农业保险为中国农业生产提供了一定的自然灾害损失保障，对于农村地区的扶贫开发发挥了一定积极作用。2003年，党的十六届三中全会明确提出要"探索建立政策性农业保险制度"并进行试点。2005年，国务院关于深化经济体制改革的意见以及2006年《国务院关于保险业改革发展的若干意见》等，均提出要进一步稳妥推进政策性农业保险试点，发展多形式的农业保险。2007年，中央一号文件指出要对农业保险进行保费补贴，对于开办农业保险的保险机构进行财政、税收支持。2007年，国家财政拨出10亿元专项补贴资金，通过地方财政资金的配套，对六个省份五大类粮食作物保险予以补贴。这项措施有力改变了农险经营的外部环境。政府对保险机构的财税补贴调动了保险公司的积极性，有利于扩大保险供给，同时保费补贴政策提高了农户参加农业保险的积极性。2008年，国家扩大政策性农业保险试点范围，加大了对粮食、油料、生猪、奶牛生产的各项政策扶持力度，支持发展主要粮食作物政策性保险。由此，中国的农业保险出现了快速发展的良好势头。

2010年之后，国家将发展特色优势保险作为助推扶贫的一项重要政策，不断加大支持力度。2011年，《中国农村扶贫开发纲要（2011—2020年）》提出要完善中央保险保费补贴政策，鼓励贫困地区发展特色农业保险。2012—2014年连续三年的中央一号文件，均鼓励保险机构开展特色优势农产品保险。2015年，中共中央、国务院印发《关于打赢脱贫攻坚战的决定》，提出要扩大农业保险覆盖面，通过中央财政以奖代补等支持贫困地区特色农产品保险。在政策指引下，各家保险机构结合本地优势，积极开展特色优势农产品保险工作，为地区特色农业发展保驾护航。

中国农业保险的快速发展，能够有效分散自然灾害、病虫害以及价格波动等风险，及时补偿经济损失。这对保障农业安全生产、提高农民生产积极性、避免因灾致贫，具有十分重要的意义。

三 开办贷款保证保险

20世纪80年代中期，为解决贫困地区农民的温饱以及农业发展问题，中国设立了专项扶贫贴息贷款项目，促进农村经济发展。在政府信贷扶贫政策的支持下，保险机构开始尝试与银行等信贷机构合作开展扶贫贷款业务，一些保险机构率先开展银保联动业务。例如，1987年，中国人民保险公司与湖北省麻城市畜牧局、市农业银行合作，对猪、牛饲养户提供"信贷+保险"联动金融服务。畜牧专业户在中国人保投保养殖保险，畜牧局负责防疫工作以降低发病率，农业银行负责为畜牧专业户提供经营贷款。20世纪90年代后期，江苏吴江尝试"小额贷款+财政贴息+保险承保"三方联动的扶贫模式，由信贷机构、政府和保险机构共同分担风险。具体操作上，由农村信用社向从事养殖业的贫困户发放小额贷款，地方财政为小额贷款贴息，人保和太保两家保险公司对农户的生产经营提供保险。

银保联动模式，一方面能够扩大农村保险产品的覆盖面，对农户生产经营财产提供一定的风险保障，降低农户因灾致贫的概率；另一方面能够降低农户信贷的违约风险，解除信贷机构发放贷款的后顾之忧，以低成本盘活资金流通，推动支农信贷资源向贫困地区的投放与周转。

为进一步解决农村地区信贷抵押担保不足的问题，在政府相关政策引导下，保险机构先后推出了农户小额信用贷款保证保险、农户联保贷款保证保险、农户担保贷款保证保险等产品。例如，2008年，华安保险推出"政府—担保—保险"的小额农贷信用保险；2009年，广东人保财险开展农业小额贷款保证保险；2009年之后，各大财产险公司在宁波、上海、江苏等地相继开展了农户贷款保证保险。传统银保联动模式虽然能够发挥保险增信功能，但是承保标的主要是农作物与牲畜，覆盖面窄、农户参保率低，而贷款保证保险投保标的覆盖范围更广，能够承保农户无法偿还贷款的相关风险。在参保农户无法按时偿还贷款时，由保险公司代为偿还，降低了农户的信贷违约风险，因此，也降低了银行等信贷机构的经营风险。

2001年，国务院印发《中国农村扶贫开发纲要（2001—2010年）》，中国扶贫开发在取得重要阶段性进展的基础上，继续向纵深方向推进。与此同时，国家不断促进规范保险市场发展，扩大金融市场对外开放程度，中国的保险业迅速发展壮大。保险作为市场经济下风险管理的基本手段，在中国扶贫开发方面发挥的作用越来越重要。

第五节　新时代社会保险精准扶贫的路径及成效（2013—2020年）

随着贫困人口数量逐年下降，中国扶贫开发已由解决温饱为主要任务的阶段转入巩固温饱成果、加快脱贫致富、提高发展能力、缩小发展差距的新阶段。党的十八大以来，党中央高度重视人民福祉，致力于精准扶贫、精准脱贫，彻底解决绝对贫困问题并全面建成小康社会。2013年11月，习近平总书记在湖南湘西考察时强调，扶贫要实事求是，因地制宜。要精准扶贫，切忌喊口号，也不要定好高骛远的目标。这是习近平总书记第一次提出"精准扶贫"。2015年10月，党的十八届五中全会把精准扶贫作为打赢脱贫攻坚战的基本方略。进入新时代，在继续坚持开发式扶贫的同时，实施精准扶贫方略，扶贫路径由"大水漫灌"转为"精准滴灌"，资源使用方式由多头分散转为统筹集中，扶贫模式由偏重"输血"转为注重"造血"。

一　保险助力精准扶贫脱贫攻坚战的政策措施

党和政府高度重视金融保险扶贫机制的建立完善，强调借助保险力量助力"精准扶贫、精准脱贫"，解决农村地区因病、因灾、因缺乏资金造成的贫困问题。2013年12月，中共中央、国务院发布《关于创新机制扎实推进农村扶贫开发工作的意见》，提出通过推广小额信用贷款保险，扩大农业保险覆盖面，提高农村扶贫效率。2014年8月，国务院印发《关于加快发展现代保险服务业的若干意见》，提出了加快发展现代保险业的整体战略部署及五项措施：促进保险与保障紧密衔接；把商业保险建成社会保障体系的重要支柱；将保险纳入灾害事故防范救助体系；运用保险机制创新公共服务；深化保险业改革开放。2015年11月，中共中央、国务院发布《关于打赢脱贫攻坚战的决定》，提出打赢脱贫攻坚战的总体要求以及实施精准扶贫方略，提出"坚持扶贫开发与社会保障有效衔接"，"按照扶持对象精准、项目安排精准、资金使用精准、措施到户精准、因村派人精准、脱贫成效精准的要求，使建档立卡贫困人口中有5000万人左右通过产业扶持、转移就业、易地搬迁、教育支持、医疗救助等措施实现脱贫，其余完全或部分丧失劳动能力的贫困人口实行社保政策兜底脱贫"。2016年，中国保监会、国务院扶贫办发布《关于做好保险业助推脱贫攻坚工作的意见》，提出要精准对接脱贫攻坚多元化保险需求，充分发挥保险机构主体作用，完善保险支持保障措施以及保险服务工作机制。2017年发布的《关于切实做好社会保险扶贫工作的意见》，进一步提出了社会保险扶贫减贫措施。党的十九大将脱贫攻坚作为决胜全面建成小康社会必须打好的三大攻坚战之一。党的十九大报告明确，在发展中补齐民生短板、促进社会公平正义，在幼有所育、学有所教、劳有所得、病有所医、老有所养、住有所居、弱有所扶上不断取得新进展，深入开展脱贫攻坚，保证全体人民在共建共享发展中有更多获得感，不断促进人的全面发展、全体人民共同富裕。此后，政府出台了一系列政策举措促进保险参与扶贫开发工作（见表3-3）。一方面，不断完善中国社会保险制度建设，扩大社会保险覆盖面，提高保障水平；另一方面，加快促进商业保险市场发展，提高服务质量。同时，不断探索社会保险扶贫与商业保险有效结合、衔接互补的机制以及二者协同合作助力精准扶贫的路径、模式。

党的十九大报告明确提出按照"兜底线、织密网、建机制"的要求，全面建成覆盖全民、城乡统筹、权责清晰、保障适度、可持续的多层次社会保障体系，为中国完善社会保障制度体系、深化医疗保险制度改革描绘了宏伟愿景和发展终极目标。在脱贫攻坚阶段，一方面，社会保险按照兜底线、织密网、建机制的要求，建立完善社会保险体系，提高社会保障水平，增强社会保险的公平性、流动性、统筹接续性，建成覆盖全民、统筹城乡、公平统一、可持续的全球最大的社会保障网；另一方面，加强社会保险精准扶贫脱贫的体制机制建设，强化社会保障的兜底减贫作用，保障贫困人群的基本生活，为不同类型的贫困人口织就坚实的社会保障网。

党的二十大报告提出，要健全覆盖全民、统筹城乡、公平统一、安全规范、可持续的多层次社会保障体系。完善基本养老保险全国统筹制度，发展多层次、多支柱养老保险体系。实施渐进式延迟法定退休年龄。扩大社会保险覆盖面，健全基本养老、基本医疗保险筹资和待遇调整机制，推动基本医疗保险、失业保险、工伤保险省级统筹。促进多层次医疗保障有序衔接，完善大病保险和医疗救助制度，落实异地就医结算，建立长期护理保险制度，积极发展商业医疗保险。加快完善全国统一的社会保险公共服务平台。健全社保基金保值增值和安全监管体系。健全分层分类的社会救助体系。坚持男女平等基本国策，保障妇女儿童合法权益。完善残疾人社会保障制度和关爱服务体系，促进残疾人事业全面发展。

表3-3　　　　　　中国保险精准扶贫的相关政策措施

时间	政策文件	发布机构	主要内容
2013年12月	《关于创新机制扎实推进农村扶贫开发工作的意见》	中共中央办公厅、国务院办公厅	推广小额信用贷款保险、扩大农业保险覆盖面
2014年3月	《关于全面做好扶贫开发金融服务工作的指导意见》	中国人民银行、财政部等七部门	积极发展农村保险市场，构建贫困地区风险保障网络
2014年8月	《关于加快发展现代保险服务业的若干意见》	国务院	加快发展现代保险业，促进保险与保障紧密衔接；把商业保险建成社会保障体系的重要支柱；将保险纳入灾害事故防范救助体系
2015年11月	《关于打赢脱贫攻坚战的决定》	中共中央、国务院	社会保险方面要开展医疗保险和医疗救助脱贫。商业保险方面要积极发展扶贫小额贷款保证保险，扩大农业保险覆盖面，支持贫困地区开展特色农产品价格保险

续表

时间	政策文件	发布机构	主要内容
2016年3月	《关于金融助推脱贫攻坚的实施意见》	中国人民银行、国家发改委等七部门	创新精准扶贫保险产品和服务，扩大贫困地区农业保险覆盖范围
2016年5月	《关于做好保险业助推脱贫攻坚工作的意见》	中国保监会、国务院扶贫办	精准对接贫困地区的保险需求，充分发挥保险机构主体作用，完善保险支持保障措施，完善保险服务工作机制
2016年7月	《要将保险纳入各级扶贫规划及政策支持体系》	国务院扶贫办	将保险纳入各级扶贫规划支持体系，建立扶贫联动长效机制
2016年12月	《关于加快贫困地区保险市场体系建设 提升保险业保障服务能力的指导意见》	中国保监会	优化保险机构资源配置，聚焦民生领域精准对接脱贫攻坚的保险需求
2017年5月	《关于保险业支持实体经济发展的指导意见》	中国保监会	开发满足新型农业经营主体需求的保险产品，支持开展特色农产品保险，开展农产品价格保险以及"保险+期货"模式。同时创新保险扶贫基金，助力国家脱贫攻坚战略
2017年8月	《关于切实做好社会保险扶贫工作的意见》	人力资源和社会保障部、财政部、国务院扶贫办	减轻贫困人员参保缴费负担及医疗费用负担，提高社会保险待遇水平，体现对贫困人口的适度优先
2017年11月	《关于支持深度贫困地区脱贫攻坚的实施意见》	中共中央办公厅、国务院办公厅	提高保险服务水平，加快发展多种样式的农业保险，适当降低贫困户保险费率
2018年6月	《关于使用失业保险基金支持脱贫攻坚的通知》	人力资源社会保障部、财政部	提高贫困地区失业保障金标准和岗位补贴标准

续表

时间	政策文件	发布机构	主要内容
2018年9月	《医疗保障扶贫三年行动实施方案（2018—2020年）》	国家医保局、财政部、国务院扶贫办	充分发挥基本医保、大病保险、医疗救助等各项制度作用，提高农村贫困人口医疗保障受益水平
2020年3月	《关于进一步加大"三区三州"深度贫困地区银行业保险业扶贫工作力度的通知》	中国银保监会办公厅	大力发展农业保险，支持保险在"三区三州"深度贫困地区开办政策性农业保险业务，努力降低保险费率并且支持保险机构发挥保险资金长期投资的优势，参与深度贫困地区精准扶贫项目建设
2020年12月	《关于实现巩固拓展脱贫攻坚成果同乡村振兴有效衔接的意见》	中共中央、国务院	加大对脱贫地区优势特色保险支持力度，鼓励各地因地制宜开发优势特色农产品保险

资料来源：根据国务院扶贫办以及中国银保监会网站信息梳理总结。

二 社会救助充分发挥兜底减贫功能

社会救助是中国整个社会保障体系的基础性制度安排，也是社会保障减贫中兜底保障的重要环节。进入新时代，中国不断完善社会救助制度。2014年出台《社会救助暂行办法》，规范社会救助各项内容，将农村五保供养和城市"三无"人员救助整合为特困人员供养制度；同年，提出在全国范围内推行临时救助制度，解决城乡困难群众突发性、紧迫性、临时性生活问题。2016年印发的《"十三五"脱贫攻坚规划》提出，"促进扶贫开发与社会保障有效衔接"，"实现社会保障兜底"，再次强调社会保障在减贫中的作用。同年，颁布《关于做好农村最低生活保障制度与扶贫开发政策有效衔接指导意见的通知》，提出农村低保制度与扶贫开发政策结合，兜底保障符合低保标准的农村贫困人口，确保到2020年在现行扶贫标准下农村贫困人口全部脱贫。2020年《关于改革完善社会救助制度的意见》进一步提出，"健全分层分类、城乡统筹的中国特色社会救助体系"。自新冠疫情暴发以来,党中央再次强调社会保障对困难群众的保障作用,加大贫困人口救助、加强农村低保家庭经济状况评估和精准扶贫举措。

随着最低生活保障制度完善和管理的加强以及家庭经济状况核查机制的建立,城市低保对象规模在经历显著扩张后从2010年开始逐步下降;随着精准扶贫的实施,农村低保制度的精准性不断提高;特困人员救助供养也是农村社会救助的重要部分。2020年,城市低保、农村低保和农村特困供养人口分别达到805万人、3621万人和477.6万人。与此同时,最低生活保障平均标准的绝对水平稳步提升,城市低保平均标准从1999年每人每年1788元增长为2020年每人每年8136元;农村低保平均标准从2006年每人每年851元提高为2020年每人每年5962元。农村低保平均标准占城市平均保障标准比从41.8%提高到73.3%,城乡之间的低保差距逐渐缩小。此外,残疾人福利得到迅速发展,困难残疾人生活补贴人数从2016年的521.3万人增长为2019年的1085.7万人,重度残疾人护理补贴享受人数从2016年的500.1万人增长为1368.5万人,残疾人保障水平大幅提高(见表3-4)。

表3-4　　　　　　　　中国社会救助情况　　（单位:万人、元/人/年）

	城市居民最低生活保障人数	农村居民最低生活保障人数	农村特困人员救助供养人数	困难残疾人生活补贴人数	重度残疾人护理补贴人数	城市低保平均标准	农村低保平均标准
1996年	84.9	—	—	—	—	—	—
1997年	87.9	—	—	—	—	—	—
1998年	184.1	—	—	—	—	—	—
1999年	256.9	265.8	—	—	—	1788	—
2000年	402.6	300.2	—	—	—	1884	—
2001年	1170.7	304.6	80.7	—	—	1764	—
2002年	2064.7	407.8	90.0	—	—	1776	—
2003年	2246.8	367.1	793.4	—	—	1788	—
2004年	2205.0	488.0	914.1	—	—	1824	—
2005年	2234.2	825.0	1066.8	—	—	1872	—

续表

	城市居民最低生活保障人数	农村居民最低生活保障人数	农村特困人员救助供养人数	困难残疾人生活补贴人数	重度残疾人护理补贴人数	城市低保平均标准	农村低保平均标准
2006 年	2240.1	1593.1	775.8	—		2035	851
2007 年	2272.1	3566.3	531.3	—		2189	840
2008 年	2334.8	4305.5	548.6	—		2464	988
2009 年	2345.6	4760.0	553.4	—		2734	1210
2010 年	2310.5	5214.0	556.3	—		3014	1404
2011 年	2276.8	5305.7	551.0	—		3451	1718
2012 年	2143.5	5344.5	545.6	—		3961	2068
2013 年	2064.2	5388.0	537.2	—		4480	2434
2014 年	1877.0	5207.2	529.1	—		4926	2777
2015 年	1701.1	4903.6	517.5	—		5413	3178
2016 年	1480.2	4586.5	496.9	521.3	500.1	5935	3744
2017 年	1264.0	4047.0	466.8	1019.2	1053.7	6487	4301
2018 年	1007.0	3519.1	455.0	1005.8	1193.0	6956	4833
2019 年	860.9	3455.4	439.1	1085.7	1368.5	7488	5336
2020 年	805.0	3621.0	477.6	—	—	8136	5962

资料来源：《中国民政统计年鉴（2019）》、国家统计局。

同时，面向老年人、残疾人和儿童的社会福利项目迅速发展，建立起了多层次社会福利制度。在老年社会福利方面，推动实现基本养老服务均等化，进行长期护理保险制度试点，推出高龄补贴制度并提高补贴标准和覆盖面，保障高龄老人的收入。在残疾人社会福利方面，加强残疾人社会救助，改善特殊教育体系，提供困难补贴和重症残疾人护理补贴，提高残疾人基本生活水平。在儿童社会福利方面，探索建立适度普惠型儿童福利，重视农村留守儿童身心健康，加强困境儿童保障，成立儿童福利司。

中国城乡的社会救助及社会福利制度充分发挥了精准扶贫"五个一批"中兜底保障一批的重要作用，是实现贫困人口"两不愁三保障"脱贫目标的重要支撑。在这一政策下，全国贫困县农村低保标准全部超过国家扶贫标准，1936万贫困人口被纳入农村低保或特困救助供养政策。实践及相关实证研究表明，城乡最低生活保障发挥了重要的减贫作用，特别是农村低保，在中西部地区的减贫效果更为显著。

三　社会医疗保险有效防范因病致贫返贫风险

（一）建立大病保险制度，减轻家庭灾难性医疗支出

2012年，国家发改委等六部门提出在基本医疗保险制度的基础上引入商业保险机构，探索建立大病保险制度，2015年全面实施大病保险。大病保险制度从城乡居民基本医保基金中提取一部分作为基金，当参保人员因大病产生高昂医疗费用后，对城居保、新农合补偿后仍需个人负担的合规医疗费用进行保障。作为基本医疗保险制度的发展与延伸，大病保险制度能够减轻城乡居民大病支出负担，减轻家庭灾难性医疗支出，从而降低居民因大病致贫的概率。大病保险自2012年开始实施以来，覆盖范围不断扩大。截至2020年，大病保险覆盖了12.2亿城乡居民。同时，大病保险的保障水平逐步提高。自2012年推出实施以来，全国累计5535.88万人获得了大病保险赔付，大病患者实际报销比例在基本医保基础上提高了10%—15%。

（二）实现医疗保险全民覆盖，提高保障水平

2016年整合城乡居民基本医疗保险制度，推动异地就医直接结算。2017年改革基本医疗保险支付方式，扩大医疗保险药物目录范围，控制医药费用。通过建立针对人头、病种以及单元性服务的复合型付费方式，优先使用大病保险承担费用较高、能够切实有效治疗、病愈期较长、对贫困人口生活生产影响较大的医疗费用。充分发挥各类医疗保险对医疗费用的控制作用，通过联动报销减少治疗成本。2018年，提高城乡居民医保财政补助和个人缴费标准，组建国家医疗保障局以统一管理全国医保工作。2020年，在新冠疫情肆虐的背景下，提出确诊患者在基本医保、大病保险、医疗救助等按规定支付后，财政补助个人负担部分，避免因突如其来的新冠疫情陷入贫困。

经过多年探索改革，中国特色的多层次医疗保障制度建立起来，包括基本医疗保障制度（基本医疗保险、大病保险、医疗救助）、企业补充医疗保险、商业健康险、慈善捐赠和医疗互助等在内的多层次医疗保障

体系（见图3-1），实现了医疗保障全民覆盖。截至2020年，基本医疗保险（包括城镇职工基本医疗保险和城乡居民基本医疗保险）参保人数达到136131万人，参保率稳定在95%以上；大病保险覆盖了12.2亿城乡居民（见表3-5）。

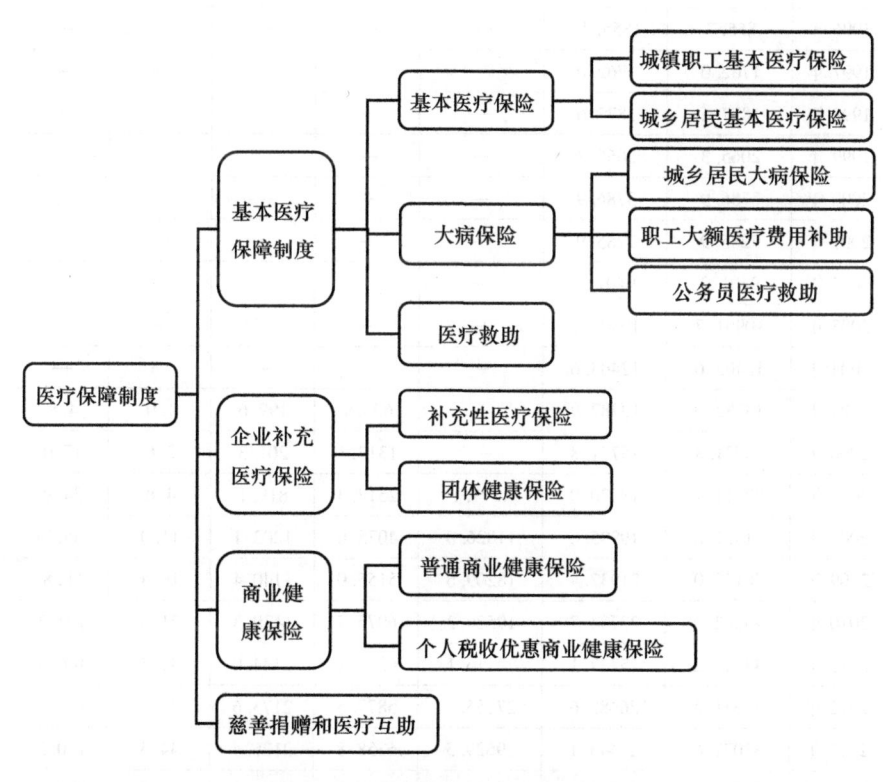

图3-1 中国的医疗保障制度体系

表3-5　　　　　　　中国社会医疗保险及医疗救助情况

（单位：万人、万人次、亿元）

	基本医疗保险年末参保人数			医疗救助			
	总计	职工	居民	资助参加医疗保险人数	直接医疗救助人次数	资助参加医疗保险支出	直接医疗救助支出
1994年	400.3	400.3	—				
1995年	745.9	745.9	—				

续表

	基本医疗保险年末参保人数			医疗救助			
	总计	职工	居民	资助参加医疗保险人数	直接医疗救助人次数	资助参加医疗保险支出	直接医疗救助支出
1996 年	855.7	855.7	—	—	—	—	—
1997 年	1762.0	1762.0	—	—	—	—	—
1998 年	1877.6	1877.6	—	—	—	—	—
1999 年	2065.3	2065.3	—	—	—	—	—
2000 年	3786.9	3786.9	—	—	—	—	—
2001 年	7285.9	7285.9	—	—	—	—	—
2002 年	9401.2	9401.2	—	—	—	—	—
2003 年	10901.7	10901.7	—	—	—	—	—
2004 年	12403.6	12403.6	—	—	—	—	—
2005 年	13782.9	13782.9	—	654.9	199.6	1.0	4.8
2006 年	15731.8	15731.8	—	1317.1	201.3	2.6	17.0
2007 年	22311.1	18020.0	4291.1	2517.3	819.1	4.8	34.9
2008 年	31821.6	19995.6	11826.0	4075.0	1203.1	11.0	48.8
2009 年	40147.0	21937.4	18209.6	5155.0	1140.4	16.4	80.8
2010 年	43262.9	23734.7	19528.2	6076.7	1479.3	21.6	104.2
2011 年	47343.2	25227.1	22116.1	6375.1	2144.0	32.5	146.9
2012 年	53641.3	26485.6	27155.7	5877.5	2173.6	37.5	166.3
2013 年	57072.6	27443.1	29629.5	6358.8	2126.4	44.5	180.5
2014 年	59746.9	28296.0	31450.9	6723.7	2395.3	48.5	204.1
2015 年	66581.6	28893.1	37688.5	6213.0	2515.9	54.5	214.6
2016 年	74391.6	29531.5	44860.1	5560.4	2696.1	63.4	232.8
2017 年	117681.4	30322.7	87358.7	5621.0	3517.1	74.0	266.1
2018 年	134458.6	31680.8	102777.8	7673.9	5361.0	102.7	297.0
2019 年	135407.4	32924.7	102482.7	8751.0	7050.0	502.2	—
2020 年	136131.0	34455.0	101676.0	9984.0	8404.0	546.8	—

资料来源：国家统计局、国家医疗保障局、《中国社会统计年鉴（2019）》。

(三) 扩大医疗救助范围，提高救助水平

针对罹患疾病的城乡经济困难家庭，中国建立了城乡医疗救助制度，资助其参加新农合和城镇居民基本医疗保险并对其难以负担的基本医疗费用给予补助。随着医疗救助制度的改革完善，医疗救助人数不断增加，救助支出持续扩大。2005—2020 年，资助参加医保人数从 654.9 万人增长到 9984 万人，直接医疗救助人次数从 199.6 万人次增长到 8404 万人次。2005 年国家资助参加医保支出 1 亿元，直接医疗救助支出 4.8 亿元，到 2020 年国家医疗救助基金共支出 546.84 亿元（见表 3-6）。

表 3-6　　　　　　　　　中国的医疗救助情况

（单位：万人、万人次、亿元）

	资助参加医疗保险人数	直接医疗救助人次数	资助参加医疗保险支出	直接医疗救助支出
2005 年	654.9	199.6	1.0	4.8
2006 年	1317.1	201.3	2.6	17.0
2007 年	2517.3	819.1	4.8	34.9
2008 年	4075.0	1203.1	11.0	48.8
2009 年	5155.0	1140.4	16.4	80.8
2010 年	6076.7	1479.3	21.6	104.2
2011 年	6375.1	2144.2	32.5	146.9
2012 年	5877.5	2173.6	37.5	166.3
2013 年	6358.8	2126.4	44.5	180.5
2014 年	6723.7	2395.3	48.5	204.1
2015 年	6213.0	2515.9	51.5	214.6
2016 年	5560.4	2696.1	63.4	232.8
2017 年	5621.0	3517.1	74.0	266.1
2018 年	7673.9	5361.0	102.7	297.0
2019 年	8751.0	7050.0	502.2	—
2020 年	9984.0	8404.0	546.8	—

资料来源：国家统计局、国家医疗保障局、《中国社会统计年鉴 (2021)》。

（四）社会医疗保险精准扶贫，减贫成效显著

中国多层次医疗保障制度不断健全完善，其在满足广大人民群众的基本医疗保障需求、预防疾病经济风险、解决广大人民群众"看病难、看病贵"问题、防止因病致贫返贫方面发挥着愈加重要的作用。与此同时，为精准对接贫困人口的医疗服务需求，中国开始针对贫困户和非贫困户实行差异化的医疗保险扶贫政策，在政府财政补助、医疗报销比例等方面重点向贫困户倾斜。2015年，《中共中央 国务院关于打赢脱贫攻坚战的决定》明确指出，新农合和大病保险对贫困户实行政策倾斜，对贫困户个人缴费部分给予补贴，将贫困户纳入重大疾病救助范围，降低贫困户大病费用支出，对贫困户大病治疗实施"先诊疗后付费"的结算机制。2016年，贫困户住院实际补偿达到67.7%。另外，还将贫困户大病保险的起付线降低50%，实现农村贫困户大病保险实际报销比例达到90%以上。2018年，保监会发布的《关于保险业支持深度贫困地区脱贫攻坚的意见》中明确提出，建档立卡贫困户意外伤害保险的执行费率可在备案基础上降低10%—30%。2018年，国家医疗保障局、财政部、国务院扶贫办印发的《医疗保障扶贫三年行动实施方案（2018—2020年）》进一步细化了医疗保障助推脱贫攻坚的措施，指出大病保险起付线再降低50%，支付比例提高5个百分点，逐步提高并取消建档立卡贫困人口大病保险封顶线，进一步减轻贫困人口医疗负担。2019年，中国大病保险倾斜力度进一步加大，政策范围内报销比例由50%提高至60%，在起付线降低50%、支付比例提高5个百分点的基础上，全面取消封顶线。

中国推进实施医疗保险精准扶贫精准脱贫政策，对贫困人口及其家庭的实际医疗负担实施精准补贴，提高了贫困人口的受益面和受益水平，有效发挥了医疗保险的扶贫脱贫效应。自2018年推进医保扶贫以来，中国通过基本医保、大病保险以及医疗救助三项制度保障惠及贫困人口就医5.3亿人次，减轻个人缴费和医疗费用负担3600多亿元，助力1000多万户家庭精准脱贫。2020年，国家累计资助7837.2万贫困人口（含动态调出）参加基本医疗保险，资助参加医疗保险缴费支出140.2亿元，人均资助178.9元，参保率稳定在99.9%以上；各项医保扶贫政策累计惠及贫困人口就医1.8亿人次，减轻贫困人口医疗费用负担1188.3亿元。实践及大量实证研究表明，医疗保障水平和医疗卫生服务能力的全面提

升,以及社会和政府卫生筹资水平的扩大,有效减轻了居民就医费用负担,缓解了城乡居民因病致贫、因病返贫问题(杨穗、赵小漫,2021)。

(五)加强医疗卫生服务机构和人才队伍建设

在完善医疗保障体系建设的同时,中国不断加强县乡村三级医疗卫生服务机构和人才队伍建设,组织1007家三级医院与1172家贫困地区县级医院结对帮扶,远程医疗覆盖所有贫困县并快速向乡镇卫生院延伸。坚持预防为主,强化重大疾病综合防控和重点人群健康改善,深入开展爱国卫生运动及全民健康促进行动。实施"三区三州"传染病、地方病防治攻坚行动,使得长期影响人民群众健康的传染病、地方病等重大疾病基本得到消除或有效控制。

四 社会养老保险确保老有所养

(一)深化养老保险制度改革,实现城乡全覆盖

2014年,国务院印发《关于建立统一的城乡居民基本养老保险制度的意见》,提出将新农保和城乡居民养老保险合并实施,建立城乡居民基本养老保险制度,对城乡居民基本养老保险采取个人缴费、集体补助与政府补贴相结合的筹资方式。2015年提出机关事业单位养老保险制度改革,实行社会统筹与个人账户相结合;2016年推进企业职工基本养老保险关系转移,解决流动人口异地参保问题;2017年进一步完善城乡居民基本养老保险筹资和保障机制;2018年建立了基本养老保险基金中央调剂制度,平衡地区间的基金结余差异。同时,鼓励商业养老保险、养老服务产业发展,倡导医养结合,推动中国养老事业发展,逐步构建起多层次养老保障体系。

中华人民共和国成立70余年来,中国的养老保险制度经历了从无到有、从单一福利型到缴费保险型、从只保障工薪劳动者到全民覆盖、从城乡分割到城乡整合的过程。目前,中国养老保险体系包括社会基本养老保险、企业年金与职业年金、商业养老保险三大支柱,实现了养老保险全民覆盖。一方面,社会养老保险的覆盖面大幅扩大,保障水平稳步提高,其公平性、法治化水平、可持续性显著增强。基本养老保险(包括职工基本养老保险和城乡居民基本养老保险)参保人数逐年上升,并在党的十八大后迅速扩大。另一方面,老年福利和养老服务体系得到快

速发展。享受高龄补贴的老年人数从 2006 年的 233.5 万人增长为 2019 年的 2963 万人，享受护理补贴的老年人数从 2013 年的 11.7 万人增长为 2019 年的 66.3 万人，享受养老服务补贴的老年人数从 2013 年的 101.9 万人增长为 2019 年的 516.3 万人（见表 3-7）。

表 3-7　　　　　　　中国社会养老保险保障情况　　　　　（单位：万人）

	基本养老保险年末参保人数			老年福利		
	总计	职工	居民	高龄补贴	护理补贴	养老服务补贴
1989 年	5710.3	5710.3	—	—	—	—
1990 年	6166.0	6166.0	—	—	—	—
1991 年	6740.3	6740.3	—	—	—	—
1992 年	9456.2	9456.2	—	—	—	—
1993 年	9847.6	9847.6	—	—	—	—
1994 年	10573.5	10573.5	—	—	—	—
1995 年	10979.0	10979.0	—	—	—	—
1996 年	11116.7	11116.7	—	—	—	—
1997 年	11203.9	11203.9	—	—	—	—
1998 年	11203.1	11203.1	—	—	—	—
1999 年	12485.4	12485.4	—	—	—	—
2000 年	13617.4	13617.4	—	—	—	—
2001 年	14182.5	14182.5	—	—	—	—
2002 年	14736.6	14736.6	—	—	—	—
2003 年	15506.7	15506.7	—	—	—	—
2004 年	16352.9	16352.9	—	—	—	—
2005 年	17487.9	17487.9	—	—	—	—
2006 年	18766.3	18766.3	—	233.5	—	—
2007 年	20136.9	20136.9	—	247.1	—	—
2008 年	21891.1	21891.1	—	349.3	—	—
2009 年	23549.9	23549.9	—	430.9	—	—
2010 年	35984.1	25707.3	10276.8	576.4	—	—

续表

	基本养老保险年末参保人数			老年福利		
	总计	职工	居民	高龄补贴	护理补贴	养老服务补贴
2011 年	61573.3	28391.3	33182.0	883.1	—	—
2012 年	78796.3	30426.8	48369.5	1257.7	—	—
2013 年	81968.4	32218.4	49750.0	1557.9	11.7	101.9
2014 年	84231.9	34124.4	50107.5	1719.6	20.0	154.7
2015 年	85833.4	35361.0	50472.2	2155.1	26.5	257.9
2016 年	88776.8	37929.7	50847.1	2355.4	40.5	282.9
2017 年	91548.3	40293.3	51255.0	2682.2	61.3	354.4
2018 年	94293.3	41901.6	52391.7	2972.3	74.8	521.7
2019 年	96753.9	43487.9	53266.0	2963.0	66.3	516.3
2020 年	99865.0	45621.0	54244.0	—	—	—

资料来源：国家统计局、《中国民政统计年鉴》、《中国人力资源和社会保障年鉴》。

（二）社会养老保险有效降低了老年人口的贫困发生率

一方面，中国养老保险覆盖面迅速扩大以及老年福利水平提高，有助于缓解老年贫困的发生；另一方面，实施养老保险精准扶贫措施，实现贫困人口养老保险应保尽保、应发尽发。中国通过减轻贫困人口参保缴费负担、由地方政府为城乡困难群体代缴部分或全部最低标准养老保险费等政策措施，将城乡贫困人口纳入城乡居民养老保险覆盖范围，实现贫困人口养老保险应保尽保。2017 年代缴政策实施以来，全国 6098 万建档立卡贫困人口参加了基本养老保险，参保率长期稳定在 99.99%，共为 1.19 亿困难人员代缴城乡居民基本养老保险费 129 亿元。2020 年，全国共为 2435 万建档立卡人口以及 1421 万低保对象、特困人员等贫困群体代缴养老保险费共计 43 亿元，超过 3014 万贫困老年人领取基本养老保险待遇，其中 1735 万人为建档立卡贫困老人（见图 3-2）。此外，各地根据经济发展和居民收入水平增长情况，逐年提高城乡居民基本养老保险最低缴费标准和基础养老金标准，增加贫困老年人口的福利补贴，还通过完善缴费补贴政策，引导城乡居民主动参保缴费，强化基本养老基金投资运营的安全性、盈利性等措施,来确保并不断提升老年人的基本生活保障水平。

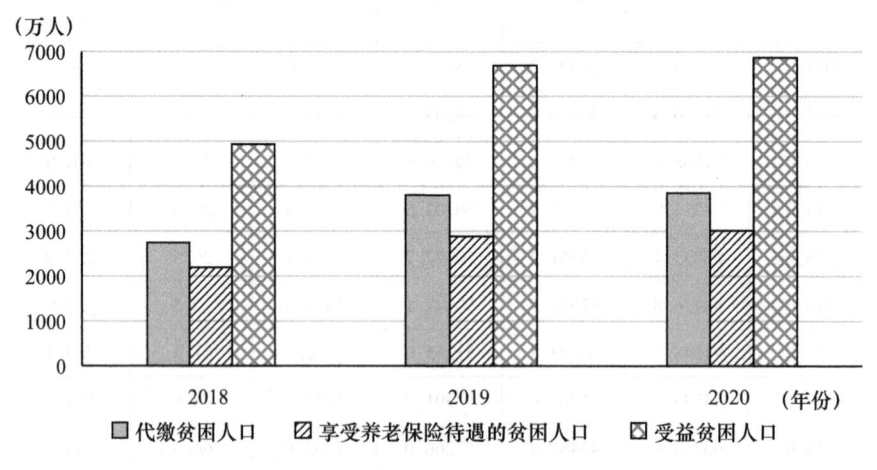

图3-2 中国养老保险代缴情况

资料来源:2018—2020年的《人力资源和社会保障事业发展统计公报》。

养老保险是实现广大居民老有所养、保障老年人基本生活、促进家庭和谐最重要的社会保险制度安排之一。实践及相关实证研究表明,中国的基本养老保险实现人口全覆盖、养老金待遇水平不断提升,再加上保险精准扶贫,养老保险制度与其他社会保险制度密切衔接。这一切有效改善了老年人口的生活状况,降低了贫困发生率,增强了养老保障的减贫作用。

五 工伤、失业、生育保险精准扶贫

党的十八大以来,中国不断完善工伤、失业、生育等社会保险制度建设,保障困难群体合法权益,政策举措包括扩大工伤保险范围,建立工伤保险待遇调整和确定机制,提高失业保险金、扩大生育保险覆盖范围,并将生育保险纳入城乡居民医保,提高生育保障水平,等等。为进一步支持脱贫攻坚,2018年,人社部、财政部印发的《关于使用失业保险基金支持脱贫攻坚的通知》中提及,要提高深度贫困地区失业保险金标准,并针对深度贫困地区,放宽其领取技能提升补贴的条件,将原有累计参保满 3 年的条件放宽至 1 年。2020 年，中国进一步延长了失业人员领取失业保险金的期限，领取失业保险金期满仍未就业且距法定退休年龄不足 1 年的失业人员，仍可继续领取失业保险金至法定退休年龄。

这些政策的实施，保障了贫困人口的基本生活、缓解了贫困人口的经济压力，在预防贫困人口因意外陷入贫困、降低贫困发生率方面发挥了十分重要的作用。

第六节　新时代商业保险精准扶贫的路径及成效（2013—2020 年）

改革开放 40 多年来，中国保险业发展迅速，保险公司的机构数量大幅增加，从 20 世纪 90 年代的少数几家公司扩展至 2021 年的 235 家，市场竞争主体呈现多元化特点，包括产险公司、寿险公司、再保险公司、资产管理公司，还有 2605 家保险中介机构。保费收入由 1980 年的 4.6 亿元增加到 2021 年的 4.49 万亿元，年均增长速度为 25.8%，总保费规模世界排名第二，保险公司总资产达 24.89 万亿元，成为全世界保险市场发展速度最快的国家。随着中国保险业的快速发展，一方面，商业保险在社会经济中充分发挥分散风险、损失补偿、损失预防、增强信用、产业投资等功能作用；另一方面，商业保险与社会保障体系紧密衔接，不断创新产品和服务，筑牢因病因灾致贫返贫的"第二层防护网"，逐步成为中国社会保障体系的重要支柱以及灾害事故防范救助体系的组成部分。

商业保险针对不同的保险对象实施差异化的产品设计来满足多元化风险保障需求，同时还针对服务对象的变化进行动态调整，因此商业保险扶贫在保障扶贫对象精准性、保障内容精准性以及保障水平精准性方面与精准扶贫要求高度契合。"十三五"时期，中国通过产业发展脱贫、教育脱贫、健康扶贫、易地搬迁脱贫等路径助推贫困人口脱贫致富，贫困地区多元化的保险需求日益增长。商业保险机构积极贯彻国家政策，以脱贫攻坚重点人群和重点任务为核心，精准对接贫困人口的致贫风险特点，积极开展农业保险、健康保险、民生保险等扶贫举措，利用保险机制补齐短板，助力脱贫攻坚战。

在脱贫攻坚战中，商业保险创建了三套扶贫体系：以健康保险、农业保险为代表的保险扶贫保障体系,以小额贷款保证保险、农业保险保单质押为代表的保险扶贫增信体系,以保险资金支农融资和直接投资为代表的保险扶贫投资体系。表3-8描述了中国商业保险精准扶贫的路径以及典型保险产品。

表3-8　　　　　　中国商业保险精准扶贫的路径及产品类型

	保障风险	典型保险产品
健康保险扶贫	健康风险	大病保险、商业健康保险
农业保险扶贫	农业风险	特色优势农产品保险、农作物目标价格保险、天气指数保险、设施农业保险、收入保险、"保险+期货"
贷款保证保险及保单质押贷款扶贫	农村产业发展风险	扶贫小额信贷保证保险,农业保险保单质押、土地承包经营权抵押贷款保证保险,农房产权抵押贷款保证保险,贫困户土地流转收益保证保险,针对物流、仓储、农产品质量保证的"互联网+"保险产品
民生保险扶贫	意外伤害及巨灾风险	扶贫小额人身保险产品、农村住房保险、农村治安保险、自然灾害公众责任保险产品、高校毕业生"三支一扶"保险产品、巨灾农业保险产品
教育保险扶贫	失学风险、教育资源不公平	助学贷款保证保险

资料来源:整理自中国保监会相关省市监管局关于保险业服务脱贫攻坚有关情况的报告。

一　健康保险扶贫:筑牢因病致贫返贫的"堤坝"

"因病致贫、因病返贫"是主要的致贫因素。作为脱贫攻坚重要举措的健康保险,能够保障贫困人口获得基本医疗卫生服务,缓解因病致贫返贫问题,筑牢因病致贫返贫防线。健康保险互助共济、风险分摊的基本职能与扶贫具有天然的内在联系。在健康保险精准扶贫计划实施中,商业保险一方面不断加强与社会医疗保险计划(基本医疗保险、大病保险及医疗救助)相互衔接,扩大疾病经济风险覆盖范围,提升医疗保障水平,降低参保群众的疾病经济负担;另一方面,商业保险机构针对贫困人口的健康风险,探索创新保险产品和服务,精准满足贫困人口的健康风险保障需求,建立了与国家健康扶贫相适应的保险服务机制。脱贫攻坚期间，中国商业健康保险扶贫的主要路径包括承办大病保险，开展商业补充医疗保险、商业健康险，以及进行健康管理等（见表3-9）。

表3-9　　　　中国商业健康保险扶贫的路径及典型模式

	商业保险参与方式	典型试点案例
大病医疗保险	与社会医疗保险经办机构合作，承办大病医疗保险	湛江模式、太仓模式、洛阳模式、江阴模式
补充医疗保险	提供商业补充医疗保险	湖南"扶贫特惠保"
商业健康保险	开发多种商业健康保险	青海西宁"健康保"、浙江衢州"扶贫健康险"
疾病预防与健康管理	提供健康管理服务	平安"村医工程"、健康体检与疾病筛查、健康档案

（一）承办大病保险

2012年，国家发改委等六部门联合发布《关于开展城乡居民大病保险工作的指导意见》，指出在政府主导基础上，支持商业保险机构承办大病保险。此后商业保险承办大病保险在各地开始探索实践，截至2016年年底，中国约90%的统筹地区将城乡居民大病保险业务委托商业保险进行承办。2016年1月，国务院发布《关于整合城乡居民基本医疗保险制度的意见》，提出按照全覆盖、保基本、多层次、可持续的方针，从完善政策入手，推进城镇居民医保和新农合制度整合，逐步在全国范围内建立起统一的城乡居民医保制度，整合内容包括统一覆盖范围、筹资政策、保障待遇、医保目录、定点管理、基金管理等；同时提出推进管办分开，引入竞争机制，以政府购买服务的方式委托具有资质的商业保险机构等社会力量参与基本医保的经办服务，激发经办活力。商业保险机构开始探索参与基本医疗保险经办服务，充分发挥市场机制作用，利用保险机构风险管理等方面的专业化经营优势，提升基本医疗保险及大病保险业务运行效率、服务水平和治理效率。与此同时，促进商业补充医疗保险、商业健康保险与社会医疗保险的相互衔接，提高医疗保险保障水平，发挥健康保险的扶贫减贫效应。

（二）开展补充医疗保险

补充医疗保险是在社会基本医疗保险基础上，对超出基本医保与大病保险支付限额之上的部分医疗费用进行报销的医疗保险产品。通常实行"政府主导、商业运作"的模式，由政府负责统筹管理，商业保险机构承办基金管理及运行。2015 年，深圳市推出第一个普惠性商业补充医疗保险——深圳市重大疾病补充医疗保险，之后，各大保险公司纷纷探索开发商业补充医疗保险，助力多层次医疗保障体系建设。截至 2020 年年底，全国共有 23 个省份的 178 个城市投放 106 款商业补充医疗保险。商业补充医疗保险多基于地方基本医疗保险不足及参保群众的基本需求，由保险机构自主制定或经营，通过对基本医疗保险目录外的疾病进行保障，提高医疗费用报销比例，进一步分担患者的医疗费用。补充医疗保险在一定程度上降低了参保人因疾病陷入贫困的概率。

（三）提供多样化的商业健康险

商业健康保险主要针对基本医疗保障未能涉及的病种及保险范围进行设计，是对基本医疗保险保障水平、保障范围的进一步补充，对于降低参保人员医疗费用支出具有重要的补充作用。商业健康险具有承保风险广泛、保障灵活、产品形式多样化等特点，在社会医疗保险基础上引入商业健康保险，能够加强社会保险与商业保险有效衔接互补，更好地满足广大人民群众的健康保障需求。在脱贫攻坚阶段，各家商业保险机构因地制宜，精准聚焦建档立卡贫困人口的疾病风险保障需求，创新开办了一系列"脱贫保"产品及服务模式，主要包括健康保险、补充型大病保险、慢性病辅助保险、长期护理保险、家庭成员及借款人意外险、普惠意外险、医疗责任险等。这些产品及服务助力健康保险扶贫体系，为贫困地区构建更加坚固的健康风险防护网。截至 2020 年年底，中国保险行业协会产品库中人身险公司的健康保险产品共有 4669 款，其中疾病保险 2036 款、医疗保险 2470 款。从图 3-3 中可以看出，随着健康保险产品供给的扩大、服务能力的提升以及服务领域的不断扩展，其赔付支出不断提高，健康保险补偿给付在卫生总费用中的占比不断提升，对于缓解医疗保障支付压力、降低因病致贫返贫风险发挥了积极作用。

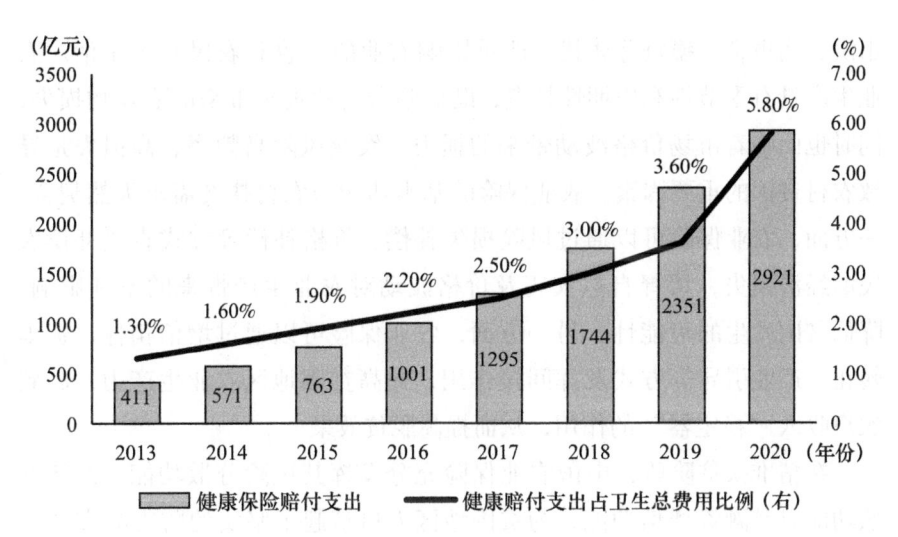

图 3-3　商业健康保险赔付支出及其在卫生支出中的占比

资料来源：银保监会、中国保险业协会。

（四）积极参与疾病预防与健康管理

受到交通不便、信息闭塞等因素的制约，贫困地区人口的健康意识较低，防控疾病的意识也较为缺乏，易于遭受疾病困扰。因此，健康扶贫不仅要注重事后补偿，更要转向事前健康管理和疾病预防，从源头降低贫困地区人口因病陷入贫困的概率，是减缓贫困人口因病致贫、因病返贫的根本途径。商业保险机构积极参与贫困地区疾病预防和健康管理服务，通过与公益或基层医疗组织开展合作等方式建立地方健康管理组织，充分利用保险组织网点密集、资源整合能力强的独特优势，加强对贫困人口的疾病预防与健康知识宣传，提高贫困人口的健康与疾病预防意识。同时，利用保险业信息管理技术优势，为参保贫困人口建立个人健康档案，持续追踪贫困人口的健康状况，快速了解贫困人口的健康水平，并将相关信息实时反馈给地方政府部门以及医疗合作部门，对疾病预防治疗、进行医疗救助以及政府制定健康保障政策具有重要参考价值。

二　农业保险扶贫：构建因灾致贫返贫的"防护网"

稳定农业生产、保障粮食安全，是关乎民生温饱的大事。然而，农业是弱质产业，受自然条件影响大，每年都要受到水旱、冰雹、泥石流、山洪、病虫害、瘟疫等袭扰，严重影响农业的丰收和农民基本生活。农业生产具有季节性和周期性特点，既面临着自然灾害带来的农作物损失，同时也面临着市场价格波动带来的损失。农业风险高频率、高损失是导致农村贫困的重要因素。农业保险的基本功能与农村扶贫需求天然契合。一方面，农业保险可以通过风险损失补偿、价格补偿等方式直接补偿农民的经济损失，缓释自然灾害及价格波动对农业生产带来的不利影响，降低贫困发生的可能性。另一方面，农业保险可以通过增信担保、资本转化、产业引导等方式发挥间接作用，提高贫困地区农业生产力，起到农户收入"稳定器"的作用，从而提高脱贫效果。

在精准扶贫阶段，中国农业保险充分发挥其风险分散功能、经济补偿功能以及融资增信功能，为贫困地区人口筑起了坚实的防灾减灾"防护网"。

（一）建立政府支持与市场运作相结合的农业保险扶贫机制

农业保险扶贫将政府支持和市场运作相结合，建立了政府、市场、社会共同参与的农业保险服务体制机制，形成商业保险、政策性保险协调配合、优势互补、合作发力的保险扶贫机制。一方面，政府部门扩大政策性农险的覆盖范围，鼓励贫困农户参保，让更多农户享受到农险服务；另一方面，相关部门联合起来，激励引导商业保险机构进入农村，到贫困地区开展农险业务，共同承担扶贫重任。财政方面整合扶贫资金，对保费进行全额或部分补贴。重点突出对建档立卡贫困人口的重点保障和精准扶贫，通过提供多种类型的扶贫保险产品和服务，兜住了贫困人口因病、因灾、因意外致贫返贫的底线，增强了贫困人口便捷获得贷款的能力。

（二）创新多样化的农业保险产品

2019年，财政部印发《关于开展中央财政对地方优势特色农产品保险奖补试点的通知》，在全国10个省份开始试点特色农业保险奖补政策，对符合条件的特色农产品的保费给予一定比例的奖补，随后试点不断扩大。受政策激励，各家保险机构因地制宜，在全国各地探索"一揽子"特色农业保险产品，对农业生产过程中的自然灾害风险、生产风险、价格风险等进行全方位保障，有力推动了特色农业产业发展。

脱贫攻坚以来，农业保险精准对接各地区的"三农"风险保障需求，不断进行农业保险产品和服务创新。在做好中央政策性农险的基础上，围绕特色产业、区域扶贫产业，以及当地农户种植业、养殖业的现实需求，开发了包括粮食类农业保险、特色经济作物保险、养殖类农业保险、森林类农业保险等多种农业保险，创新开发出农作物价格、天气指数、"保险+期货"等新型农业保险产品，推动中国农业保险从"保灾害""保成本""保大宗"向"保价格""保收入""保特色""保质量"转变，全方位筑牢因灾致贫返贫防线。

随着农业保险"扩面、提标、增品"，其对农户的保障水平大幅度提升。如图3-4所示，中国农业保险保费收入从2013年的306.59亿元提升至2021年的975.85亿元，农业保险赔款及给付金额也不断提升，农业保险对农户的保障水平不断提升，2021年中国农业保险为1.8亿户次农户提供风险保障超过4.7万亿元。这些特色农业保险在精准保障特色农业产业发展、精准助力贫困人口脱贫方面发挥了重大作用，取得了良好效果，得到政府及社会各界普遍认可。

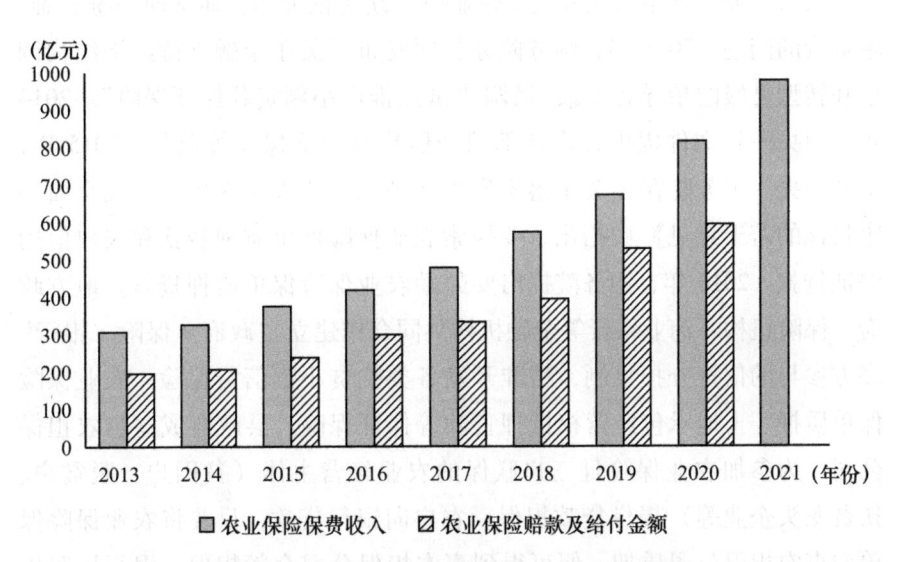

图3-4　中国农业保险保费收入及赔款支出

资料来源：中国银保监会。

（三）对贫困户提供重点农业保险保障

2016年，保监会提出针对建档立卡人口的农业保险产品费率可以在向监管部门报备的基础上下调20%；2018年提出建档立卡贫困户农业保险的保险费率在原有降低20%的基础上再降低10%—30%。针对贫困地区和贫困人口，各家保险公司相继出台了一系列降低农业保险费率、放宽投保门槛限制的农业保险扶贫政策。农业保险的倾斜政策及举措，对提升贫困人口抵御农业风险的能力、防止因灾致贫返贫具有十分重要的作用。另外，保险机构还开发了防贫保险，防止意外、疾病、生产经营不善造成的返贫风险，筑牢贫困人口各类风险保障网。2015—2019年，中国扶贫类农业保险保额从18.63亿元增长为1.13万亿元，增加了约605.55倍；参保贫困户从40.57万户次增长到443.28万户次，增加了约9.93倍，扶贫类农业保险累计为446.25万户次贫困户提供赔付。仅2020年第一季度农业保险为建档立卡贫困人口提供风险保障金额136.77亿元，覆盖贫困户172.93万户次，支付赔款2.4亿元。

三 贷款保证保险与保单质押贷款结合：解决融资难问题

农村产业发展组织或者龙头企业由于缺乏抵押物，通常面临融资难、融资贵的问题。2013年，国务院办公厅发布《关于金融支持经济结构调整和转型升级的指导意见》，强调"试点推广小额贷款保证保险"。2014年，中央一号文件提出在农业部门开展贷款保证保险等业务。2015年，中共中央、国务院在《关于落实发展新理念加快农业现代化实现全面小康目标的若干意见》中指出，要探索农业保险保单质押贷款和农户信用保证贷款。2016年，国务院提出要鼓励农业保险保单质押贷款。地方政府、保险机构、商业银行等金融机构共同合作建立"政府+保险+银行"多方参与的信贷分担机制，精准开发各类扶贫小额信贷保险、农业保险保单质押、土地承包经营权抵押贷款等保证保险。县政府成立惠农担保公司，为参加农业保险且三户联保的农业经营主体（贫困户、脱贫户、扶贫龙头企业等）提供贷款担保。农户向银行贷款，只要将农业保险保单向惠农担保公司质押，便可得到惠农担保公司全额担保，银行按照担保资金的一定比例放大贷款额度。同时，县财政对贫困户的贷款以及扶贫龙头企业给予不同程度的贷款贴息。

通过将保险工具与信贷工具相结合，创建"信贷+保险"的扶贫增信体制，不仅对农民的种植业、养殖业以及小农产业提供了风险保障，而且解决了农户因为缺乏抵押担保而无法从金融机构获得贷款的难题。例如,中国人民保险集团设立250亿元"支农支小"融资产品,在西部地区开展"农业保险+扶贫小额信贷保证保险+保险资金支农融资"扶贫项目,帮助贫困人口便利获得免担保、免抵押、优惠利率的小额资金。

四 产业保险扶贫:促进农村产业发展

产业是发展的根基,地区产业发展能够吸纳更多人口就业,提高居民收入水平以及促进地区经济发展。因此针对产业发展的扶贫政策不仅是推动贫困人口脱贫致富的根本途径,也是提升贫困地区"造血"能力、帮助群众就业的根本之策。在产业扶贫过程中,一方面保险业可以发挥其风险保障功能,根据贫困地区地理环境、气候状况等因地制宜提供保险产品,保障贫困地区特色产业发展,稳定农民收入水平;另一方面,保险机构充分发挥增信与资金融通功能,为农村地区产业繁荣发展注入金融活水,促进地区产业融合发展。

创立产业扶贫投资基金。保险机构不断创新保险资金运用方式,将保险资金投入贫困地区,填补贫困地区资金缺口,为贫困地区产业发展注入源头活水。2016年,中国保监会与国务院扶贫办颁布《关于做好保险业助推脱贫攻坚工作的意见》,提出保险机构要充分发挥保险资金长期投资的优势,以债券、股权、资产支持计划等多种形式,积极参与贫困地区基础设施、重点产业和民生工程的建设。在保监会的推动下,中国人民保险股份集团开展保险支农融资试点,以债券投资计划等保险资产管理产品为载体,向"三农"和小微企业提供生产资金支持。2016年,保险业成立了中国产业扶贫投资基金,采取市场化运作机制,专项用于贫困地区资源开发、产业园区建设、新型城镇化发展等领域。通过创新保险资金运用方式,鼓励推动保险资金向贫困农村地区投放,发挥保险资金长期优势,充分发挥保险的风险保障、资金支持等扶贫优势,助推贫困地区产业发展。

五 民生保险扶贫:防御意外风险

民生是人民幸福之基、社会和谐之本。要实现脱贫攻坚目标,就要将改善民生作为现实着力点,切实解决好人民群众最关心、最直接、最现实的利益问题。保险参与精准扶贫就要抓住与数千万贫困群众利益相关的重大民生问题，在支持扶贫开发过程中向贫困人口倾斜。因此，民生保险扶贫模式就是保险业通过提供有针对性的保险服务，精准满足贫困地区的留守儿童、留守妇女、失独老人及残疾人等弱势群体的需求，对贫困人口的人身和财产风险提供保障。

（一）开发小额人身保险

贫困地区的人口一旦遭遇意外事故的冲击，可能在一段时间内丧失经济来源与劳动能力，因此开发贫困人口意外伤害、疾病和医疗保险产品，对于提高贫困地区人口抗风险能力有积极作用。2008年，中国保监会下发《关于印发〈农村小额人身保险试点方案〉的通知》，提出要开展小额人身保险试点。精准扶贫以来，保险机构针对贫困人口面临的风险特征以及支付能力较低等因素，开发了一系列保费低廉、保障适度、保单通俗、核保理赔简单的扶贫小额保险。扶贫小额人身保险主要包括定期人寿保险、人身意外伤害险、小额信贷保险等；在经营模式方面，一些地区以农户为单位采取"分散投保"的模式，另外一些地区以乡镇或社区为单位采取"集体投保模式"。

（二）开展巨灾保险

巨灾保险是指通过保险形式对因地震、飓风、海啸、洪水等自然灾害可能造成的巨大财产损失和严重人员伤亡的风险进行分散的一种保险形式。2013年，保监会批复云南、深圳地区开展巨灾保险试点，深圳率先通过巨灾保险方案并于2014年6月正式实施。此后，中国巨灾保险试点在深圳、宁波、潍坊、云南、四川、广东等地区陆续开展。2016年，中国保监会、财政部印发《建立城乡居民住宅地震巨灾保险制度实施方案》，中国城乡居民住宅地震巨灾保险制度正式施行。

中国贫困地区大多处于自然条件恶劣的边缘地区或山区，发生巨灾风险的概率较高。在扶贫开发过程中，在贫困地区建立巨灾保险制度，提高居民巨灾损失补偿，对促进扶贫开发、防止因灾致贫返贫具有十分重要的作用。

六 教育保险扶贫：增强内生动力

扶贫必扶智，帮助贫困人口摆脱贫困，不仅要帮助其摆脱物质贫困，更重要的是激发贫困人口内生动力，提升其发展能力，避免贫困地区人口陷入"贫困陷阱"。作为"造血式"扶贫手段的教育扶贫，能够通过提升贫困人口文化素养与劳动技能，增强贫困人口脱贫致富的能力，无疑是阻断贫困代际传递、打赢脱贫攻坚战的关键所在。中国保险机构积极作为，主要通过以下三种方式参与教育扶贫。

（一）创新教育保险扶贫产品

为保障贫困人群享有接受教育的权利，中国建立了全覆盖的资助制度以对贫困家庭进行兜底保障，其中包括助学贷款。保险公司开办助学贷款保证保险，对银行发放的助学贷款开立保单提供担保，分摊银行助学贷款的信用风险，助推了助学贷款的供给，有助于更多贫困家庭子女顺利完成学业。

（二）开展公益捐赠活动

保险机构向贫困地区捐赠书籍、图书室、设立助学基金等，帮助贫困学生圆读书梦。例如，永达理保险经纪有限公司携手天安人寿保险股份有限公司，发起"永达理·天有保险精准扶贫捐资助学"活动，在大别山革命老区开展教育扶贫工作，对改善贫困地区教学资源现状作贡献。太平洋寿险在山东省开展"一份保单一元钱"活动，在确保公益基金的持续性积累与使用中发挥作用。

（三）开展职业技能培训活动

授人以鱼不如授人以渔，保险机构对贫困地区未就业人群进行职业技能培训，帮助他们提升劳动技能。精准扶贫以来，保险机构积极参与"互联网+"远程教育扶贫模式、"组合型"教育扶贫模式、"双层次"教育扶贫模式等新型教育扶贫模式，加大对贫困地区学生的资助力度。例如，2020年中国人寿在"三区三州"及深度贫困地区开展"互联网"远程教育"爱心专递课堂"，由中国人寿资助在具有优秀师资力量的地区建立主课堂，在偏远地区的学生可以依托远程教学技术和网络资源优势，通过分课堂共享优质学习资源。

第四章

西部地区农村贫困程度测度及致贫因素分析

中国西部地区主要包括重庆市、四川省、陕西省、云南省、贵州省、广西壮族自治区、甘肃省、青海省、宁夏回族自治区、西藏自治区、新疆维吾尔自治区及内蒙古自治区。西部地区疆域辽阔，土地面积为678.15万平方千米，占全国总面积的70.6%。根据第七次全国人口普查数据，西部地区总人口达到38287.47万人，占全国总人口的27.12%，2020年经济规模达到213291.9亿元，重庆市和内蒙古自治区是西部地区人均生产总值超过全国水平的行政区，2020年分别达到78170元和72062元。除四川盆地和关中平原以外，西部绝大部分地区是中国经济欠发达地区，贫困区域覆盖面广、贫困深度较大。2000年按照625元的贫困线，西部地区农村贫困人口为1944.654万人，占全国绝对贫困人口的60.6%；2010年按照2300元的贫困线，西部地区农村贫困人口为8429万人，占全国贫困人口的50.87%；2019年，西部地区农村贫困人口为323万人，占全国贫困人口的58.62%。西部地区为贫困重灾区，扶贫任务重、难度大。

本章全面分析西部地区农村贫困现状，进而基于FGT指数测度西部地区农村贫困程度，探析导致西部地区贫困的主客观因素。

第一节 西部地区概览

一 地理区位

从行政区划上看，西部地区共有12个省份，下设94个地级市。地形地貌多样，从北到南分布有阿尔泰山、天山、祁连山、昆仑山、唐古拉山、横断山脉及喜马拉雅山脉；三江源是黄河和长江的发源地；新疆分布着中国最大的沙漠——塔克拉玛干沙漠；青海湖是中国第一大内陆湖泊。西部连片的特困地区主要有九大集中片区：西藏、南疆四地州、秦巴山区、武陵山区、滇黔桂石漠化区、滇西边境山区、乌蒙山区、四省涉藏州县及六盘山区。2010年，西部地区贫困人口高达8429万人，贫困发生率为29.2%。由此可知，西部地区贫困较为集中，贫困规模大、贫困深度大、脱贫任务重。

二 人口特征

（一）西部地区总人口变化情况

根据国家统计局数据，西部地区总人口从1978年的27491.84万人增加到了2019年的38180.07万人，人口净增加10688.23万人，整体上呈增长趋势，人口平均增长速度为0.8%。分时段来看，1978—1995年，西部地区总人口数持续增长，人口平均增长速度为1.84%，人口规模达到37498.77万人。1995—2000年，西部地区人口下降明显，人口净减少1863.95万人，这主要是计划生育政策导致人口出生率的下降，加之东西部地区经济差距引起的人口外流。2000年之后，随着西部大开发战略的实施，社会经济不断发展，人口数量也缓慢增长，平均增速为0.36%（见图4-1）。

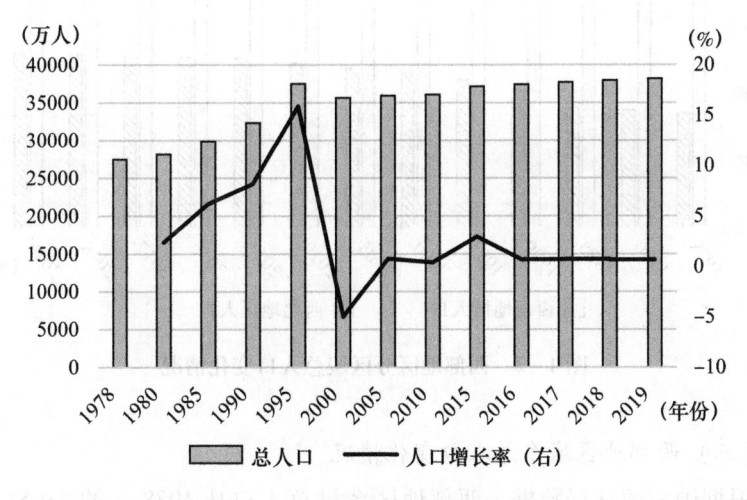

图4-1 西部地区总人口变化情况

(二) 西部地区分区域总人口变化情况

根据国家统计局数据,西南地区总人口从1978年的19066.26万人增加到了2019年的25291万人,人口净增加6224.74万人,整体上呈增长趋势,人口平均增长速度为0.69%。西北地区总人口从1978年的8425.58万人增加到了2019年的12888.94万人,人口净增加4463.36万人,整体上呈增长趋势,人口平均增长速度为1.04%。西南地区的人口总规模高于西北地区,但西北地区的人口平均增长速度明显高于西南地区。分时段来看,1978—1995年,西南地区总人口数持续增长,人口平均增长速度为18.39%;1995—2010年,西南地区人口下降明显,人口净减少2686万人;2010年之后人口逐渐上升,平均增速为12.26%。西北地区1978—2015年人口平均增长速度为15.56%,2015年之后,人口增长缓慢,平均增速为5.89%。这说明西北地区的人口净增长缓慢,人口外流转移(见图4-2)。

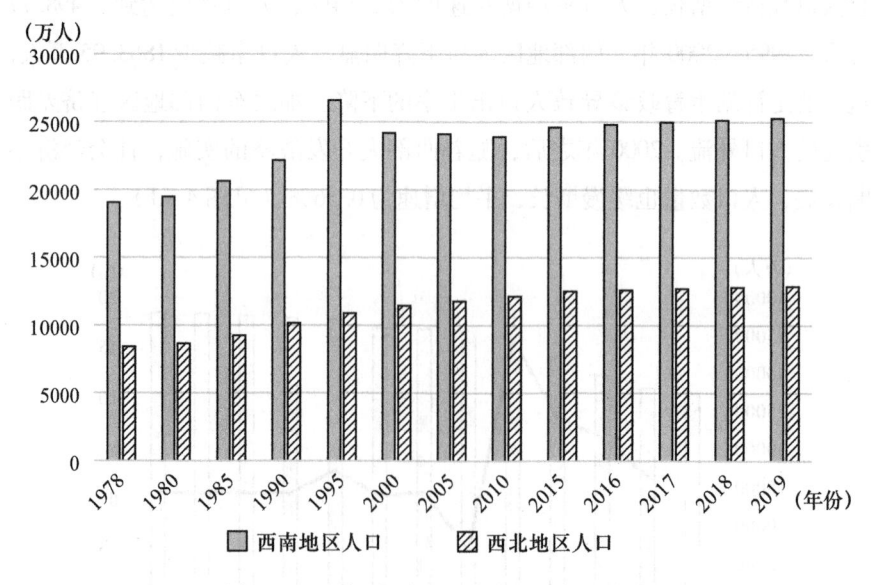

图 4-2 西部地区分区域总人口变化情况

(三) 西部地区城乡总人口变化情况

根据国家统计局数据,西部地区乡村总人口从1978年的23951.3万人下降到了2019年的17532.29万人,人口净减少6419.01万人,整体上呈下降趋势，人口平均下降速度为0.76%。西部地区城镇总人口从1978年的3561.69万人增加到了2019年的20647.78万人，人口净增加17086.09万人，整体上呈增长趋势，人口平均增长速度为4.38%。分时段来看，1978—1995年，西部地区乡村总人口数波动下降，人口平均下降速度为0.8%；1995—2000年，西部地区乡村人口数明显上升；2000年之后乡村人口持续下降，平均降速为2.05%。1978—1995年，西部地区城镇总人口数高速增长，人口平均增长速度为8.1%；1995—2000年，西部地区城镇人口数明显下降，出现了逆城镇化现象。2000年之后城镇人口数量稳步上升，平均增速为3.77%，并且在2016年西部地区城镇人口超过了乡村人口，西部地区农村人口数量逐渐下降（见图4-3）。

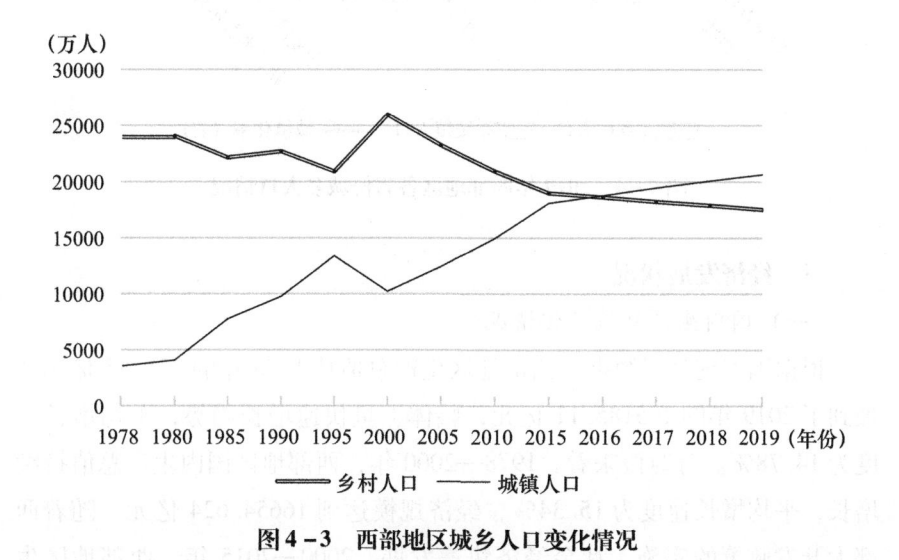

图4-3　西部地区城乡人口变化情况

（四）西部地区各省份城乡人口变化情况

根据国家统计局数据，2019年西部地区总人口达到了38180.07万人，其中四川省的人口最多，城镇人口为4504.9万人，乡村人口为3870.1万人，其余依次是广西壮族自治区、云南省、陕西省、贵州省、重庆市、甘肃省、内蒙古自治区、新疆维吾尔自治区、宁夏回族自治区、青海省及西藏自治区。通过比较城镇人口和乡村人口，2019年城镇人口超过乡村人口的省份有内蒙古自治区、广西壮族自治区、重庆市、四川省、陕西省、青海省、宁夏回族自治区及新疆维吾尔自治区；从城镇化率来看，重庆市的城镇化率最高，约为67%，西藏的城镇化率最低，约为32%（见图4-4）。

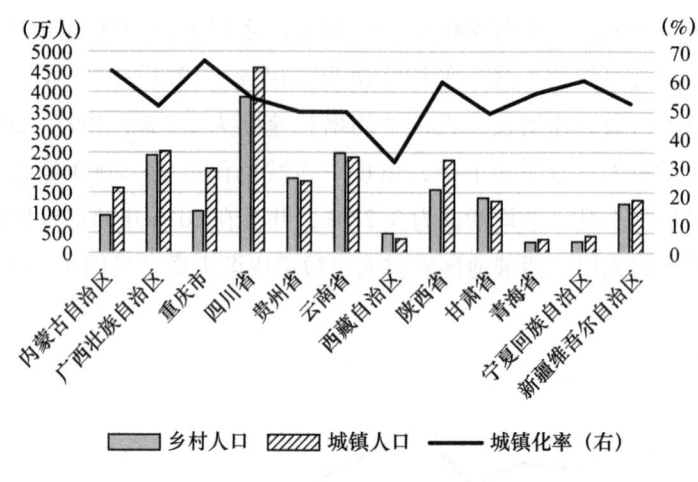

图4-4 2019年西部地区各省份城乡人口情况

三 经济发展状况

（一）国内生产总值变化情况

根据国家统计局数据，西部地区生产总值从1978年的721.55亿元增加到了2019年的205185.11亿元，整体上呈快速增长趋势，平均增长速度为14.78%。分时段来看，1978—2000年，西部地区国内生产总值持续增长，平均增长速度为15.34%，经济规模达到16654.624亿元。随着西部大开发政策的实施，社会经济快速发展，2000—2015年，西部地区生产总值继续高速增长，平均增长速度为15.52%。2015年之后，中国经济步入新发展阶段，经济更加追求高质量增长，平均增速放缓为9.06%（见图4-5）。

（二）分区域生产总值变化情况

根据国家统计局数据，西南地区生产总值从1978年的450.1亿元增加到了2019年的133149.62亿元，整体上呈增长趋势，平均增长速度为14.87%。西北地区国内生产总值从1978年的271.45亿元增加到了2019年的72035.53亿元，整体上呈增长趋势，平均增长速度为14.58%，西

(亿元)

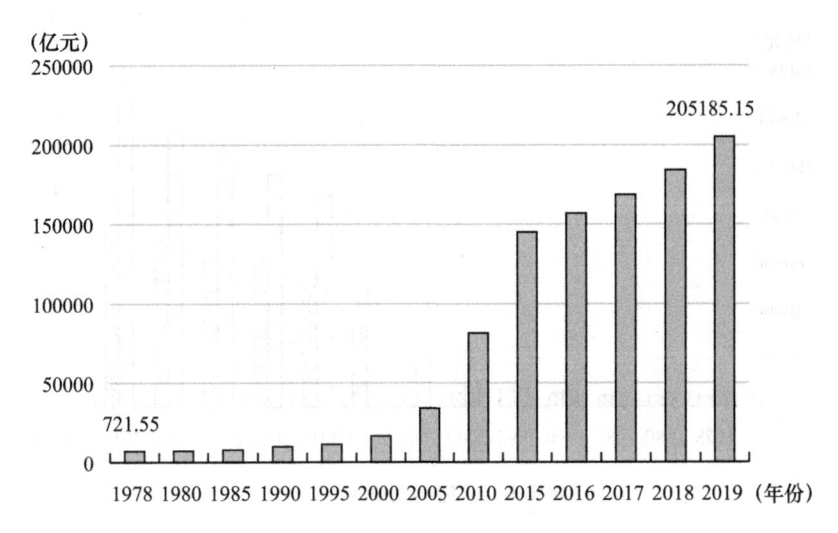

图 4-5 西部地区生产总值变化情况

南地区生产总值明显高于西北地区生产总值，但两个地区经济平均增速相近。分时段来看，1978—2000 年，西南地区生产总值持续增长，平均增长速度为 15.49%，经济规模达到 10715.814 亿元，西北地区生产总值平均增长速度为 15.01%，西南地区经济平均增长速度略高于西北地区。随着西部大开发战略的实施，2000—2015 年，西南地区生产总值继续高速增长，平均增长速度为 15.05%，西北地区生产总值平均增长速度为 16.31%，西北地区的增长速度略高于西南地区。2015 年之后，中国经济步入新发展阶段，经济更加追求高质量增长，西南地区经济平均增速为 10.99%，西北地区经济平均增速为 5.89%，西北地区增速放缓（见图 4-6）。

(三) 西部地区产业结构变化情况

根据国家统计局数据，西部地区第一产业占比从 1978 年的 37.12% 下降到了 2019 年的 10.95%，整体上呈下降趋势，平均下降速度为 2.93%。西部地区第二产业占比从 1978 年的 43.03% 下降到 2019 年的 37.92%，整体呈波动下降趋势。西部地区第三产业占比从 1978 年的 19.85% 上升到 2019 年的 51.13%，整体呈上升趋势，平均增长速度为 2.33%。分时段来看，1978—1990 年，西部地区第一产业占比缓慢下降，

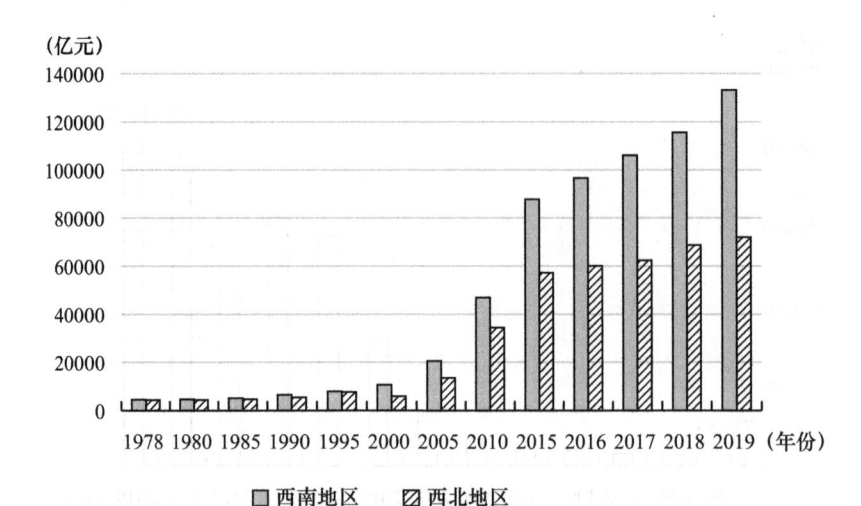

图 4-6 西部地区分区域生产总值变化情况

平均下降速度为 0.6%，占比达到 34.53%，第二产业占比呈下降趋势，平均下降速度为 1.8%，第二产业占比平均下降速度高于第一产业，第三产业占比呈增长趋势，平均增长速度为 3.75%。1990—2010 年，西部地区第一产业占比下降趋势明显，平均下降速度为 4.71%，占比下降为 13.15%，第二产业占比呈稳步上升趋势，平均增长速度为 1.86%，第三产业占比呈波动上升趋势，平均增长速度为 0.89%。2010 年之后，西部地区第一产业占比缓慢下降，平均下降速度为 2%，占比下降为 2019 年的 10.95%，第二产业占比呈明显下降趋势，平均下降速度为 3.02%，第三产业占比呈上升趋势，平均增长速度为 3.7%（见图 4-7）。

（四）西部地区各省份产业结构比例

根据国家统计局数据，2019 年西部地区整体产业结构比例为 1∶3.46∶4.67。从各省份来看，广西壮族自治区的第一产业的占比最高，为 15.95%，其余依次为贵州省、新疆维吾尔自治区、云南省、甘肃省、内蒙古自治区、四川省、青海省、西藏自治区、陕西省、宁夏回族自治区，重庆市的占比最低，为 6.57%。陕西省第二产业的占比为 46.45%，为西部地区最高，其余依次为宁夏回族自治区、重庆市、内蒙古自治区、青海省、西藏自治区、四川省、贵州省、新疆维吾尔自治区、云南省、广西壮

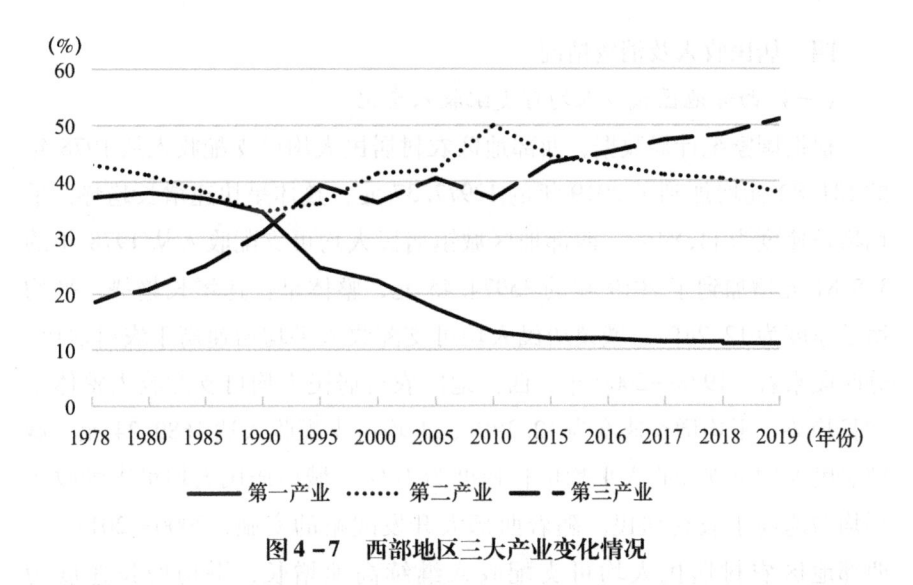

图 4-7　西部地区三大产业变化情况

族自治区，甘肃省占比最低，为 32.83%。甘肃省第三产业的占比最高，为 55.12%，其余依次为西藏自治区、重庆市、云南省、四川省、新疆维吾尔自治区、广西壮族自治区、青海省、贵州省、宁夏回族自治区、内蒙古自治区，陕西省第三产业的占比最低，为 45.83%（见图 4-8）。

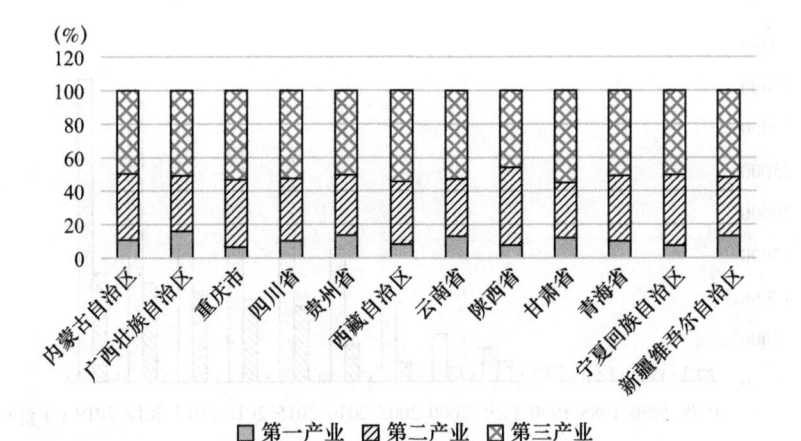

图 4-8　2019 年西部地区各省份产业结构比例

四 居民收入及消费情况

(一) 西部地区城乡人均可支配收入变化

根据国家统计局数据,西部地区农村居民人均可支配收入从1978年的131.82元增加到了2019年的12977.37元,整体呈快速增长趋势,平均增长速度为11.84%。西部地区城镇居民人均可支配收入从1978年的315.81元增加到了2019年的35974.45元,整体呈快速增长趋势,平均增长速度为12.24%。城镇居民人均可支配收入平均增速高于农村居民。分时段来看,1978—2000年,西部地区农村居民人均可支配收入整体呈增长趋势,平均增长速度为12.29%,人均可支配收入达1689.24元,城镇居民人均可支配收入平均增长速度为14%,城镇居民人均可支配收入平均增速高于农村居民。随着西部大开发战略的实施,2000—2015年,西部地区农村居民人均可支配收入继续高速增长,平均增长速度为11.85%,城镇居民人均可支配收入平均增速为10.83%,农村居民人均可支配收入平均增速高于城镇居民。2015年之后,中国经济步入新发展阶段,西部地区农村居民人均可支配收入的平均增速为9.39%,城镇居民人均可支配收入的平均增速为8.01%(见图4-9)。

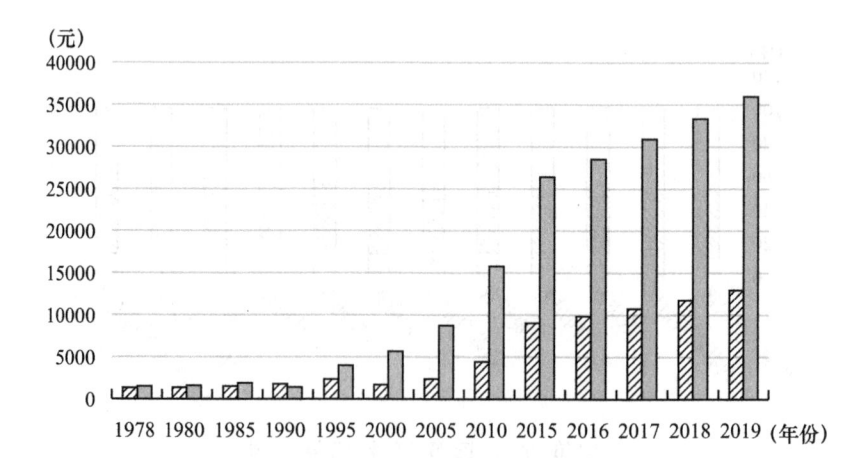

图4-9 西部地区城乡人均可支配收入变化情况

(二) 西部地区各省份城乡人均可支配收入

根据国家统计局数据，2019 年西部地区农村居民人均可支配收入达到 12977.37 元，其中内蒙古自治区的农村居民人均可支配收入最高，达到 15283 元，其余依次为重庆市、四川省、广西壮族自治区、新疆维吾尔自治区、西藏自治区、宁夏回族自治区、陕西省、云南省、青海省、贵州省，甘肃省最低，为 9629 元。2019 年城镇居民人均可支配收入最高的省份为内蒙古自治区，达到 40782 元，其余依次为重庆市、西藏自治区、云南省、四川省、陕西省、广西壮族自治区、新疆维吾尔自治区、贵州省、宁夏回族自治区及青海省，甘肃省最低，为 32323 元。从城乡收入差距来看，甘肃省的城乡收入差距最大，四川省的收入差距最小（见图 4-10）。

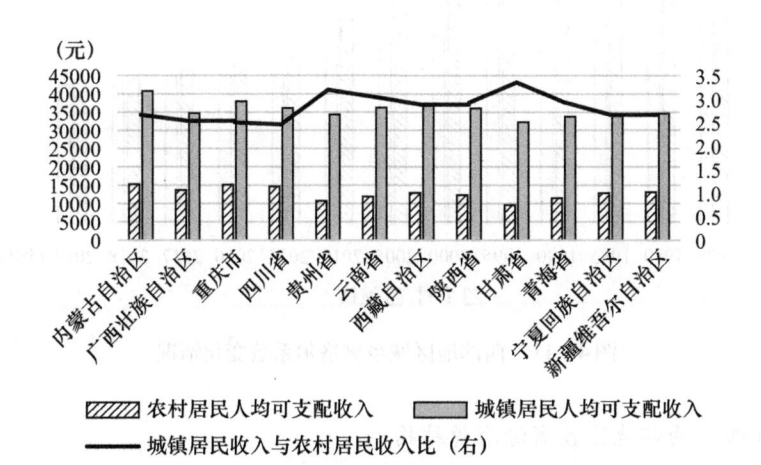

图 4-10 2019 年西部地区各省份城乡人均可支配收入情况

(三) 西部地区城乡消费结构变化情况

根据国家统计局数据，西部地区农村居民恩格尔系数从 1978 年的 68.02% 下降到了 2019 年的 30.29%，整体上呈下降趋势，平均下降速度为 1.95%。西部地区城镇居民恩格尔系数从 1978 年的 57.18% 下降到 2019 年的 29.32%，平均下降速度为 1.62%。农村居民恩格尔系数高于城镇。分时段来看，1978—2000 年，西部农村居民恩格尔系数波动递减，平均递减速度为 0.97%，恩格尔系数达到 54.94%，城镇居民恩格尔系数平均下降速度为 1.67%，此阶段城镇居民恩格尔系数下降速度高于农村。

2000—2015年，西部农村居民恩格尔系数继续下降，平均下降速度为2.95%，城镇居民恩格尔系数平均下降速度为1.47%，此阶段农村恩格尔系数平均下降速度高于城镇。2015年之后，中国经济步入新发展阶段，农村居民恩格尔系数平均下降速度为3.57%，城镇居民恩格尔系数平均下降速度为1.85%，农村降速高于城镇。可见，随着西部农村居民收入增加，其消费结构更趋合理化（见图4-11）。

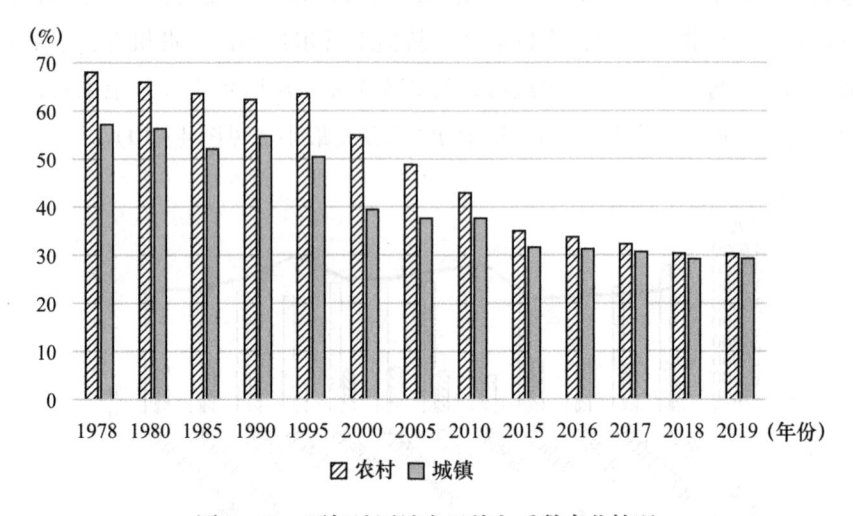

图4-11 西部地区城乡恩格尔系数变化情况

（四）西部地区各省份消费结构

根据国家统计局数据，2019年西部农村居民的恩格尔系数平均达到30.29%，其中西藏自治区的农村居民恩格尔系数最高，达到35.69%，其余依次是重庆市、四川省、云南省、广西壮族自治区、青海省、甘肃省、新疆维吾尔自治区、宁夏回族自治区、内蒙古自治区及贵州省，陕西省最低，为25.9%。同年，西部城镇居民恩格尔系数最高的省份为西藏自治区，达到37.76%，其余依次为四川省、重庆市、广西壮族自治区、青海省、新疆维吾尔自治区、甘肃省、贵州省、陕西省、云南省及内蒙古自治区，宁夏回族自治区最低，为24.25%（见图4-12）。

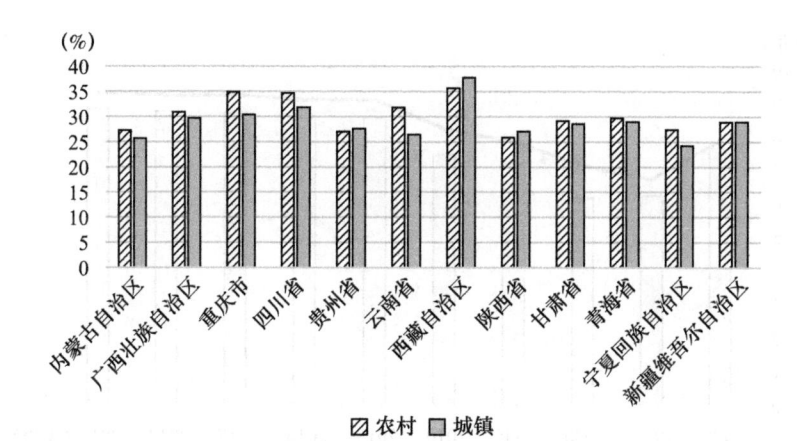

图 4-12　2019 年西部地区各省份恩格尔系数

五　教育水平

（一）平均受教育年限

根据国家统计局数据，西部地区平均受教育年限从 1990 年的 7.64 年提高到了 2019 年的 8.8 年，整体呈上升趋势，平均增速为 0.49%。全国平均受教育年限从 1990 年的 7.87 年提高到了 2019 年的 9.28 年，平均增速为 0.57%。可见，西部地区平均受教育年限及其增速均低于全国平均水平。分时段来看，1990—2000 年，西部地区平均受教育年限递减，平均递减速度为 2.16%，全国平均受教育年限在 1995 年下降为 6.72 年，但高于西部地区。2000 之后，西部地区平均受教育年限回升，平均增长速度为 1.91%，增速高于全国水平，这主要是因为国家 2006 年免除了义务教育阶段学费，使得西部贫困地区的入学率大大提高，平均受教育年限延长（见图 4-13）。

（二）各省份平均受教育年限

根据国家统计局数据，1990 年西部地区平均受教育年限达到 7.64 年，其中陕西省的平均受教育年限最高，达到 8.16 年，其余依次为内蒙古自治区、宁夏回族自治区、青海省、新疆维吾尔自治区、重庆市、甘肃省、广西壮族自治区、四川省、贵州省及云南省，西藏自治区最低，为 7.13 年。2019 年西部地区平均受教育年限达到 8.8，其中内蒙古自治区的平均受教育年限最高，达到 9.77 年，其余依次为陕西省、

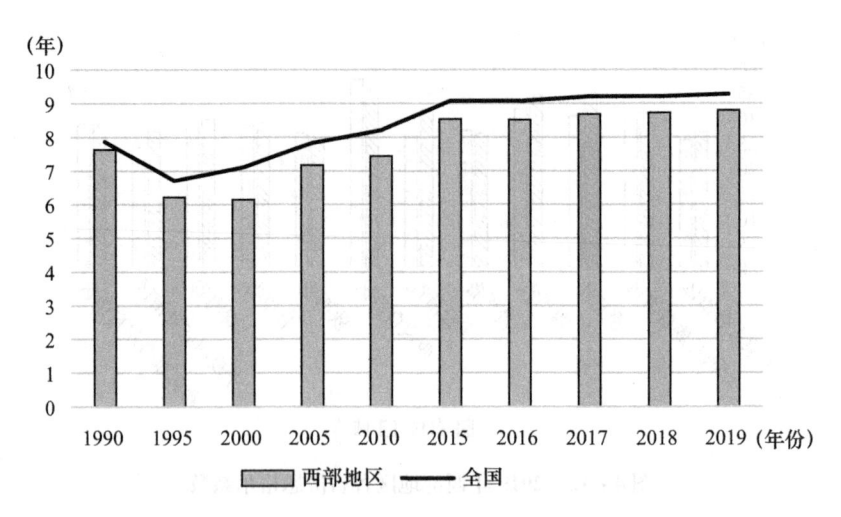

图4-13 西部地区及全国平均受教育年限变化情况

重庆市、新疆维吾尔自治区、广西壮族自治区、宁夏回族自治区、四川省、甘肃省、云南省、青海省及贵州省，西藏自治区最低，为5.8年。对比发现，内蒙古自治区的平均受教育年限增长最快，西藏自治区出现负增长（见图4-14）。

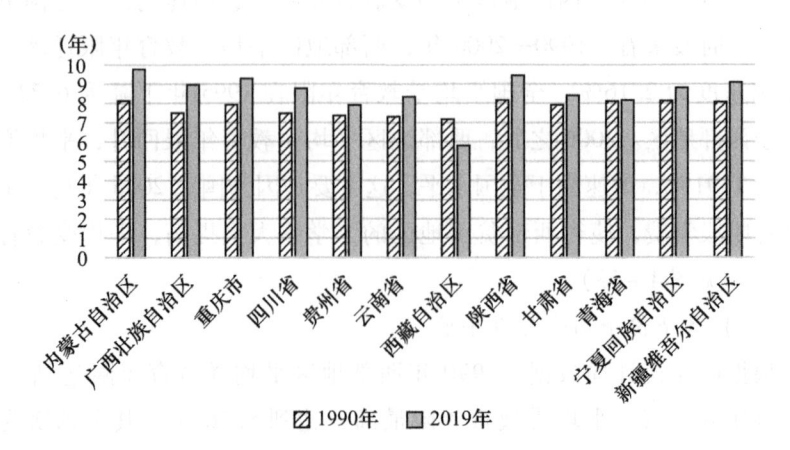

图4-14 西部地区各省份平均受教育年限

六 医疗服务水平

(一) 医疗卫生服务人员数

根据国家统计局数据，西部地区农村平均每万人拥有乡村医生和卫生员数从2010年的14.41人上升到了2019年的15.72人。乡镇卫生院床位数从2010年的32.84万张增加到了2018年的46.06万张，平均增速为4.31%。分时段来看，2010—2015年，西部地区农村平均每万人拥有乡村医生和卫生员数逐年上升，2015之后有所波动（见图4-15）。

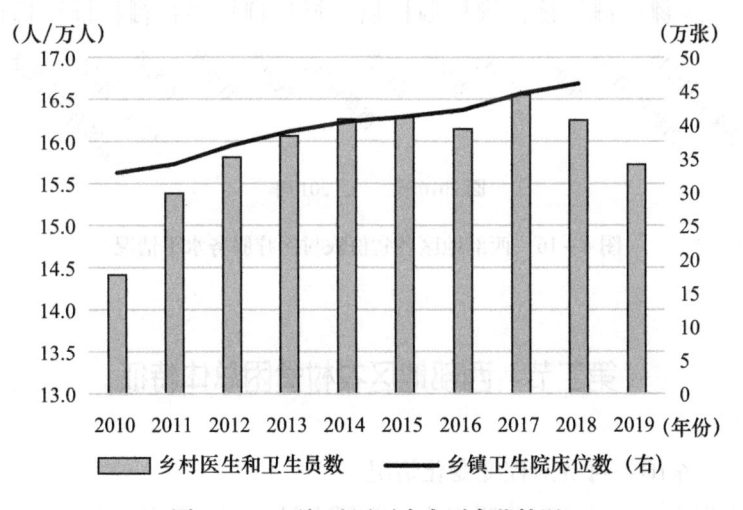

图4-15 西部地区医疗水平变化情况

(二) 各省份医疗服务水平情况

根据国家统计局数据，2010年西部地区农村平均每万人拥有乡村医生和卫生员数14.41人。其中，陕西省农村平均每万人拥有乡村医生和卫生员数最高，达到19.15人，其余依次为青海省、西藏自治区、重庆市、内蒙古自治区、四川省、贵州省、广西壮族自治区、甘肃省、宁夏回族自治区和云南省，新疆维吾尔自治区最低，平均每万人拥有乡村医生和卫生员数6.98人。2019年西部地区农村平均每万人拥有乡村医生和卫生员数15.72人，其中西藏自治区的农村平均每万人拥有乡村医生和卫生员数最高，达到51.66人，其余依次为青海省、内蒙古自治区、贵州省、陕西省、四川省、重庆市、云南省、甘肃省、广西壮族自治区和新疆维吾尔自治区,宁夏回族自治区最低,平均每万人拥有乡村医生和卫生员数11.11人。对比发现,西藏自治区平均每万人拥有乡村医生和卫生员数增长最多(见图4-16)。

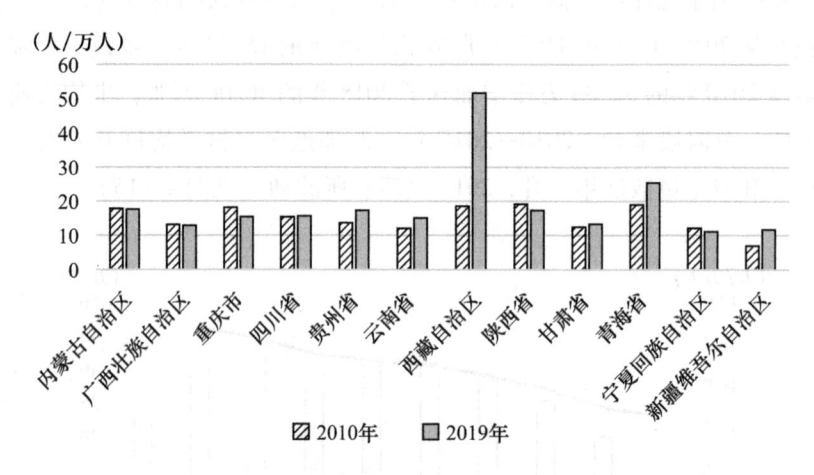

图4-16 西部地区各省份农村医疗服务水平情况

第二节 西部地区农村贫困总体特征

一 全国农村贫困程度变化情况

根据中国农村贫困监测报告,全国农村贫困人口从1978年的77039万人下降到2019年的551万人,整体呈下降趋势,平均降速为11.35%。贫困发生率从1978年的97.5%下降到2019年的0.6%,平均降速为11.67%。分时间段来看,1978—2013年,全国农村贫困人口年平均下降速度为6.18%,贫困发生率年平均下降速度为6.73%;2013—2019年,全国农村贫困人口年平均下降速度为36.3%,贫困发生率年平均下降速度为35.71%。可见,在实施精准扶贫政策以来,全国的农村脱贫攻坚战取得决定性胜利,农村面貌焕然一新(见图4-17)。

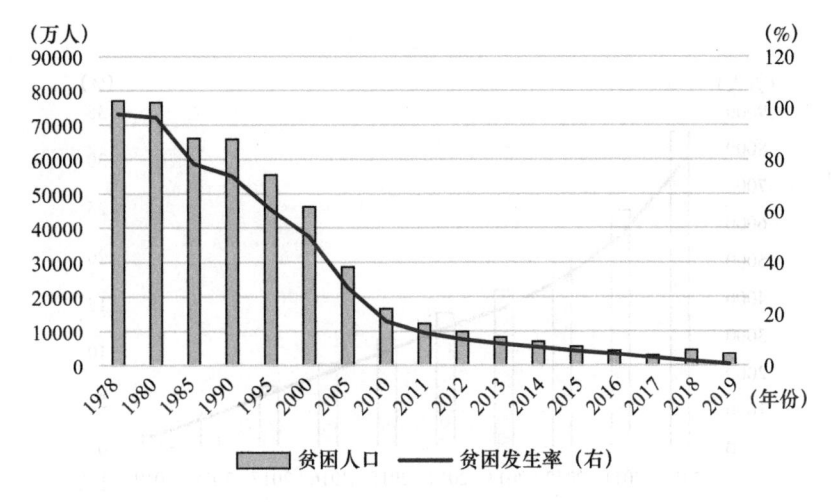

图4-17 全国农村贫困程度变化情况

二 西部农村贫困程度变化情况

根据中国农村贫困监测报告,西部地区农村贫困人口从2010年的8429万人下降到了2019年的323万人,整体呈快速下降趋势,平均下降速度为30.4%。贫困发生率从2010年的29.2%下降到了2019年的1.1%,平均下降速度为30.53%。分时间段来看,2010—2013年,西部地区农村贫困人口年平均下降速度为20.66%,贫困发生率年平均下降速度为20.81%。实施精准扶贫政策后,西部地区的脱贫效果非常明显,2013—2019年,西部地区农村贫困人口年平均下降速度为34.81%,贫困发生率年平均下降速度为34.95%(见图4-18)。

三 西部农村贫困人口人均可支配收入变化情况

根据中国农村贫困监测报告,西部地区农村贫困人口人均可支配收入从2013年的5737.88元提高到2019年的10778.36元,整体呈快速上升趋势,平均增长速度为11.07%。2013年实施精准扶贫政策之后,西部地区农村贫困人口人均可支配收入增长幅度大,增收效应明显(见图4-19)。

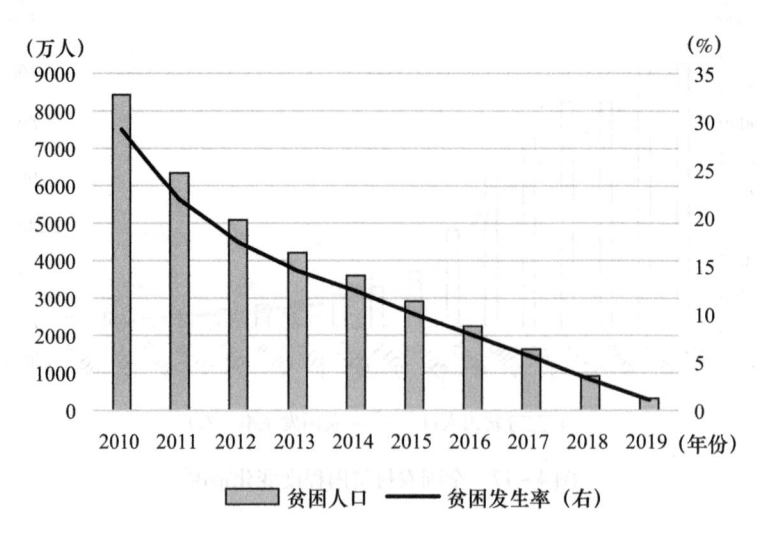

图 4-18　西部地区农村贫困程度变化情况

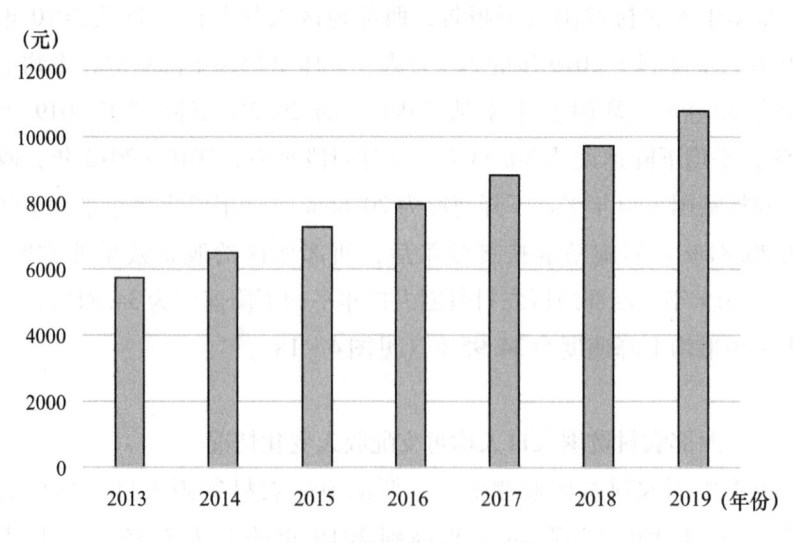

图 4-19　西部地区农村贫困人口收入变化情况

四　西部集中连片地区贫困人口及收入状况

根据中国农村贫困监测报告,2019年西藏的农村贫困人口人均可支配收入最高,达到12951元,其余依次是南疆四地州、秦巴山区、武陵山区、滇黔桂石漠化区、滇西边境山区、乌蒙山区及四省涉藏州县,六盘山区最低，为9370元。2019年西藏农村贫困人口减少到了4万人，其余按照现贫困人口数从少到多依次为四省涉藏州县、南疆四地州、秦巴山区、滇西边境山区、滇黔桂石漠化区、乌蒙山区及六盘山区，武陵山区最多，为49万人（见图4-20）。

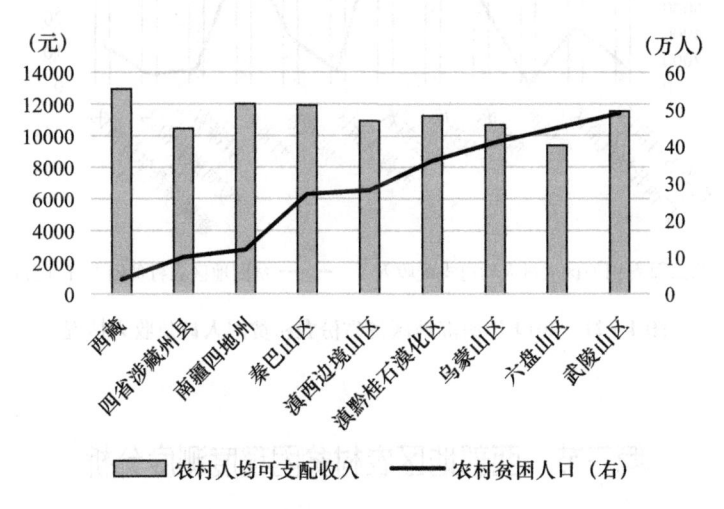

图4-20　西部连片特困地区2019年农村贫困人口及收入情况

五　西部地区各省份贫困状况

根据中国农村贫困监测报告，2019年西部地区农村贫困人口人均可支配收入达到10778.36元，其中重庆市的农村贫困人口人均可支配收入最高，达到13832元，其余依次是西藏自治区、内蒙古自治区、四川省、新疆维吾尔自治区、广西壮族自治区、青海省、陕西省、宁夏回族自治区、云南省及贵州省，甘肃省最低，为8592元。2019年西部地区农村贫困人口减少到323万人，其中重庆市的农村贫困人口清零，其余按照现贫困人口数从少到多依次为宁夏回族自治区、西藏自治区、青海省、内蒙古自治区、新疆维吾尔自治区、陕西省、广西壮族自治区、四川省、甘肃省及贵州省，云南省最多，为56万人（见图4-21）。

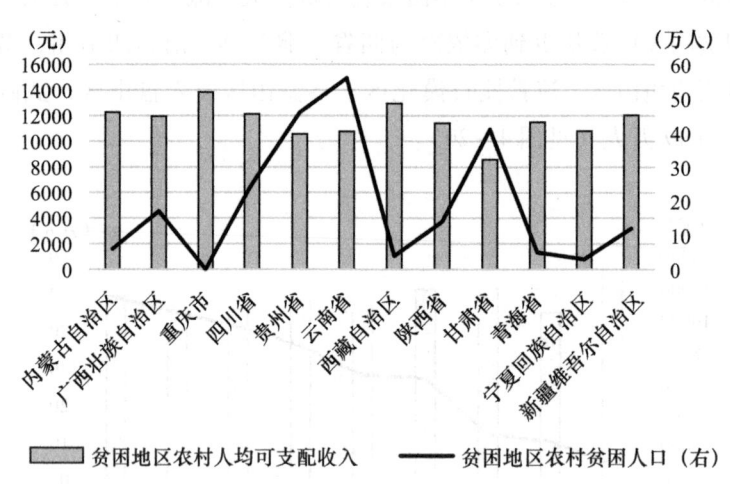

图 4-21　2019 年西部地区各省份农村贫困人口及收入情况

第三节　西部地区农村贫困程度测度分析

一　测度方法及指标体系构建

（一）方法选取

国内外学者从多个视角对贫困程度进行了度量，较为普遍的方法有贫困人口规模、贫困发生率、贫困缺口率、森（Sen）贫困指数及 FGT 贫困指数等方法。贫困人口规模指人均可支配收入或消费低于贫困标准的人口总数，贫困发生率又称贫困人口比重指数，主要指人均可支配收入或消费水平低于贫困标准的人口占总人口的比重，该指数从整体上反映了贫困的程度，但不能反映贫困人口之间的差异以及贫困人口收入的变化，更不能反映最贫困人口的变化。贫困缺口率指贫困人口收入离贫困标准的距离之和与所有人脱贫需要的收入之和的比重，反映了贫困人口的收入与贫困标准之间的差距，但不能反映贫困人口内部变化对贫困程度的影响，该指数一般可用于测算保障性扶贫资金的需求。基于已有学者的研究，阿马蒂亚·森提出了森（Sen）贫困指数，该指数反映了进行贫困测度评价的三个标准，分别为单调性公理、弱传递性公理和核心公理。随着研究的进一步深入，测度贫困的方法越来越多，其中影响力较为深远的是福斯特、格林尔和索贝克提出的 FGT 指数。该指数既可以全面反映贫困状况，还可以通过指数分解反映经济增长和收入分配等要素对贫困变动的影响。在借鉴国内学者的研究的前提下，本书选择 FGT 指数作为西部地区农村居民贫困程度的测度方法。

本章选取具有良好的可分可加性的 FGT 贫困指数对西部地区省际农村贫困水平进行测度（Foster et al.，1984），该方法能对整体贫困进行组别分解，即满足所谓的分组一致性条件，尤其是可以反映不同组别之间的贫困差异性，避免贫困发生率等单一指标的不足，因而可以合理地刻画西部地区农村的绝对贫困和相对贫困水平。FGT 贫困指数的连续形式为：

$$P_\alpha(x,z) = \int_0^z \left[\frac{z-x}{z}\right]^\alpha f(x) dx \alpha \geq 0 \quad (4-1)$$

其中，x 表示贫困人口收入；z 表示贫困线；$f(x)$ 表示农村居民收入累积分布函数的概率密度；α 表示贫困厌恶系数，其值越高，表明贫困指数对贫困人口内部收入不平等的敏感性越高。当 $\alpha=0$ 时，P_0 为贫困发生率，用 HC 表示，作为贫困广度指标，反映贫困线以下人口占总人口的比例；当 $\alpha=1$ 时，P_1 为贫困缺口，用 PG 表示，作为贫困深度指标，反映贫困人口收入与贫困线之间的相对距离。该指标不再只考虑贫困人口数量的变化，还关注贫困人口内部收入或消费的变化，其经济含义为将所有贫困人口的收入提高至贫困线水平所需要支付的扶贫资金比例；当 $\alpha=2$ 时，P_2 为平方贫困缺口，用 SPG 表示。作为贫困强度指标，该指标在加权平均时赋予了极端贫困人口更大的权数，揭示了贫困人口内部的收入差距问题。

FGT 贫困指数的测算依赖于对收入累积分布函数的估计，通常是基于两种参数化的洛伦兹曲线拟合实现，原因在于作为不同方式刻画农村居民收入分配状况的收入累积分布函数和洛伦兹曲线之间实际上存在等价性，由此对 FGT 指数的统计便可转化为如下两个基本方程：

$$L = L(p, \pi) \quad (4-2)$$
$$P = P(\mu/z, \pi) \quad (4-3)$$

式（4-2）中，L 为累积收入分布比例，P 为累积人口比例，π 为洛伦兹曲线的待估参数向量。式（4-3）中，μ 为农村居民人均收入水平。

（二）数据处理说明

中国存在城乡二元分割，农村经济发展长期落后于城市，因而绝大多数贫困人口主要集中在农村地区。按照2010年国家公布的贫困线，城镇中很少有低于贫困线以下的贫困人口。综合考虑，选取农村人均可支配收入分组数据对贫困FGT指数进行测算。由于西部地区省份统计年鉴中农村收入分组数据存在不同程度的缺失，本书根据已有学者的做法，对缺失数据进行补充。具体地，若某年度农村收入分组数据缺失，则按照一定的比例利用城镇收入分组数据进行估算。若城镇收入分组数据和农村收入分组数据均缺失，则依据农村收入增长率进行估算予以补充。关于贫困线的衡量，本书采用国家统计局公布的2010年贫困线为标准，以2010年农村人均可支配收入2300元为基准，并依据居民消费价格指数调整历年贫困线，从而消除通货膨胀的影响。

二　西部地区农村贫困程度变化分析

利用FGT贫困指数对西部地区省际农村贫困水平进行测度，评价结果如图4-22所示。从图4-22中可以清晰看出，各贫困指标在2005—2019年整体变化状态。贫困广度（HC）主要反映贫困线以下人口占总人口的比例，西部地区2005—2019年贫困广度（HC）呈递减趋势，从2005年的40.11%下降到2019年的5.74%，说明西部地区的贫困线以下人口占总人口的比例在下降，反映出中国西部地区在脱贫攻坚中取得较大的成绩。

贫困深度（PG）反映贫困人口收入与贫困线之间的相对距离，该指标不再只考虑贫困人口数量的变化，还关注贫困人口内部收入或消费的变化，其经济含义为将所有贫困人口的收入提高至贫困线水平所需要支付的扶贫资金比例。西部地区2005—2019年贫困深度（PG）整体呈递减趋势，从2005年的14.21%下降到2019年的2.84%，说明西部地区的贫困深度在下降。2012—2019年，贫困深度趋于平稳，主要的原因为经过长期的扶贫，脱贫攻坚进入深水区，脱贫难度加大，下降趋势放缓，但相较于2005年已有大幅下降。

贫困强度指标在加权平均时赋予了极端贫困人口更大的权数，揭示了贫困人口内部的收入差距问题。西部地区2005—2019年贫困强度

(SPG）整体呈递减趋势，从 2005 年的 7.32% 下降到 2019 年的 2.19%，说明西部地区的贫困强度在下降。2012—2019 年下降趋势放缓，并出现一定的波动，主要表明在中央实施精准扶贫政策后，西部地区贫困人口内部收入差距存在一定的差异，这也表明脱贫攻坚真正取得了实效。

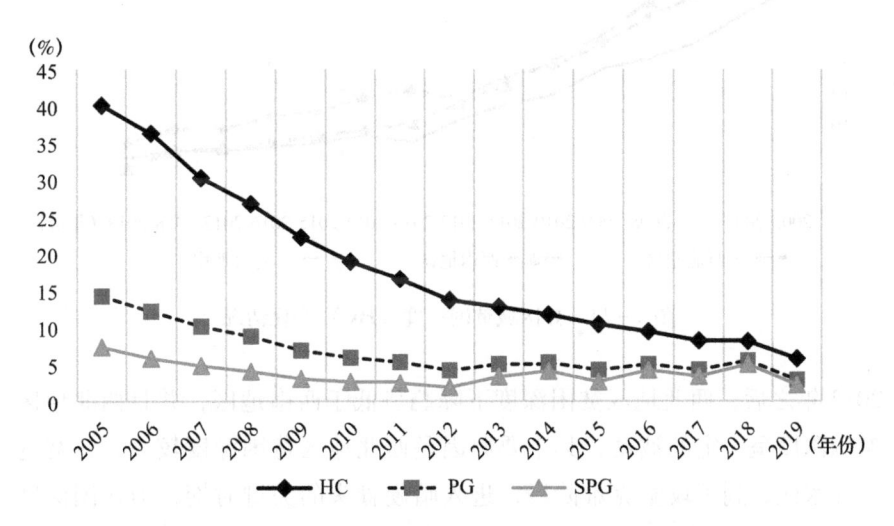

图 4-22 西部地区农村 FGT 贫困指数变化情况

三 分区域贫困状况变化分析

2005—2019 年，西部各区域贫困广度整体呈递减趋势，西南和西北地区的贫困广度在时间上存在差异。与全国贫困广度相比，西北地区和西南地区的贫困广度明显高于全国平均水平，这也说明中国的贫困主要集中在西部地区，是贫困的重灾区。2012 年之前西北地区和西南地区的贫困广度均呈现下降趋势，两个区域贫困广度基本相近。2012 年之后，西北地区贫困广度下降趋势低于西南地区，主要表明西北地区的贫困人口基数大、扶贫难度较大，但总体上贫困广度呈现下降趋势（见图 4-23）。

2005—2019 年，西部各区域贫困深度整体呈递减趋势，西南和西北地区的贫困深度在时间上存在差异。与全国贫困深度相比，西北地区和西南地区的贫困深度明显高于全国平均水平。2012 年之前，西北地区和西南地区的贫困深度均呈现下降趋势，两个区域贫困深度基本相近。

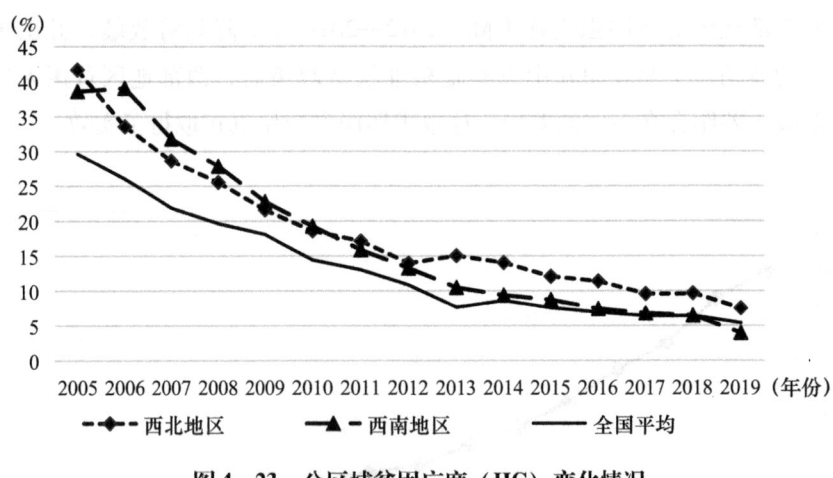

图 4-23 分区域贫困广度（HC）变化情况

2012年之后，西北地区贫困深度下降趋势低于西南地区，并且西北地区贫困深度呈一定的波动，其主要原因是西北地区贫困深度较大，扶贫进入深水区，到了攻坚克难阶段，进入啃硬骨头的关键时期，但贫困深度整体呈下降趋势（见图4-24）。

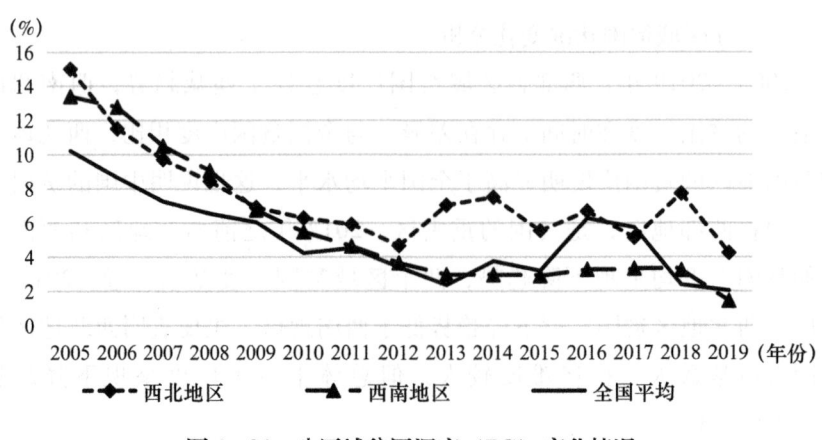

图 4-24 分区域贫困深度（PG）变化情况

2005—2019年，西部各区域贫困强度整体呈递减趋势，西南和西北地区的贫困强度在时间上存在差异。与全国贫困强度相比，西北地区和西南地区的贫困强度高于全国平均水平。2012年之前，西北地区和西南地区的贫困强度均呈下降趋势，两个区域贫困强度基本相近。2012年之后，两个地区贫困强度均呈一定的波动，主要原因在于两个地区贫困人口内部的收入差距存在差异，表明一部分贫困人口收入得到较大程度的提高，而深度贫困人口的收入提升幅度较低，但整体上贫困强度呈下降趋势（见图4-25）。

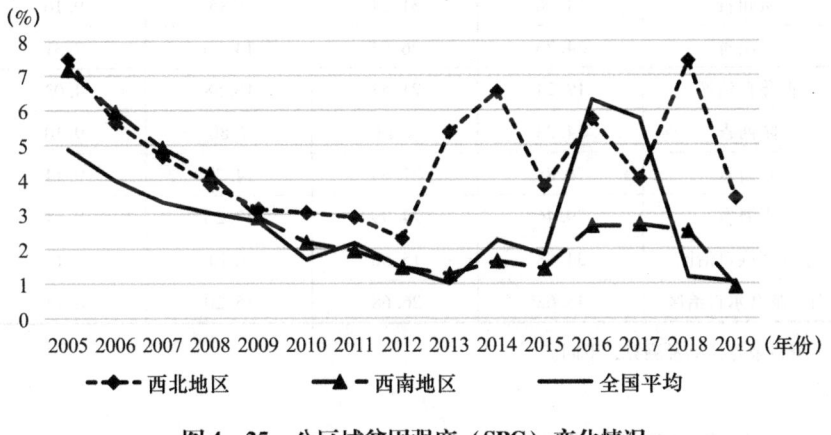

图4-25 分区域贫困强度（SPG）变化情况

四 西部地区各省份贫困状况比较

（一）各省份贫困广度

表4-1为西部地区各省份2005年、2010年、2015年及2019年农村贫困广度情况。可以看出，2005年，甘肃省和贵州省贫困广度高，分别为74.88%和64.06%，表明这两个省份贫困人口占总人口的比重较大，贫困覆盖面较广。其次是云南、新疆、青海、广西、宁夏、重庆、四川、内蒙古和陕西，西藏的农村贫困广度最低，这说明这些地区的贫困人口覆盖面较小。2019年西部各省份的农村贫困广度均明显下降，四川和广西是农村贫困广度最低的省份，贵州、甘肃、陕西、内蒙古、新疆及青海相对农村贫困广度较高。通过对比可以发现，甘肃省和贵州省的农村贫困广度下降幅度最大。

表4-1　　　　　西部地区各省份农村贫困广度情况　　　　（单位:%）

	2005年	2010年	2015年	2019年
内蒙古自治区	28.66	17.46	13.15	8.77
广西壮族自治区	35.07	15.76	1.95	0.00
重庆市	29.33	10.84	2.38	3.05
四川省	28.98	9.64	7.27	0.25
贵州省	64.06	31.24	9.85	9.16
云南省	54.73	26.53	14.30	7.31
西藏自治区	19.24	21.53	16.58	4.03
陕西省	24.23	4.14	7.80	9.10
甘肃省	74.88	32.69	14.31	9.14
青海省	39.46	24.99	13.25	8.14
宁夏回族自治区	34.08	15.56	8.70	1.18
新疆维吾尔自治区	48.62	26.68	15.20	8.74

资料来源:笔者测算,下同。

(二) 各省份贫困深度

表4-2为西部各省份2005年、2010年、2015年及2019年农村贫困深度情况。可以看出,2005年,甘肃省和贵州省农村贫困深度高,分别为30.85%和25.33%,表明这两个省份农村贫困人口收入离贫困线的距离较大,整体上贫困人口收入较低,贫困深度较大。其次是云南、新疆、青海、宁夏、广西、内蒙古、西藏、重庆和四川,陕西的贫困深度最低,说明这些地区的农村贫困人口的收入相对较高,离贫困线的距离较近。2019年西部各省份的农村贫困深度均明显下降,宁夏、四川和广西是贫困深度最低的省份,陕西和内蒙古相对贫困深度较高。对比发现,甘肃省和贵州省的农村贫困深度下降幅度最大。

表4-2　　　　　西部地区各省份农村贫困深度情况　　　　（单位:%）

	2005年	2010年	2015年	2019年
内蒙古自治区	8.75	10.42	13.15	8.77
广西壮族自治区	10.13	4.19	0.49	0.00

续表

	2005 年	2010 年	2015 年	2019 年
重庆市	7.95	2.74	0.36	3.05
四川省	7.35	2.16	3.06	0.10
贵州省	25.33	9.85	3.53	3.48
云南省	21.16	7.74	3.47	1.32
西藏自治区	8.47	6.10	6.52	0.74
陕西省	3.73	0.72	2.08	8.79
甘肃省	30.85	10.23	5.34	2.70
青海省	15.67	8.90	4.05	2.09
宁夏回族自治区	11.81	6.05	3.46	0.16
新疆维吾尔自治区	19.29	10.48	5.23	2.96

（三）各省份贫困强度

表4-3为西部地区各省份2005年、2010年、2015年及2019年农村贫困强度情况。可以看出，2005年，甘肃省和贵州省农村贫困强度高，分别为16.24%和13.17%，表明这两个省份农村贫困人口内部收入差距较大。其次是云南、新疆、西藏、青海、宁夏、广西、内蒙古、重庆和四川，陕西的农村贫困强度最低，说明这些地区的农村贫困人口内部收入差距较小，贫困人口收入分布较为集中。2019年西部各省份的农村贫困强度均明显下降，四川、宁夏和广西是农村贫困强度最低的省份，陕西、内蒙古和重庆的农村贫困强度相对较高。对比发现，甘肃省和贵州省的农村贫困强度下降幅度最大。

表4-3　　　　西部地区各省份农村贫困强度情况　　　（单位:%）

	2005 年	2010 年	2015 年	2019 年
内蒙古自治区	3.77	0.37	13.15	8.77
广西壮族自治区	4.20	1.55	0.24	0.00
重庆市	3.19	0.96	0.08	3.05
四川省	2.84	0.82	1.79	0.09
贵州省	13.17	4.30	1.77	1.81

续表

	2005 年	2010 年	2015 年	2019 年
云南省	11.15	3.14	1.16	0.33
西藏自治区	8.47	2.32	3.55	0.19
陕西省	0.79	0.24	0.76	8.79
甘肃省	16.24	4.34	2.75	1.09
青海省	8.44	4.39	1.68	0.73
宁夏回族自治区	5.66	3.28	1.90	0.03
新疆维吾尔自治区	9.94	5.59	2.61	1.38

第四节　西部地区农村致贫的风险因素分析

引起贫困的因素是多方面的，贫困是多种因素综合的结果。西部地区作为贫困的重灾区，长期面临着自然禀赋较低、收入不稳定、自然灾害频发、疾病多发、教育落后等困境，严重制约着西部地区经济社会发展。

一　自然禀赋较低是致贫的基本因素

区域经济发展离不开自然因素的支撑，区域内的自然因素主要包括地理位置、地形、土壤、水资源、气候及农业自然资源和矿产资源等，是经济发展的重要物质条件，而各种资源蕴藏的数量、综合利用水平和生态保护程度均在不同程度上制约着经济发展规模、速度及质量。倘若一个地区自然资源出现严重短缺，就会威胁人类的生存和发展。

西部地区存在自然资源短缺的问题，从一般意义上讲，自然资源短缺又分为"绝对短缺"和"相对短缺"。绝对短缺指为了脱离贫困必须以一定的自然为条件，当人们采用技术利用自然资源时面临的短缺。相对短缺指为了脱离贫困需要的自然资源是存在的，但经济价值未被认知，或者未有效利用当地的资源，从而导致自然资源投入不足，难以摆脱贫困。具体来讲，西部地区地处西部内陆、距海遥远，地形以高原山地及内陆盆地为主，西北地区沙漠广袤，耕地面积较少，山区连绵，自然资源匮乏，生存条件恶劣，难以维持居民发展所需条件，造成"一方水土难养一方人"的局面，形成了西部连片集中特困区，即西藏、南疆四地州、秦巴山区、武陵山区、滇黔桂石漠化区、滇西边境山区、乌蒙山区、四省涉藏州县及六盘山区，贫困区域覆盖面广，贫困深度较大。

西部地区地处温带，西南部分地区为温带季风气候，其他大部分地区为温带大陆性气候和高寒气候，夏季高温干旱，冬季寒冷干燥，降水较少，除秦岭南部及云贵高原降水较多，其余地区全年降水量在500毫米以下，其中黄土高原年降水量为300—500毫米，河西走廊少于100毫米，敦煌只有29.5毫米，吐鲁番不足20毫米，若羌仅10.9毫米，几乎终年无雨。由于降水较少、气候干旱，西北地区的地表水约为2200亿立方米/年，仅占全国总径流量的8%左右。水资源的短缺严重制约着西部地区工农业发展，加大了贫困地区脱贫难度。西部地区面临严峻的水资源约束，使得农业发展滞后，土地荒漠化、沙漠化现象严重。土地以草原和荒漠为主，植被较少，土壤较为贫瘠。截至2017年年底，西部12个省份的草地面积为217505.6千公顷，占全国草地面积的99.17%；耕地面积约为50408.9千公顷，占全国耕地面积的37.37%，尤其对于贫困集中连片地区，人均耕地面积少，交通不便利，贫困程度深，脱贫攻坚任务较重。

综上，西部地区在地形、土地、水资源等方面的短板制约着经济发展，对于贫困地区农村来说，严峻恶劣的自然环境使得脱贫面临较大的困难，成为阻碍西部地区脱贫的外部重要原因。

二 收入不稳定是致贫的关键因素

贫困户收入低且不稳定是导致贫困的关键因素。衡量贫困的主要指标就是家庭收入不达标，2010年西部地区农村贫困发生率为29.2%，远高于其他地区，意味着有近1/3的人口收入未达标。2019年西部地区第一产业占比达到10.95%，远高于全国平均水平7.11%，这表明农业在西部地区经济发展中占有一定的比例。贫困地区农户收入不稳定的主要原因有三个。

一是劳动收入能力普遍较弱。西部地区贫困人口劳动力素质较低，主要表现在受教育程度较低。2019年西部地区平均受教育年限为8.56年，远低于全国平均水平，高学历人口更低，普通高中师生比为1∶13.3，高于全国平均水平1∶12.6，每10万人中高等学校在校人数为2463.91人，远低于全国平均水平2833.06人。这说明西部地区高学历人口较少，劳动力素质偏低，收入不稳定。此外，职业教育培训力度不够，西部地区中职类院校有2331所，占全国中职院校总数的29.69%，远远无法满足职业培训需求，获得劳动培训的机会较少使得贫困地区农户劳动力不能从事高技术工种，只能靠劳力来获得较低收入，加之贫困地区有效劳动力不足，使农户整体收入偏低。

二是贫困地区农户增收渠道较少。由于地理、历史、交通等条件的制约，贫困地区收入渠道较为单一且不稳定。2019年西部贫困地区农村人均可支配收入为11136元，其中工资性收入为3802元，经营净收入为4409元，财产净收入为148元，转移净收入为2777元。贫困户主要收入来源为经营性收入，而对于贫困地区而言，产业发展较为滞后，贫困人口没有稳定的就业岗位，无稳定的工资收入，主要依靠外出打工获得收入，但贫困户工资性收入极具不确定性。此外，经营性收入主要来自农业生产，部分贫困地区地理位置偏远、交通闭塞，特色农产品难以储存运输，使贫困户增收较难。

三是农业生产活动风险较高，贫困户增收不稳定。具体来说，由于地理位置等因素，贫困户从事农业生产多用于自给自足，农产品商品化率较低，市场化程度不高，存在大量的闲置资源，造成收入较低。尤其是大部分贫困户仍以种植粮食作物为主，经济作物种植面积较少。2019年西部地区粮作物种植面积为33654千公顷，占总播种面积的59.6%，油料、棉花经济作物占比13.3%，经济效益较高的特色种植业和养殖业并未形成规模效应。由于交通等基础设施落后，农产品在加工、运输、保鲜环节能力不足，农户无法将农产品销售到较远的地方，进一步限制了农户的收入来源。农产品销售容易受市场价格波动的影响，销量不稳定，相关优惠政策较少，降低了农户对农业的投入，阻碍了剩余劳动力的价值形成。

三　自然灾害频发是致贫的主要因素

自然灾害是引起贫困的另一重要因素，其影响程度大，具有不确定性。自然灾害的发生与自然条件恶劣、生态脆弱存在一定的耦合。西部地区贫困山区多、地理环境差，例如武陵山区、乌蒙山区、滇桂黔石漠化区、滇西边境山区四大连片特困地区贫困人口分布多，生态环境极其脆弱，易受到地质等灾害的影响，严重影响脱贫攻坚效果。2019年，西部地区农业受灾面积达到5309.5千公顷，其中旱灾面积为2426.8千公顷，水灾面积为1151.4千公顷，风雹灾面积为1247.1千公顷，成灾面积达2049.8千公顷，占受灾面积的38.6%。

自然灾害对贫困的影响是多层次的，既有显性一面，也有隐性一面，一方面，巨大的自然灾害常常会造成人员伤亡、财产损失等严重后果，不仅会造成农村贫困率的上升，还会致使贫困地区人口大量返贫；另一方面，长期的中小自然灾害对于贫困的影响是持续的、渐进的，会加剧贫困地区的脆弱性，使贫困地区农户随时面临返贫的可能性。世界银行研究表明，自然灾害的难以抵抗性使农民陷入贫困，尤其是旱灾、水灾及风灾等气象灾害加剧了贫困地区的贫困深度和贫困广度，它们是致贫的推动因素。一方面，贫困户自身经济实力较低，无力承担因自然灾害和人为灾害带来的经济损失，农户自身对灾害的预防和应对能力较差，政府对受灾农户的应急管理能力相对缺乏，无法保障灾害隐患的排查和治理问题，进一步加重了农户的经济负担；另一方面，贫困地区人口往往居住在更易受灾的地方，对灾害的暴露程度更高，一旦发生自然灾害往往会造成农作物产量降低，破坏农业生产，威胁农户的财产与生命安全，减少农户经济收入。

相比农业生产，自然灾害对农户的收入影响程度更大。自然灾害不仅会破坏农业生产，还会损毁农民的固有财产。农业生产在灾后的恢复速度较快，但遭受自然灾害损毁的农户资产重建需要耗费更多的财力和时间。由于就业与再就业体系不完善，社会保障机制不健全，受灾贫困户短期内无法恢复正常的生产生活，容易出现因灾致贫返贫现象。以西部连片特困区为例，贫困地区分布与地质、气象灾害因子高度契合。一方面，其处于灾害频发地区，贫困地区农民饱受灾害的冲击，尤其是地震、泥石流、旱灾等灾害；另一方面，生态的脆弱性和地质灾害的高发使脱贫成果很难稳固，一旦发生灾害，脱贫成果将毁于一旦，造成返贫现象。故而，自然灾害对贫困的影响是多层次的、综合性的。

四 疾病是致贫的重要因素

据统计,在全国贫困农民中,因病致贫占42%,因灾致贫占20%,因学致贫占10%,其余原因致贫占28%。可见,因病致贫位列第一,疾病成为致贫的重要因素。例如,农村贫困地区物质条件较差、社会文明发展进程缓慢、价值观念落后等,与长期的因病致贫存在着直接的相关性。事实上,疾病治疗的支出占贫困户支出的较大份额,实现脱贫目标"两不愁三保障"中的"两不愁"(不愁吃、不愁穿)相对较容易实现,然而,对于"三保障"(义务教育有保障、基本医疗有保障、住房安全有保障)实现起来较为困难。尤其是当偶遇突发情况(如重大疾病、子女大额教育支出)时,贫困户往往无力承担,所以需要"三保障"来防止基本医疗和义务教育等基本公共服务不均衡导致的贫困及其代际传递。

在深度贫困地区,重大疾病的产生往往与恶劣的自然环境、贫穷的经济及落后的卫生基础设施有关,比如四川省的凉山州山区、怒江州的高寒地区等。在恶劣的自然环境下,贫困地区农户疾病高发,包括类风湿关节炎、脑血管病、肺结核病、慢性阻塞性肺气肿、糖尿病、肝炎等,其中类风湿关节炎占比最高,约为7.79%。因病致贫的原因主要有两方面。一方面,疾病会导致劳动力丧失劳动能力。病患所造成的劳动力减少表现为三个层面:一是倘若贫困户中主要劳动力短期内因患疾病丧失劳动力,这会使劳动力在患病期间无法参与生产劳动,尤其是在农忙等时节,会对家庭收入产生一定的影响;二是倘若家庭成员长期患有慢性疾病,需要较长的治疗时间,贫困家庭的经济负担会加重;三是由于长期疾病造成部分或完全自理能力丧失,这将严重影响贫困家庭的经济收入来源,给贫困家庭带来沉重的打击。另一方面,贫困地区农户因病会增加经济负担。经济负担一般包括疾病带来的直接负担、间接负担及心理负担,直接负担主要是治疗疾病所担负的医疗费用及后期的康复费用,间接负担主要是治疗疾病所产生的机会成本以及其他家庭成员照料病患所花费的时间,心理负担主要是家庭成员照顾病患时所产生的抑郁情绪及对未来生活的焦虑。

从实际情况来看,以上两种原因同时存在,但治疗疾病所承担的费用是主要原因。由于贫困地区农村医疗卫生公共服务水平较差,当遇到重大疾病时，患者会选择县级以上三级医疗进行治疗。根据新农合的报销要求，在县级以上医院治疗的报销比例不超过50%。对于贫困群体而言，家庭经济基础薄弱、收入水平低，无法经受重大疾病方面的较大打击。农村家庭可能入不敷出，导致贫困发生或者脱贫后返贫。

五　教育落后是致贫的内在因素

受教育程度低和缺乏脱贫意识是导致贫困的内在因素，精神层面的贫困是制约精准脱贫的主要障碍，体现在：首先，贫困地区农户受教育水平较低、劳动力素质较差、思想观念保守等因素使其无法从事技术性劳动岗位，难以获得较高工资；其次，部分地区贫困户缺乏摆脱贫困的意志，对教育的重视度不高，通过自身努力摆脱贫困的意识欠缺；最后，由于贫困户的收入不稳定，无法承担子女升学带来的费用，造成贫困户对教育的重视程度不够。

贫困户要摆脱贫困，需要具备一定的条件、资源与机会。对于贫困户来说，机会和资源具有外部客观性，应当提高自身技能，重视对子女的教育。然而，贫困地区大多数劳动力没有接受高中以上教育，也没有接受正规的技能培训，对子女的教育也不够重视。究其原因，主要有三。一是贫困地区农民及其子女接受教育的相对成本较高。贫困地区和城市子女接受同等的教育，但双方付出的相对成本不尽相同。对于贫困地区农户而言，教育支出占总支出的比重较高，需要付出相对较高的代价。尽管中国实行了九年义务教育制度，免除了城乡学生的学杂费，但文具、辅导材料等费用仍然会给贫困家庭带来较大的经济负担。而对于上高中的学生而言，每人每年需支出较高的费用，上大学将面临更高的费用。2019年，西部农村贫困地区人均受教育和文化娱乐支出为1141元，占人均消费支出的11.87%，人均受教育年限为8.8年，低于全国平均水平。事实上，贫困户除了教育开支外，还有农业生产资料开支、医疗开支以及其他开支，故而对于高昂的高中及大学教育阶段的费用难以承担。这提高了贫困地区的辍学率，加剧了贫困的代际传播。二是贫困地区农户及子女接受教育后的比较收益较低。就教育投入而言，贫困地区农户投入相对较高的成本，获取的教育收益较低。一方面，贫困地区农户的子女大学毕业后面临更为严峻的就业困难，没有所谓的"关系"及"门路",面临着所谓的"寒门难出贵子"的窘境,很难找到高收入的工作,使相对收益较低。另一方面,贫困地区大学生毕业后多留在城市工作,很少回到乡镇工作。这使当地政府对教育的支持意愿减低,不利于贫困地区的教育发展。三是贫困地区农民及其子女接受教育的机会和渠道不足。对于贫困地区学生而言,其当地的教学质量有限,使贫困地区的大学升学率较低,尤其是贫困地区的学子难以考取重点大学。

贫困地区多地处偏远,交通闭塞,基础设施落后,缺乏业余的培训及指导。贫困地区受教育的不平等是制约农民发展的重要因素,人力资本素质的差异加剧了收入不平等的存在。

六 融资困境是制约发展的重要因素

产业兴旺离不开资金支持,广大农村贫困地区自然资源匮乏,耕地面积有限,发展特色产业可以在一定程度上摆脱贫困。近年来,中国金融在精准扶贫方面逐渐发力,积极搭建了金融服务贫困地区平台,切实提高了金融的普惠性。然而,金融扶贫的力度尚不足,尤其对于深度贫困地区而言,金融资金难以满足脱贫的实际需要,比如深度贫困程度较高的广西壮族自治区,截至2019年,小额信贷受益户达到了52万户,但仅占贫困户数量的50%左右。相对于整体脱贫而言,金融资金在扶贫中的力度有待加大。贫困地区农户面临着较大的融资困境,既有金融体系的原因,也有农户自身的因素。

在金融供给方面,贫困地区的金融基础设施建设滞后,传统的小额信贷方式已难以满足贫困地区农户的实际需要。在贫困地区多元化发展的情形下,经济规模逐渐扩大,对资金的需求也逐渐多元化。然而,贫困地区的金融机构缺乏创新,主要以涉农信贷为主,农业保险等其他金融工具开发不足,服务水平较低,无法为贫困地区提供丰富的金融产品。同时,贫困地区产业基础较为薄弱,金融机构面临着信贷风险,进一步阻碍了贫困地区的金融供给水平。贫困地区产业多为国家支持性产业,发展时间较短,基础较为薄弱,抗风险能力较低,导致金融扶贫的风险提升。尤其对于贫困程度较大地区,产业发展滞后,金融精准扶贫的风险更高,制约着贫困地区金融机构产品开发。

在金融需求方面,按照传统的信贷流程,贫困地区农户难以符合信贷审核要求，很难获得信贷资金支持，长期处于低收入的贫困户缺乏信贷意愿，导致金融精准扶贫的有效需求难以识别，信贷承受能力较低，难以发挥金融扶贫的效果。此外，贫困地区农户对信贷知识的缺乏等也是制约农户信贷意愿的原因。既使能够获得信贷资金支持，出于难以还贷的考虑，贫困户存在失信的可能，也会给金融机构带来风险。

总之，改革开放以来，西部地区农村人口数量逐步下降，居民收入逐步提升，教育医疗卫生状况得以改善，绝对贫困明显减少，农村面貌焕然一新。本书基于 FGT 指数法测度了西部地区 12 个省份 2005—2019 年的贫困广度、贫困深度及贫困强度，西部地区农村贫困状况呈下降趋势，并在下降幅度上呈现区域特性。深入探究西部地区农村贫困的致贫风险因素发现，自然禀赋较低、收入不稳定、自然灾害频发、疾病多发、教育落后及融资困境是制约西部地区经济社会发展的重要因素。

第五章

西部地区农业保险扶贫机制模式创新及扶贫效果评价

第一节 引言

党的十八大以来,党中央高度重视精准扶贫工作,"三农"问题一直是脱贫攻坚战的重点领域。中国广大农村地区脱贫攻坚主要面临两大挑战:一是因重大疾病致贫返贫,二是因自然灾害致贫返贫。而保险机制基于大数法则,能够最大限度发挥风险共担、经济损失补偿功能,有效减缓疾病和自然灾害给农民带来的风险冲击,提升农村居民的风险抵御能力及脱贫内生动力。根据银保监会的统计数据,中国西部地区农业保险保费收入从2010年的47.77亿元增加到2019年的243.39亿元,年均增长速度为19.83%。西部地区农业保险赔付支出从2010年的32.79亿元增加到2019年的191.79亿元,呈明显增长趋势,年均增长速度为21.68%。2019年西部地区12个省份农业受灾面积为5311千公顷,农业保险保费收入243.39亿元,农业保险赔付支出达到191.79亿元,赔付率高达78.8%。在脱贫攻坚战中,农业保险有效分散农业生产经营风险、补偿灾害损失,充分发挥农业"稳定器"作用,带来了很好的扶贫效果。

学者们从福利经济学视角探讨了农业保险对农民产生的经济效应。财政补贴是政府转移支付的重要手段,将一部分国民收入转移给参保农户,有利于缩小贫富差距,促进农村经济发展,从而提高全社会的福利水平(Innes,2003)。农业保险对损失的补偿显著降低了自然灾害对参保农户造成的经济损失,促进农业生产顺利进行。农业保险可以稳定农户收入，保费补贴有助于增加农户种植面积，产生激励效应，促进农村发展（Barry，Vincent，2013）。一些学者则认为保险补贴会带来道德风险，扭曲资源配置，使得政策目标难以实现，高补贴会导致粮食产量增加，但会降低农产品价格，对农户利益造成损失，导致"谷贱伤农"的结果（Glauber et al.，2021）。理论与实践表明，现代农业保险已经突破价格风险不可保风险的界限，直接承保农产品的价格风险以及产量、收入波动风险；另外，还将保险与期权交易相结合进行风险对冲，缓解农产品价格波动带来的风险损失（庹国柱，2021a）。

近年来，国内学者从多个视角研究农业保险扶贫问题，肯定农业保险在防范风险、稳定农民收入、促进农村地区实现脱贫方面的积极作用（张伟等，2014；邵全权等，2017）。通过农业保险机制，可以进一步放大扶贫资金的运用效果，促进农业生产。农业保险补贴政策使农户选择高效率的生产方式，提高农作物产量，实现农业保险的潜在经济福利，进一步提高全社会的社会福利（冯文丽，2004；高鸣等，2017）。农业保险作用的发挥离不开政府配套政策的支持（王韧等，2017）。在农业保险扶贫效率方面，有学者将决策树算法运用到保险补贴计算中（赵磊、吴媛，2018）。学者们从绝对贫困和相对贫困两个方面度量贫困，考虑到绝对贫困指标的单一性，不能反映贫困人群内部差异，大多学者采用 FGT 指数来测度贫困，分别从广度、深度、强度三个方面对贫困水平进行测度分解（朱蕊、江生忠，2019）。

综上，国内外学者对农业保险扶贫进行了一系列研究，国内学者更多以个案形式介绍分析各地区保险扶贫经验。本章系统归纳总结在中国西部地区农村脱贫攻坚中"一揽子"农业保险扶贫的体制机制创新、典型模式及案例，实证分析农业保险的脱贫效果及关键影响因素，提出在巩固脱贫攻坚成果及乡村振兴背景下，农业保险持续有效发挥抵御风险、融资增信功能的路径及对策建议。

第二节 农业保险扶贫的理论机理

农村作为贫困率高发区，是中国脱贫攻坚战的重中之重。由于农业生产具有季节性和周期性特点，既面临着自然灾害带来的农作物损失，也面临着市场价格波动带来的价值损失。一方面，农业保险可以通过风险损失补偿、价格补偿等方式直接补偿农民的经济损失，缓释自然灾害及价格波动对农业生产带来的不利影响，降低贫困发生的可能性。另一方面，农业保险可以通过增信担保、资本转化、产业引导等方式发挥间接作用，提高贫困地区农业生产力，起到农户收入"稳定器"的作用，从而提高脱贫效果（见图5-1）。

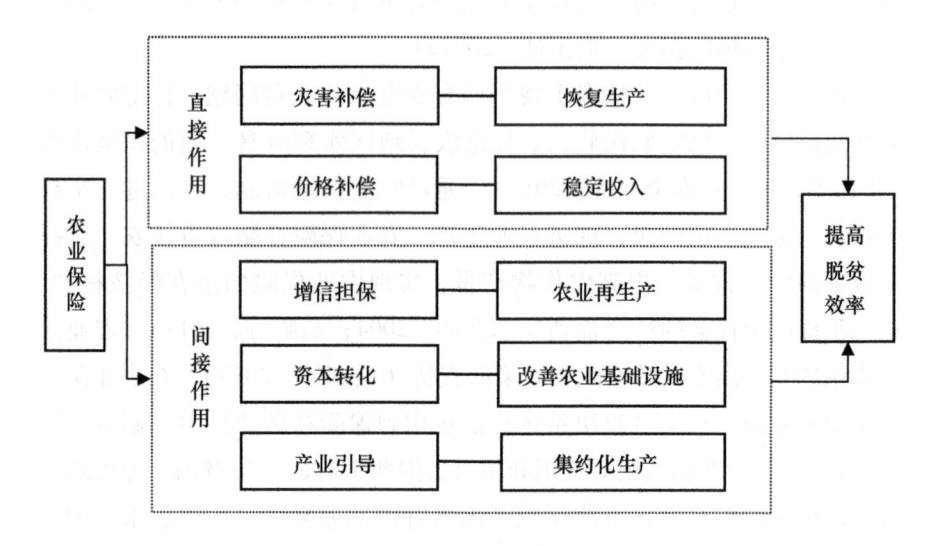

图5-1 农业保险发挥扶贫作用的机理

一 农业保险扶贫：直接作用

其一，农业保险进行自然灾害风险损失补偿。农业的脆弱性加剧贫困地区农户贫困的深度。贫困地区农户收入来源单一，主要依靠农作物收入维持生计。一旦发生洪水、干旱、冰雹等自然灾害，农户会在相当长的一个时期丧失收入来源，如果再遇到家庭成员身患重大疾病，那么这个家庭会陷入深度贫困。如果农民购买了农业保险，就能够及时获得风险损失补偿，获得维持基本生活的能力和恢复生产的资金。因此，农业保险一方面通过发挥灾害损失补偿作用帮助贫困户实现生产、生活自救，提高贫困户抗风险能力，防止农户陷入深度贫困的恶性循环；另一方面，农业保险有助于农户恢复生产，增加贫困农户未来的生产投入，为下一阶段的农业生产奠定基础。

其二，农业保险进行价格下跌风险的损失补偿。农业生产具有周期性，市场价格波动对农业生产的引导作用往往存在期限错配问题，当年农产品价格升高带来次年农户大面积种植，使农产品供过于求，农产品价格下降，导致"谷贱伤农"。这种价格下跌风险对贫困地区农户的影响更加显著。如果农户参保农产品价格指数保险，那么保险公司就可以对农户因市场价格大幅波动、农产品价格低于目标价格造成的经济损失给予赔偿，有效缓解农产品价格波动带来的风险损失，从而稳定农户的收入，防止贫困地区农户致贫返贫。

二 农业保险扶贫：间接作用

首先，农业保险发挥增信担保作用。贫困地区的农业生产需要大量资金投入，农业信贷是农户获得生产资本的重要来源。然而，农户缺乏获得信贷资金的抵押物，同时农业生产的不确定性带来高违约风险，使农户较难获得信贷资金支持。如果农户参保农业保险，就可以大大减少农业生产带来的风险损失，将未来不确定的收入转化成稳定性收入，视为农户在未来具有一定的还贷能力，从而起到信贷担保作用，降低农户的融资约束，提高贫困地区农户贷款可及性，将信贷资金用于农业再生产。这有助于实现脱贫。

其次，农业保险通过资本转化可改善农业基础设施。农业基础设施投资的资金需求量大、收益较低、投资周期较长，商业投资机构对其投资意愿较低，使贫困地区的农业基础设施建设迟滞，不利于脱贫。农业保险可以通过保费集聚功能，保险机构可以将保费通过各种途径转化为资本投入农村市场，为农业基础设施建设以及农业科技发展提供技术资金支持，保障农业生产向着健康稳定方向发展，提高贫困地区的农业生产能力，促进当地经济社会发展。

最后，农业保险通过产业引导实现农业集约化发展。由于农业生产分散化经营，难以形成规模效应，而农业保险通过发挥风险损失补偿、保险资金投资等功能引导农业向着生产集约化方向发展。通过农业保险补贴等措施，鼓励农业合作化经营，帮助贫困户实现规模经营，促进农业生产结构优化，推动农业现代化，实现"三农"经济良性向好发展。

第三节 西部地区农业面临的各类风险及经济损失分析

一 西部地区的农业风险

（一）自然风险

农业生产活动面临的最主要风险为自然风险。自然风险是指自然力的不规则变化导致出现农业生产性灾害，从而导致农业生产的预期产量无法实现，给农业生产者带来经济损失。农业生产活动本身的自然属性决定了其生产经营过程不仅是人类经济再生产过程，也是自然再生产过程。中国西部地区地理气候条件复杂，水资源匮乏，耕地面积较少，区域多元化特征明显，自然灾害频发，农业生产活动面临着水灾、地震、旱灾及冰雹等自然灾害。同时，西部地区生态环境较为脆弱，恶化了农业生产活动的不确定性，致使农户收入不稳定。从表5-1中可以看出，在各类自然灾害中，西部地区受旱灾的影响最大，降水较少，尤其是西北地区年均降水量少，这对农业生产造成较大不利影响。纵向看，西部农业受灾面积在减少，尤其是受旱灾影响的面积下降较明显。这表明西部地区通过兴建水利基础设施以及植树造林等绿化工程，有效降低了旱灾对农业生产的不利影响。其他灾害均有所下降，但下降幅度较小，其主要原因是水灾、风雹灾及霜冻灾受人为干预的程度较小。从成灾面积占受灾面积的比重来看，2010年为54.5%，2015年上升到59.8%，2019年下降到38.6%，成灾面积占比存在波动性。这说明自然灾害的突发性、不确定性及破坏性，极大地威胁着西部地区的农业生产生活，对农民收入稳定造成影响。

表5-1　　　　　　西部地区自然灾害情况　　　　（单位：千公顷,%）

	2010年	2015年	2019年
受灾面积	15532.0	8299.3	5309.5
旱灾	9084.8	4707.0	2426.8
水灾	3882.6	1401.0	1151.4

续表

	2010 年	2015 年	2019 年
风雹灾	1101.6	1535.7	1247.1
霜冻灾	1375.5	493.7	457.7
成灾面积	8463.5	4962.4	2049.8
旱灾	6269.9	2654.2	899.3
水灾	1229.4	866.7	420.5
风雹灾	413.2	1081.9	563.0
霜冻灾	532.4	288.4	159.1
成灾面积占受灾面积比重	54.5	59.8	38.6

资料来源：整理自《中国农村统计年鉴》。

(二) 市场风险

随着市场化改革的推进，农业对外开放度也不断提升，农业生产面临的内外部环境越来越复杂，生产者面临的市场波动风险越发凸显。已有研究表明，在农业产业化发展进程中，市场风险会逐步超过其他风险，成为农户和政策制定者关注的重要风险。市场风险是指由于市场机制作用，农产品价格产生波动，进而导致农户以低于预期的价格出售农产品的可能性。当前，中国的市场机制在农业资源配置上发挥着越来越重要的作用，农业生产的矛盾已逐渐从总量需求性转向结构优化性，农民生产农作物、经济作物，以及关于养殖业的种类、数量及方式发生了深刻变化，依据农产品市场供求价格关系及价格信号做出决策。农业生产具有一定的周期，而市场价格的波动却是迅速的。市场的指导价格具有一定的滞后性，往往会出现生产时农产品市场价格较高，农户加大生产数量，结果农产品进入销售环节后，市场供过于求，价格下跌，导致农民的利益受损。这不利于调动其生产积极性。在信息不完备情形下，农户面临的市场风险更大。

(三) 技术风险

技术在生产力提高方面发挥着重要作用，现代化的农业生产离不开新技术、新设备的应用。技术风险是指在农业科学技术推广过程中，自身的局限性导致农业生产的预期产量无法实现的可能性。随着农业集约化发展，科技进步已成为农业生产的关键动力。通过提高农业生产的科技含量，能大幅度降低农业生产对自然资源的依赖，增强农业生产的稳定性和可持续性。技术在农业生产中的运用可以提升农业生产效率，但也面临着一定的风险。目前，在中国西部农村地区，新的农业技术推广体系尚未完全形成，农业经营者的技术风险较大。长期的小农发展模式使得农户的生产思维固化，虽然机械化的普及率在提升，但是大多为单户型的小型机械，更缺乏现代化的农业生产技术，大多依靠生产经验，使农业产量存在波动性，生产效率低下。从表5－2中可以看出，西部地区农业生产的机械化率存在波动性，小型拖拉机占比较高，这反映出中国西部地区的农业机械化程度有待提升。

表5－2　　　　　　　　西部地区农业机械拥有量

	2010年	2015年	2019年
农用机械总动力合计（万千瓦）	21318.5	28967.1	28022.3
大中型拖拉机（万台）	134	218.6	126.7
小型拖拉机（万台）	296.5	312.5	391.4
大中型拖拉机配套农具（万部）	181	291.4	91.7
农用水泵（万台）	375.3	468.0	547.3
节水灌溉机械（万套）	18.4	42.6	51.9
联合收割机（万台）	9.3	18.3	22.2
机动脱粒机（万台）	351.3	532	585.4

资料来源：整理自《中国农村统计年鉴》。

二　风险对西部地区造成的直接经济损失

表5－3反映了自然灾害对中国西部地区造成的直接经济损失情况。2019年，自然灾害、地质灾害、地震灾害等对西部地区造成的直接经济损失占全国的比重分别为25.16%、78.60%、98.78%。其中，地震破坏性最强，造成的经济损失最大。

表 5-3　　　　　自然灾害造成西部地区直接经济损失情况

	2010 年	2015 年	2019 年
自然灾害（亿元）	2192.1	948.1	823
自然灾害损失占全国比重（%）	41.33	35.06	25.16
地质灾害（万元）	306332	159241	217617
地质灾害损失占全国比重（%）	47.98	63.56	78.60
地震灾害（万元）	2373120	1761718	58401
地震灾害损失占全国比重（%）	99.86	100.00	98.78

资料来源：整理自各省份的统计年鉴。

第四节　西部地区农业保险扶贫机制及典型模式

为贯彻落实《中共中央 国务院关于打赢脱贫攻坚战的决定》和中央扶贫开发工作会议精神，全面加强和提升保险业助推脱贫攻坚能力，2016 年 5 月，中国保监会与国务院扶贫办联合发布了《关于做好保险业助推脱贫攻坚工作的意见》，从准确把握总体要求、精准对接脱贫攻坚多元化保险需求、明确具体落实措施等方面，对深入推进保险扶贫工作进行全面安排部署。为顺利推进保险扶贫工作，在组织上，中国保监会成立保险业助推脱贫攻坚工作领导小组，研究制定保险业助推脱贫攻坚总体规划、政策措施和规章制度，将助推脱贫攻坚作为保险行业的重点工作。在行动上，保险机构大力发展农业保险、健康保险、民生保险等，创新保险支农融资方式，成立了中国保险业产业扶贫投资基金和中国保险业公益扶贫基金，创设了降低扶贫保险费率、优化理赔条件、实施差异化监管等多项支持政策。

西部贫困地区经济发展水平不一，各地贫困程度不同，精准扶贫实施以来，各地积极探索，根据当地脱贫实际需要，充分发挥保险的风险防范作用。

一　西部地区农业保险扶贫机制创新

在脱贫攻坚战中，西部地区各省份地方政府根据当地致贫原因和脱贫需求，与保险机构紧密合作探索保险扶贫路径，建立完善脱贫攻坚保险服务工作机制，创设多项支持政策，形成了一批有代表性的扶贫模式。

西部地区保险扶贫将政府支持和市场运作相结合,建立了政府、市场、社会共同参与的农业保险服务体制机制,形成商业保险、政策性保险协调配合、优势互补、合作发力的保险扶贫机制。一方面,政府部门扩大政策性农险的覆盖范围,鼓励贫困农户参保,让更多农户享受到农险服务;另一方面,相关部门联合起来,激励引导商业保险机构进入农村,到贫困地区开展农险业务,共同承担扶贫重任。财政方面整合扶贫资金,对保费进行全额或部分补贴。

突出对建档立卡贫困人口的重点保障和精准扶贫,通过提供多种类型的扶贫保险产品和服务,兜住了贫困人口因病、因灾、因意外致贫返贫的底线,增强了贫困人口便捷获得贷款的能力。

(一)创建农业保险"联办共保"机制

如图5-2所示,在风险管理模式上,地方政府与商业保险公司共同管理、共担风险。保费收入、保险理赔由政府保险专户与保险公司按照5:5分成、分担,政府扮演着再保险人的角色。同时,政府出资设立保险基金,如果当年理赔金额小于保费收入,结余自动留存保险基金。此外,政府还建立了巨灾风险准备金制度。

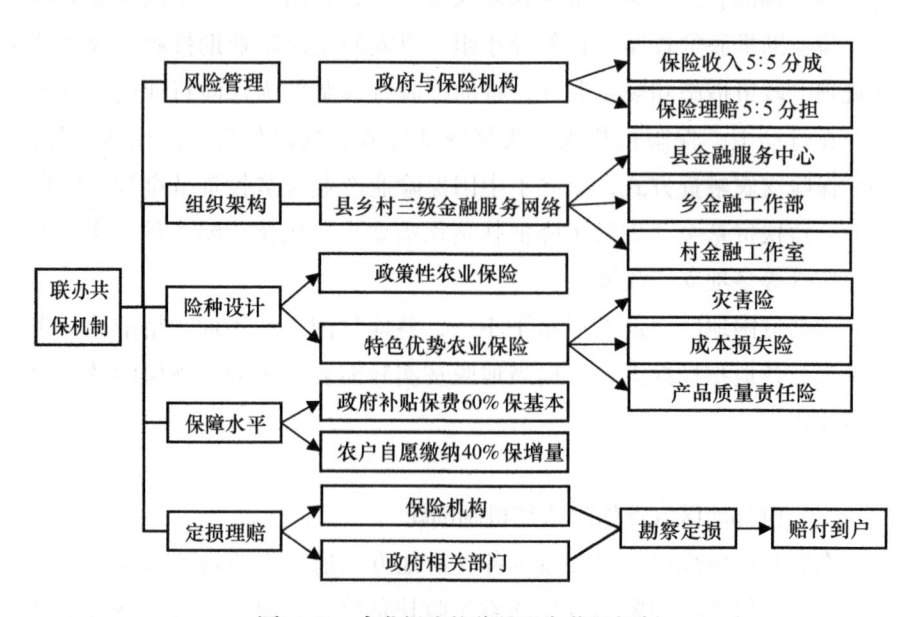

图5-2 农业保险扶贫的联办共保机制

组织架构上,建立县乡村三级金融服务网络。该服务网络由县金融服务中心、乡金融工作部、村金融工作室构成,解决了保险进农村面临信息不对称、人力成本高、组织力量薄弱的难题。

(二) 建立扶贫贷款风险共担机制

如图 5-3 所示,地方政府推动协调建立"保险+政府+银行"的扶贫贷款风险共担机制,以农业保险保单作质押,解决了农户因为缺乏抵押担保而无法获得贷款的难题。县政府成立惠农担保公司,为参加农业保险且三户联保的农业经营主体(贫困户、脱贫户、扶贫龙头企业等)提供贷款担保。农户向银行贷款,只需将农业保险保单向惠农担保公司质押,便可得到惠农担保公司全额担保,银行按照担保资金的一定比例放大贷款额度(一般为1∶5)。在贷款审查上,建立了银行和县乡村三级金融服务机构联合审查的贷款审批工作流程,确保了信贷资金投向的透明性和安全性。同时,县财政对贫困户以及扶贫龙头企业给予不同程度的贷款贴息。

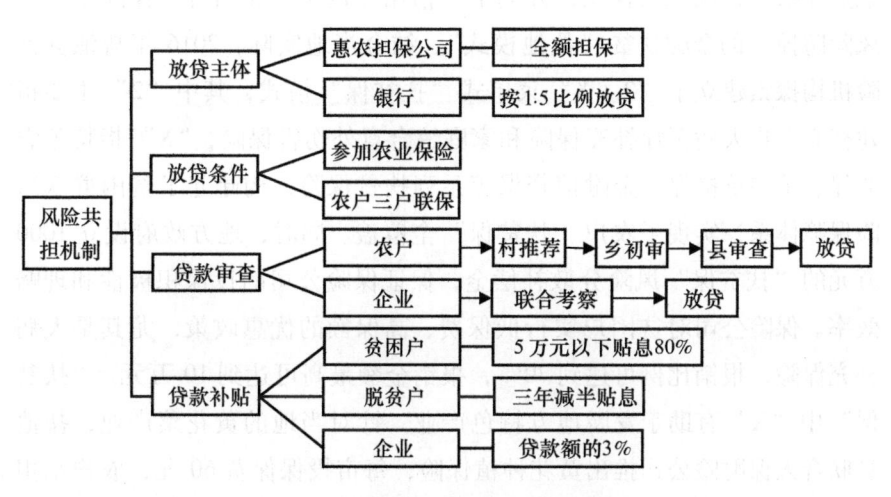

图 5-3　贷款保险的风险共担机制

(三) 引导保险资金直接支农融资

地方政府与保险公司合作启动"政融保"扶贫项目,按照"政府政策支持+保险资金融资+保险风险保障"的运行模式,提供"保险+融资"一站式综合金融服务,满足农户对保险和融资的双重金融服务需求。

同时，保险公司推出"支农融资"产品，为在本地区从事生产经营活动且参加农业保险的农户和涉农企业提供一定额度的贷款，支持农户生产和农业产业发展。

通过农业保险全覆盖，西部地区形成了政府政策支持、保险风险保障、银行和保险融资贷款、龙头企业带农户的产业扶贫模式，不仅为农户生产经营提供风险保障和信贷支持，而且放大了财政资金使用效益，撬动了更多的金融资金，在促进贫困户脱贫的同时带动地方经济发展。

二 西部地区农业保险扶贫的典型模式

（一）宁夏"盐池模式"："2＋X"菜单式"扶贫保"＋政府风险分散补偿金

宁夏盐池是国家级贫困县，草原广布而耕地较少，以盛产盐而闻名，贫困程度深，贫困发生率在最高时为23%。农业生产受疫病、自然灾害等因素影响较大，农民因病、因灾、因意外致贫返贫情况突出。宁夏金融业在扶贫领域积极探索，开创了"信用建设＋产业结合＋保险跟进＋风险防控"的金融扶贫"盐池模式"。结合当地实际，2016年盐池县保险机构探索建立了"2＋X"菜单式"扶贫保"模式，其中"2"主要指建档立卡户大病医疗补充保险和家庭综合意外伤害保险，"X"指特色农业保、羊肉价格保、金融信贷保等系列扶贫保险，构建起了贫困群众风险保障体系，实现了农户"扶贫保"全覆盖。同时，地方政府设立1000万元的"扶贫保"风险分散补偿金，保证保险公司的投保积极性和理赔效率。保险公司对贫困户实行低保费、高保额的优惠政策，尤其是大病补充保险，报销比例可达到70%，报销金额最高可达到10万元。"扶贫保"中"X"有助于发展地方特色产业。针对当地的黄花菜产业，盐池县联合人保财险公司推出黄花种植保险，每亩投保保费60元，农户承担7.2元，政府财政补贴52.8元。

"扶贫保"有效缓释了自然灾害等因素对农业造成的巨大损失。盐池县于2017年实现整县脱贫摘帽，2019年年末实现全部贫困户"清零"，农民人均可支配收入较2017年增长27%。"盐池模式"受到国务院扶贫办的高度重视并得到积极推广。

（二）甘肃"精准滴灌"扶贫模式："双保险"＋保单增信贷款＋政府补贴

甘肃省地理风貌多样，贫困地区分布较为集中，总体呈现贫困人口多、贫困程度深、贫困原因复杂等特点。针对当地的扶贫需求，甘肃省保险业不断创新保险扶贫方式，探索农业保险从"大水漫灌"转向"精准滴灌"扶贫模式，使保险机制成为政府脱贫攻坚的有效工具，充分发挥了保险在精准扶贫中的积极作用。甘肃省在农业保险"精准滴灌"扶贫模式上做了以下四个方面的探索。

1. 推广自然灾害与价格下跌"双保险"

甘肃省在定西市陇西、渭源两个国家级贫困县试点中药材产值保险，为中药材种植户提供自然灾害和中药材价格下跌的"双保险"，并可凭保单增信获得种植贷款融资。通过政府补贴，有效缓释了自然灾害和市场价格下跌给种植户带来的风险。

2. 开展藏区养殖种植保险

针对甘南等少数民族地区，在中央财政的大力支持下，甘肃省积极发展藏区牦牛、藏系羊、青稞等保险，建立玛曲、夏河等五大畜牧业县特色养殖示范区，助推藏区特色牧业产业化发展，提高牧民的生活收入，实现脱贫目标。

3. 开发地方特色农业险种

根据甘肃省各地的产业特色，在永昌、秦安县开办蔬菜价格保险和苹果种植综合保险，为山丹马场提供马匹、种养业、旅游责任、人身意外等"一揽子"专属保险保障。在防范风险的前提下，甘肃省保险业积极探索"保本微利"的经营模式，提高特色产业保险品种的保额。

4. 推进农户住房保险

针对贫困地区住房保障问题，由财政出资，给予每户 10—40 元的保费补贴，提供泥石流、滑坡、暴雨等自然灾害以及火灾等风险保障 0.5 万—4 万元。同时在定西市积极试点农房地震保险，切实保障贫困户的住房安全。

（三）陕西"特色农业保险"扶贫模式："保灾害"＋"保成本"＋"保价格"＋"保收入"

陕西省在做好传统中央政策性农险的基础上，围绕"3＋X"特色产业、区域扶贫产业，以及当地农户种植业、养殖业的特色需求，创新开发了多种特色农作物、经济作物以及养殖业保险产品。陕西农业保险产品从"保灾害""保成本""保大宗"向"保价格""保收入""保特色"转变，能够更好地满足农户多样化的风险保障需要。

1. 创新"价格保险""保险+期货""气象指数保险"

价格保险产品，涵盖了苹果、鸡蛋、花椒、生猪、猕猴桃、肉类等品种。"保险+期货"主要针对鸡蛋、猪肉以及苹果、玉米等。气象指数保险涵盖花椒和茶叶两类品种。此外，部分保险公司还开发了食用菌保险、乌鸡养殖保险、葡萄保险、石榴保险、樱桃保险、柿子保险、冬枣保险、农业生产综合保险等多种特色农业保险产品，丰富了保险品种，为"三农"实际发展需求提供了特色化、多样化的保险服务，在脱贫攻坚中发挥了很好的风险保障作用。

2. 搭建农业保险扶贫示范区平台

陕西在特色农业区县创建了特色农业保险扶贫示范区，例如，在杨凌农业示范区建立了"杨凌农业保险创新实验区"，在韩城市建立了"韩城保险创新实验区"，在铜川市建立了"铜川保险助推脱贫攻坚示范区"。三大示范区结合当地的特色种植业、养殖业以及产业扶贫实践，推出创新型"银保富"系列、价格指数保险、气象指数保险等农险产品。2018年，锦泰财险在杨凌示范区开办的生猪价格指数保险，赔付率达190.54%；人保财险在镇安县开办的茶叶气象指数保险，赔付率达271.11%。这些与当地特色农业产业高度融合的创新型农业保险，发挥了很好的扶贫作用。

三 西部地区农业保险产品创新及扶贫案例

农业保险精准对接西部地区各省份"三农"风险保障需求，不断进行农业保险产品和服务创新，经历了从"保灾害""保成本""保大宗"到"保价格""保收入""保特色"的转变，在做好中央政策性农险基础上，围绕特色产业、区域扶贫产业以及当地农户种植业、养殖业的现实需求，开发了多种创新型特色农作物、经济作物以及养殖业保险产品。这些特色农业保险在精准对接建档立卡贫困人群、精准保障特色农业产业发展、精准助力贫困人口脱贫方面，发挥了重大作用，取得了良好效果，得到政府及社会各界的普遍认可。

(一)农作物类农业保险

西部地区各省份开展农产品产量、价格、收入保险,全方位为各类农作物的种植以及农民收入保驾护航。各个险种的运行模式以及扶贫情况详见表5-4。

表5-4 农作物农业保险的承保模式及扶贫案例

		承保风险	损失补偿方式	农业保险扶贫案例
农作物保险产品	农产品收入保险	因合同约定的自然灾害或意外事故导致玉米、水稻等粮食作物产量损失,或者由于市场价格下降导致农产品的实际毛收入低于保障毛收入水平时,保险给予经济损失补偿	当农业生产遭受损失时,以保险当年实际收获产量与保险期间市场平均批发单价相乘计算农民毛收入,再与正常年份下农民毛收入对比,保险公司对差额部分进行理赔	人保财险在陕西、甘肃等地开展农作物收入保险,有效解决"谷贱伤农"问题。平安产险开发食用菌综合收入保险。太保产险与陕西商洛市农业局合作,开办"山阳县天麻产业收入保障项目",为当地780亩天麻提供收入风险保障
	农产品价格保险	对市场不确定因素导致的小麦、玉米等粮食作物实际价格水平或毛利润低于保障价格水平造成的经济损失提供补偿	当农业生产遭受损失时,以保险当年实际销售价格与正常年份下销售价格对比,保险公司对差额部分进行理赔	云南省各苴村194户农户参加农产品目标价格保险,收取需要农户承担的保费102059.70元,投保农产品面积达383.4亩,其中山药为31.15亩、魔芋为44.95亩、白芸豆为307.3亩

(二)特色经济作物保险

西部地区将金融科技与精准扶贫工作有效融合,运用"保险+期货""保险+气象指数"等风险管理工具,开办了巨灾指数保险、期货价格保险、气象指数保险等产品,为当地的特色经济作物提供风险保障,建档立卡贫困户免缴保费。这既促进了种植业发展,又助推农业脱贫攻坚。各个险种的运行模式以及扶贫情况详见表5-5。

表 5-5　　　　特色经济作物农业保险的承保模式及扶贫案例

		承保风险	损失补偿方式	农业保险扶贫案例
特色经济作物保险产品	农业气象指数保险	对气象灾害导致苹果、茶叶等经济作物的产量损失，提供经济补偿	某一特定的气象指数对应一定的农作物产量和损害程度，以该指数为参照基础，当指数达到一定水平并对农产品造成一定影响时，参保的农户就可以获得相应标准的经济损失赔偿	锦泰保险公司与陕西省经济作物气象服务台合作，在商洛市商南县、安康市石泉县、汉中市西乡县等开展冬春季茶叶低温冻害气象指数保险扶贫项目，取得良好效果。大地保险公司在陕北延安开展苹果低温冻害指数保险扶贫项目，为贫困户提供风险保障
	农产品价格指数保险	对合同约定的自然灾害或意外事故导致被保险的经济作物实际价格水平或毛利润低于合同保障价格水平时，对参保的农户进行经济损失补偿	以保险合同约定的农产品目标价格作为理赔触发点，当农产品实际销售价格低于目标价格，达到理赔标准时，保险公司对参保农户按照实际价格同目标价格的差价，进行经济损失赔偿	太平洋财险公司在新疆地区开展棉花价格指数保险，利用期权工具通过期货市场分散保险公司的经营风险，为广大棉农提供风险保障
	农业期货价格保险	红枣、苹果、花椒等农业生产者购买保险公司开办的相关农产品价格保险，获得收益保障；保险公司通过购买期货公司的场外期权产品进行再保险，相当于将风险转嫁给期货公司，期货公司在期货市场进行套期保值交易	当承保的经济作物遭受损失时，以保险当年实际销售价格与正常年份下销售价格对比，保险公司对差额部分进行损失赔偿	太平洋财险公司在陕西延安富县创新开展苹果"保险+期货+扶贫"项目，承保苹果种植面积 2 万亩，现货规模 3 万吨，参保农户 1780 人，其中建档立卡贫困户 511 人，理赔额度达到 1800 万元。中华联合财险公司与上海期货交易所等联合在云南省勐腊县开办橡胶价格"保险+期货"精准扶贫项目，承保了 2 万多亩橡胶，覆盖汉、傣、哈尼等 9 个民族胶农，为 700 多户橡胶种植户支付赔款 217.1 万元，平均每户 3101 元

(三) 养殖类农业保险

养殖业周期短、致富见效快，但是动物疾病及价格风险也大。中国西部地区农业保险扶贫项目主要围绕农户养殖的猪、马、牛、羊、鸡等家禽家畜创新开办养殖保险、价格保险、饲料成本价格指数保险等，运用"保险+期货"运营模式，改进传统的"价补分离"机制，为农户的养殖业提供风险保障，在农村精准扶贫中发挥了重要作用。各个险种的运行模式以及扶贫情况详见表5-6。

表5-6　养殖类农业保险的承保模式及扶贫案例

		承保风险	损失补偿方式	农业保险扶贫案例
养殖类保险产品	家禽家畜养殖保险	能繁母猪、奶牛、牦牛、蛋鸡等家禽家畜在饲养期间遭受保险责任范围内的自然灾害意外事故和疾病引起的死亡而产生的经济损失	被保险人支付一定的保险费后，当家禽家畜遭受保险责任范围内的自然灾害意外事故和疾病死亡时，保险公司按照合同约定的保险金额进行理赔	贵州遵义于2017年制定并实施政策性家禽养殖保险实施方案。中华财险四川分公司承保藏区的牦牛33.65万头，提供风险保障资金6.73亿元，支付保险赔款1931万元，有4000余户养殖农户从中受益
	家禽家畜价格保险	市场不确定因素导致猪肉、鸡蛋等实际价格水平或毛利润低于保障价格水平而造成的经济损失	根据生猪、鸡蛋等期货价格与玉米期货价格计算收益指数，若猪肉、鸡蛋收益指数低于预期收益指数，则对差价部分进行损失理赔	平安保险于2018年在陕西铜川首创鸡蛋收益保险，承保蛋鸡存栏量高达230万只，成为当地政府实施产业扶贫的一项重要举措
	饲料价格指数保险	市场不确定因素导致饲料价格上涨、高于保障价格水平而造成的经济损失	如果生猪出栏当月猪粮比价平均值低于设定的比值，参保农户就能获得保险合同约定的经济损失赔偿	太平洋保险在陕西省杨凌高新示范区开办猪饲料成本指数保险，为1.04万头生猪提供猪饲料成本1040万元的风险保障

(四)农房、森林类农业保险

为全面实现保险助推脱贫攻坚计划,给农民提供一个安全、有保障的居住环境,西部地区各省份地方政府与商业保险公司密切合作,创新开展农户住房保险、森林保险等,全方位保障农民利益。各个险种的运行模式以及扶贫情况详见表5-7。

表5-7 农房、森林类农业保险的承保模式及扶贫案例

		承保风险	损失补偿方式	农业保险扶贫案例
农房森林保险产品	农户住房保险	对自然灾害导致的房屋倾倒,提供政府救助+保险公司损失赔偿	参保农户,当其农村住宅遭受保险责任范围内的自然灾害意外事故时,按照事先约定好的保险金额或者重置价格、市场价格进行损失赔偿	2018年,中华财险与四川省青川县扶贫移民局签订《扶贫农房保险协议》,由政府和商业保险公司共同为农户的住房损失进行经济补偿
	森林保险	合同约定的自然灾害导致森林等被损害,为造成的经济损失提供补偿	当参保农户的森林遭受保险责任范围内的自然灾害时,按照合同约定的保险金额进行损失赔偿	贵州省政策性森林保险投保面积达1.18亿亩,保险金额达1485亿元,已决理赔案件501起,赔付金额8366万元。森林保险已成为西部贫困地区林业抵御风险、灾后重建的重要手段

(五)贷款保证保险及保单质押贷款

在西部地区脱贫攻坚战中,小额贷款保证保险和农业保险保单质押贷款有效发挥了保险增信功能,解决了贫困农户缺乏贷款抵押物的难题,使其可以以低成本便捷获得银行信贷资金。宁夏盐池县不断探索金融扶贫,开创了"信用建设+产业结合+保险跟进+风险防控"的"盐池模式",建立由金融机构、保险公司、农牧部门、农户、养殖场、屠宰场、销售商、相关政府部门、机构投资者与交易市场共同组成的全产业链扶贫模式,推出"肉牛贷"。商业保险机构既对农户和养殖场的肉牛提供自然风险、价格风险和技术风险保障,又为金融机构对养殖场和农户发放的贷款提供信用担保。青海省循化县开创"政+银+企+户+保"扶贫贷款模式,提供土地承包经营权抵押贷款、小额贷款保证保险等险种,在帮助贫困户利用保险保单增信融资的同时,积极引进保险资金参与县域贫困地区基础设施建设。

(六)保险资金支农融资

中国人民保险集团设立250亿元"支农支小"融资业务,将保险资金和"三农"、小微企业的融资需求对接。同时,在陕西、甘肃等省开展"农业保险+扶贫小额信贷保证保险+保险资金支农融资"扶贫项目,帮助贫困人口便利获得免担保、免抵押、优惠利率的小额资金贷款。2016年8月,中国保监会联合多家保险公司建立了中国保险业产业扶贫投资基金,发挥产业扶贫投资基金、扶贫保险产品和服务的协同作用,打造从风险保障、信用增信到保险资金直接投资的保险扶贫全链条。保险公司通过"投保联动"模式,在直接投资于贫困地区特色产业的同时,配套跟进农业保险、大病保险、小额贷款保证保险等产品,提高贫困群体风险抵御能力,培育具有市场意识和风险意识的现代农民,探索短期脱贫目标和长期可持续增收致富相结合的有效路径。

四 西部地区农业保险保费收入及损失补偿情况

中国西部地区各省份创建了与国家脱贫攻坚战相适应的保险服务体制机制,形成商业保险、政策性农业保险协调配合、共同参与的保险扶贫机制,实现了贫困地区保险服务到村、到户、到人,对贫困人口"应保尽保"。

(一)农业保险保费收入及赔付情况

根据银保监会的统计数据,中国西部地区农业保险保费收入从2010年的47.77亿元增加到2019年的243.39亿元,年均增长速度为19.83%。西部地区农业保险赔付支出从2010年的32.79亿元增加到2019年的191.79亿元,呈明显增长趋势,年均增长速度为21.68%。农业保险赔付支出的增长速度高于保费收入增长速度,赔付率呈现波动上升趋势。分时段来看,2010—2015年,西部地区农业保险保费收入年均增长速度为24.44%,农业保险赔付支出年均增长速度为21.42%,此阶段保费收入增速高于赔付支出增速。然而,自2015年以来,随着脱贫攻坚深入推进,西部地区的农业保险保费收入平均增长速度为14.29%，农业保险赔付支出平均增长速度为22%，赔付支出明显高于保费收入增长速度，表明农业保险在助推脱贫攻坚中的损失补偿作用更加显现（见图5-4）。

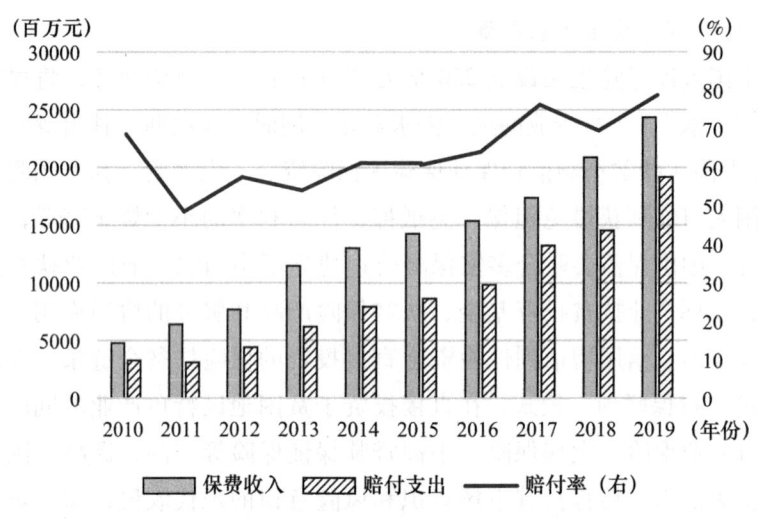

图5-4 西部地区农业保险的损失赔付情况

资料来源：整理自《中国保险统计年鉴》。

（二）农业保险深度

依据《中国保险统计年鉴》数据，计算农业保险深度发现，西部地区农业保险深度从2010年农业保险保费收入占地区生产总值的0.0623%增加到2019年的0.1188%，整体呈上升趋势，平均增长速度为7.43%。这表明西部地区农业保险深度在不断提升，有助于缓释农业生产经营过程中的风险，保障农户收入稳定（见图5-5）。

（三）农业保险密度

依据《中国保险统计年鉴》数据，计算农业保险密度发现，西部地区农业保险密度从2010年的13.25元/人增加到2019年的63.75元/人，整体呈上升趋势，平均增长速度为19.07%。这说明西部地区农户对农业保险的认识及购买需求在不断提升，农业保险对"三农"的风险保障作用不断凸显（见图5-6）。

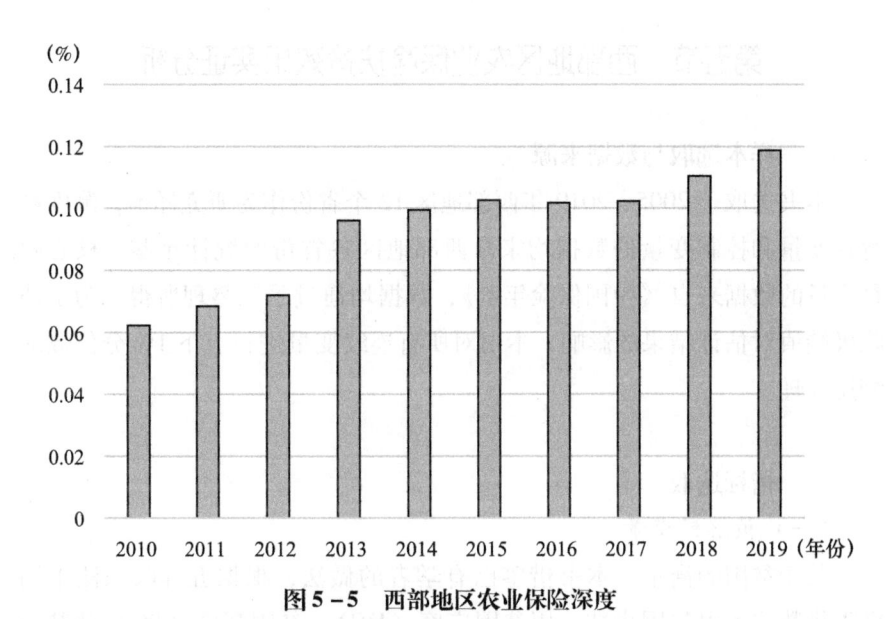

图 5-5 西部地区农业保险深度

资料来源:整理自《中国保险统计年鉴》。

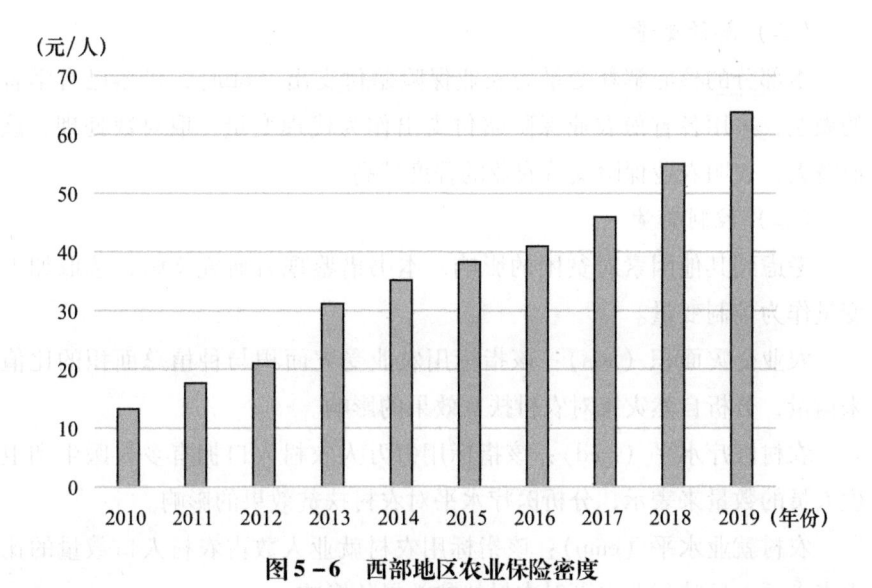

图 5-6 西部地区农业保险密度

资料来源:整理自《中国保险统计年鉴》。

第五节 西部地区农业保险扶贫效果实证分析

一 样本选取与数据来源

本书选取了2005—2019年西部地区12个省份作为研究样本，测度被解释变量和控制变量的数据均来自西部地区各省份的统计年鉴，核心解释变量的数据来自《中国保险年鉴》，数据均通过手工整理所得。为了消除极端值对估计结果的影响，本书对所有连续变量进行上下1%分位数的缩尾处理。

二 指标选取

（一）被解释变量

关于贫困的衡量，本书借鉴已有学者的做法，根据五等收入法采用FGT指数法测得贫困指数，用贫困广度（HC）、贫困深度（PG）及贫困强度（SPG）三个指标来衡量，具体测算方法见第四章。

（二）解释变量

本部分的核心解释变量为农业保险赔付支出（bfpf），借鉴已有学者的做法，采用各省份农业保险赔付支出作为代理变量，取对数处理，该值越大，表明农业保险支持农业的程度越高。

（三）控制变量

考虑到其他因素对贫困的影响，本书借鉴现有研究文献，选取如下变量作为控制变量。

农业受灾面积（ada）：该指标用农业受灾面积与种植总面积的比值来衡量，分析自然灾害对农村扶贫效果的影响。

农村医疗水平（med）：该指标用每万人农村人口拥有乡村医生和卫生人员的数量来表示，分析医疗水平对农村扶贫效果的影响。

农村就业水平（emp）：该指标用农村就业人数占农村人口数量的比重来表示，反映就业水平对农村扶贫效果的影响。

农业人均GDP（agdp）：该指标用第一产业人均增加值来表示，分析农业经济发展水平对农村扶贫效果的影响。

财政支农（finance）：该指标用财政农林水事务支出占一般财政预算

支出的比值表示，反映财政支持力度对农村扶贫效果的影响。

金融发展深度（find）：该值用金融业增加值与地区生产总值的比值表示，反映金融发展深度对农村扶贫效果的影响。

农村投资水平（inv）：该指标用农村固定资产投资与农村第一产业增加值的比值来表示，分析投资水平对农村扶贫效果的影响。

表 5 – 8　　　　　　　　　　　变量定义

	变量名称	符号	含义
被解释变量	贫困广度	HC	根据 FGT 指数测得
	贫困深度	PG	根据 FGT 指数测得
	贫困强度	SPG	根据 FGT 指数测得
解释变量	农业保险赔付支出	bfpf	农业保险赔付支出，取对数
控制变量	农业受灾面积	ada	受灾面积/种植面积
	农村医疗水平	med	每万人拥有农村卫生技术人员数
	农村就业水平	emp	农村就业人数/乡村人口
	农村人均 GDP	agdp	第一产业增加值/乡村人口
	财政支农	finance	财政农林水事务支出/一般财政预算支出
	金融发展深度	find	地区金融业增加值/地区生产总值
	农村投资水平	inv	农村固定资产投资/第一产业增加值

三　模型构建

为了检验农业保险的扶贫效果，本书构建如下模型：

$$pov_{it} = \alpha_0 + \alpha_1 bfpf_{it} + \mu control_{it} + \delta_i + \varphi_t + \varepsilon_{it} \quad (5-1)$$

模型（5-1）中，pov_{it} 表示被解释变量，包括贫困广度（HC）、贫困深度（PG）及贫困强度（SPG）；$bfpf_{it}$ 表示解释变量，为农业保险赔付支出；$control_{it}$ 为控制变量的集合，包括农业受灾面积（ada）、农村医疗水平（med）、农村就业水平（emp）、农村人均 GDP（agdp）、财政支农（finance）、金融发展深度（find）和农村投资水平（inv）；δ_i 为个体固定效应；φ_t 为年份固定效应；ε_{it} 为随机扰动项。

四 实证分析及结果

(一) 描述性统计

表5-9为主要变量的描述性统计。贫困广度的均值为18.057,贫困深度的均值为6.629,贫困强度的均值为3.771,这表明西部地区的贫困程度下降趋势明显。从标准差来看,贫困广度的标准差较大,表明西部地区贫困广度的变化较大,存在差异。此外,大多控制变量的标准差较小,表明不存在较大的异常值。

表5-9 描述性统计

	均值	标准差	中位数	最小值	最大值
HC	18.057	14.035	14.438	0.000	74.880
PG	6.629	5.482	5.512	0.000	30.855
SPG	3.771	3.645	2.671	0.000	16.244
bfpf	4.822	2.241	5.301	0.000	8.661
bf	5.314	2.212	5.753	0.000	8.808
ada	0.228	0.149	0.212	0.021	0.692
med	17.902	8.874	16.228	5.470	54.506
emp	0.040	0.036	0.027	0.004	0.185
agdp	0.674	0.399	0.593	0.133	2.001
finance	0.132	0.026	0.131	0.073	0.203
find	0.505	0.284	0.443	0.096	1.362
inv	0.380	0.258	0.320	0.067	1.331

(二) 相关性分析

表5-10为主要变量的相关系数。从相关性来看,贫困广度与大多数自变量存在一定的相关关系,贫困广度(HC)与农业保险赔付支出(bfpf)存在负相关关系,系数为-0.61,并在1%的水平上显著,但相关关系并非因果关系,需要进一步检验。

表 5-10　　　　　　　　　　　主要变量相关系数

	HC	bfpf	ada	med	emp	agdp	finance	find	inv
HC	1								
bfpf	-0.61***	1							
ada	0.42***	-0.36***	1						
med	-0.11	-0.23***	-0.25***	1					
emp	-0.52***	0.29***	-0.35***	-0.04	1				
agdp	-0.63***	0.76***	-0.36***	-0.18**	0.48***	1			
finance	0.01	0.22***	-0.01	0.16*	-0.06	0.17**	1		
find	-0.55***	0.32***	-0.33***	0.22**	0.59***	0.35***	0.03	1	
inv	-0.46***	0.38***	-0.23***	0.37***	0.34***	0.48***	0.32***	0.59***	1

注：***、**和*分别表示在1%、5%和10%的水平上显著。

（三）基准回归分析

表 5-11 为农业保险扶贫效果的基准回归结果，其中，第（1）—第（3）列分别代表贫困广度（HC）、贫困深度（PG）及贫困强度（SPG）的回归结果。第（1）列为农业保险赔付支出（bfpf）对贫困广度（HC）的影响，核心解释变量的系数为 -2.982，且在1%的水平上显著负相关。这表明农业保险有助于降低农村贫困广度，即农业保险赔付支出越高越有助于降低贫困发生率。第（2）列为农业保险赔付支出（bfpf）对贫困深度（PG）的影响，核心解释变量的系数为 -1.764，且在1%的水平上显著负相关，意味着农业保险有助于降低贫困深度。第（3）列为农业保险赔付支出（bfpf）对贫困强度（SPG）的影响，核心解释变量的系数为 -1.340，且在1%的水平上显著负相关，意味着农业保险有助于降低贫困强度。

从控制变量来看，农村医疗水平（med）、农村就业水平（emp）、农村人均 GDP（agdp）、金融发展深度（find）及农村投资水平（inv）对贫困广度（HC）有显著的负向影响，即这些因素有助于降低西部农村地区贫困广度。

表5-11　　　　　　　　　基准回归结果

	(1)	(2)	(3)
	HC	PG	SPG
bfpf	-2.982***	-1.764***	-1.340***
	(-3.54)	(-3.31)	(-2.79)
ada	1.736	1.315	1.432
	(0.38)	(0.41)	(0.47)
med	-0.244*	-0.149	-0.137*
	(-1.71)	(-1.60)	(-1.72)
emp	-49.057***	-19.543	-12.536
	(-2.88)	(-1.57)	(-1.04)
agdp	-35.905***	-21.177***	-17.385***
	(-6.45)	(-4.11)	(-3.19)
finance	29.025	32.590*	32.220*
	(1.14)	(1.78)	(1.74)
find	-18.044***	-7.650**	-5.323
	(-3.17)	(-2.08)	(-1.55)
inv	-5.569**	-3.166	-2.230
	(-2.42)	(-1.30)	(-0.85)
常数项	-12.624	-11.668	-11.898
	(-1.30)	(-1.45)	(-1.48)
年份效应	Yes	Yes	Yes
省份效应	Yes	Yes	Yes
N	132	132	132
调整 R^2	0.803	0.480	0.372

注：***、**和*分别表示在1%、5%和10%的水平上显著，括号内为T统计量，考虑到异方差的影响，模型均采用稳健性标准误，下同。

（四）稳健性检验

考虑到农业保险衡量标准的差异可能会影响研究结论的可靠性。本书采用农业保险保费收入，进一步检验农业保险对西部地区贫困的影响。估计结果如表5-12所示，第（1）—第（3）列分别为农业保险保费收入对西部地区贫困广度（HC）、贫困深度（PG）、贫困强度（SPG）的影响，农业保险保费收入（abf）的系数均显著为负，以上检验进一步验证了基准回归结果的稳健性。

表5-12　　稳健性检验结果

	（1）HC	（2）PG	（3）SPG
abf	-2.358***	-1.264***	-0.911**
	(-3.34)	(-2.65)	(-2.01)
ada	0.889	0.886	1.133
	(0.20)	(0.27)	(0.36)
med	0.199	0.118	0.112
	(1.33)	(1.18)	(1.29)
emp	-50.470***	-21.007*	-13.885
	(-2.87)	(-1.67)	(-1.15)
agdp	-34.219***	-20.312***	-16.778***
	(-6.02)	(-3.89)	(-3.06)
finance	17.440	25.357	26.582
	(0.65)	(1.35)	(1.44)
find	-15.127***	-5.936	-4.026
	(-2.67)	(-1.57)	(-1.13)
inv	-5.066**	-2.807	-1.934
	(-2.11)	(-1.13)	(-0.73)
常数项	-11.544	-11.892	-12.394
	(-1.24)	(-1.47)	(-1.50)
年份效应	Yes	Yes	Yes
省份效应	Yes	Yes	Yes
N	132	132	132
调整 R^2	0.793	0.458	0.355

通过系统梳理中国西部地区农业保险扶贫的体制机制及典型模式，并采用2005—2019年西部地区12个省份面板数据考察农业保险对农村地区脱贫的影响，研究表明，农业保险有助于降低西部地区的贫困广度、贫困深度及贫困强度；同时，农村就业水平、农村人均GDP、金融发展

深度及农村投资水平对贫困广度有显著的负向影响,即这些因素有助于降低西部农村地区贫困程度。

第六节 西部地区农业保险扶贫存在的主要问题

在西部地区脱贫攻坚中,农业保险发挥了积极有效的作用,其主要经验及优势包括:政府、保险机构及银行等联办共保,政府各部门之间、保险机构和其他金融机构多方协同发力,群力群策,为保险扶贫工作顺利开展提供制度机制保障。保险机构因地制宜、因人施策,针对不同地区的地域特色及各类贫困人群的现实需求,创新各类农业保险产品和服务,政府对农险进行财政补贴,起到了很好的扶贫脱贫效果。然而,西部地区农业保险扶贫尚存在不足与挑战,主要体现在以下几个方面。

其一,一些农险产品单一化、碎片化,缺乏整体性与系统性。在精准扶贫阶段,西部地区各个贫困县针对低收入脱贫户创建了农险产品、医疗保障体系等,但其整体是各项补助、赔付等低维叠加,错综复杂,各类部门机构各管一方,缺少集中统筹。

其二,一些农险产品是"一锤子买卖",缺乏普遍适用性与可持续性。保险机构各自为政、分散经营、分散开发农险产品,低层次重复。例如天气指数保险、区域产量保险、区域收入保险,在脱贫攻坚阶段是针对一个乡甚至一个项目来实施的,在保费厘定及保险金额设定时根据贫困人群当时的风险保障水平及保费支付能力,进行特殊优惠照顾,但保险公司处于亏本经营。虽然当时有其必要性,但有些盲目,资源浪费较严重。一旦扶贫支持政策结束,保险公司可能无法再持续。

其三,政府与市场在保险扶贫中的角色和责任界定不清,相关部门之间的信息共享和制度协调机制不完善,保险机构风险管理能力不足等。

在后脱贫时代巩固拓展脱贫攻坚成果、实施乡村振兴战略中,各级管理机构应该有统筹意识,不仅要重视"一县一品"的产品方针和偏好,更应当克服各自为政、分散经营和分散开发农险产品的弊端和局限。要深度调查研究,结合后脱贫时代农户的返贫风险以及乡村振兴战略实施的现实需要,总结和选择适应性强、受农户欢迎的产品,实现农险产品资源整合,形成适合本地区、可持续推广的农险产品体系。

妥善解决这些问题，不仅有助于巩固和拓展脱贫成果，而且有助于保险扶贫模式在乡村振兴建设和多维相对贫困问题解决中发挥更大作用，在更大范围推广。

第七节 西部地区农业保险助力乡村振兴的对策建议

一 探索建立多层次、多元化的农业保险体系

西部地区实施乡村振兴战略，实现农业农村现代化更高水平发展，需要多层次的风险保障体系，不仅需要政策性保险产品，也需要商业性保险产品。因此，要拓宽农业保险服务领域，探索构建涵盖财政补贴基本险、商业险和附加险的现代农业保险产品体系（庹国柱，2021b）。在政策性农业保险基础上，对于有需求的新型农业经营主体和产粮农户，商业保险公司可提供有较高保障水平的"附加险"，或者补充性农业保险+农业再保险，从而形成政策性农业保险、商业保险、农业再保险三层保障体系。

二 农业保险做"大农险"而不是"小农险"

农业保险要从当前的"小农险"走向"大农险"，实行农业生产全产业链风险保障。要从传统的种植业养殖业保险扩展到农林牧渔和涉农保险，将政策性农业保险由生产领域扩展延伸到农产品储藏和流通领域，将涉农险保险标的扩展到农房、渔船、农机、农业设施、仓储以及农作物收获后的储存和运输过程中的风险等。相应的中央财政补贴也应逐步扩展到此方面。2021年6月，银保监会、财政部、农业农村部联合发布了《关于扩大三大粮食作物完全成本保险和种植收入保险实施范围的通知》，将试验范围扩大到500个种粮大县。这是推进乡村振兴和农业农村现代化的重要步骤。

三 保险机构要围绕农业生产及粮食供应链稳定创新服务模式

随着农业生产的变化，新型农业经营主体对农业保险的需求不再是单一的，更多地需要能够解决生产所需的资金，缓冲市场波动带来的价格风险，提供更加高质量的全方位服务。因此，要通过"保险+其他金

融"方式，不断创新农业保险发展模式，以价格保险、收入保险来承保"三农"领域的自然风险和市场风险。一是采用"保险+信贷"模式，利用农业保险的风险保障功能减少自然灾害对农户的损失，从而降低农户违约概率，提高农户的融资可得性。二是采用"保险+期货"模式，保险公司承保农作物价格保险后，再利用期货市场工具对冲价格波动带来的风险，稳定农业生产、转移农产品价格风险。三是不断创新发展牲畜等养殖业的收入保险，以及农机具、农业仓储方面的财产保险。四是要与政府合作，探索农业保险再保险体系建设。

四 利用金融科技提高保险服务质量

保险服务机构要进一步降低运营成本，做到保费低廉、保单易懂、手续简化。为此，一方面要积极利用在全国脱贫攻坚中建立起来的扶贫网络体系进行产品推广宣传，降低销售推广费用；另一方面要积极利用金融科技，将大数据、云计算、人工智能、区块链等技术运用到农业保险产品开发、费率厘定、勘验定损、损失理赔等业务环节，降低成本，缩短理赔周期，提高服务效率与质量。此外，将金融科技运用到风险管理中心，有效防范道德风险及其他经营风险。例如，2021年1月，中国平安财产保险股份有限公司陕西分公司与中化现代农业有限公司合作的MAP大数据小麦产量保险在陕西省渭南市华州区试点，这是依托卫星遥感技术的粮食作物大数据产量保险。该保险产品贯彻"科技农险"发展战略，打造线上化、电子化、智能化、数据化的科技农险一体化经营服务体系。大数据产量保险是传统粮食作物种植保险的补充，标志着平安产险在科技赋能农业保险高质量发展方面迈上了新台阶。

五 提高保险资金运用效率

一方面，保险机构要大力拓展健全基层网络，提高服务能力；另一方面，要利用好保险资金长期投资的独特优势，在农村水利、公路等公共基础设施、绿色生态环保、养老医疗、专业化医疗护理队伍建设等方面，以债权、股权、资产管理计划等多种形式投资，将保险资金投资与农业保险、小额信贷保证保险相衔接，实现保险资金运用风险闭环。另外，尝试用自有资金设立资管产品，为参保农户提供小额融资贷款，帮助农户生产、创收。

六 政府持续加大对农业保险的支持力度

农业生产依然具有较大的脆弱性，要继续加大对农业保险的政策引导，发挥好农业保险的风险保障功能。第一，中央政府层面做好顶层设计，将保险作为一项制度性安排纳入政策支持体系，引导地方政府加大对保险工具的运用力度。地方政府层面，要转变传统观念，应从长远和全局角度算大账，看到保险机制的正向溢出效应；另外，要结合当地实际运用好现代保险工具，鼓励市场化运作与竞争，明确政府与市场的边界和责任，提高保险机制运行效率。第二，要进一步扩大农业保险补贴规模。按照农业生产总值的一定比例加大财政补贴力度，做到农业保险补贴与农业生产规模相适应，有步骤地扩大各级财政对农业保险的补贴规模。第三，要创新财政补贴方式。改变现有的直接补贴，对于部分农业保险采用"以奖代补"政策加以支持，提高保险公司的承保积极性。第四，要制定差异化的财政补贴政策。改变现行的按照东中西部地区划分的差异化补贴方式，全面系统地考虑各省的实际情况，"因省而异"地制定差异化的财政补贴政策。

第 六 章

西部地区健康保险扶贫机制模式创新及扶贫效应研究

贫困的实质是人们缺乏抵御各种生活风险、改善经济和相关福利水平的"能力",良好的健康状况作为"可行性能力",能够影响收入和资产水平,与个体的贫困息息相关。健康是人力资本的重要组成部分,好的健康状况能够提高人力资本,进一步提高劳动供给时间和强度,从而增加收入。因此,预防和治疗疾病、提高国民健康水平是减贫的重要内在动力。疾病、自然灾害、意外伤害等是健康不良的主要原因,也是中国西部地区城乡居民致贫、返贫的关键因素。贫困的脆弱性、疾病风险的不确定性与普遍性,导致健康贫困问题长期存在。

健康保险是防止因病致贫、因病返贫的重要工具,更是后脱贫时代建立长效防贫机制的重要工具。一方面,健康保险可以有效缓解医疗负担,降低灾难性医疗支出发生的风险,也可以提高医疗服务的可及性,改善居民健康状况,从而发挥扶贫功能。另一方面,健康保险可以发挥社会医疗保险的外部保障机制,结合商业健康保险提升居民家庭的自我保障能力,从而构建内外结合的紧密机制,发挥防贫功能。

在精准扶贫中,西部地区各省份采取了多种模式借助健康保险助推脱贫。随着脱贫攻坚深入,西部农村地区的贫困人口与贫困发生率均大幅下降,取得了显著脱贫成果,并形成了健康保险扶贫的特色机制与一系列代表性模式,为其他地区健康保险扶贫提供有益经验借鉴。研究西部地区健康保险扶贫的机制与典型模式,识别其减贫效应并总结经验,有助于进一步发挥健康保险的减贫与防贫功能,助力巩固拓展脱贫攻坚成果，促进乡村振兴。

第一节 引言

中国脱贫攻坚工作取得重大成果。2020年贫困发生率降至0.6%，全面消除了绝对贫困。然而，由于疾病、自然灾害、意外伤害等因素，居民致贫返贫风险依然较高，疾病是主要因素。国务院扶贫办2018年的统计数据显示，中国建档立卡贫困人口为8207万人，其中因病致贫、因病返贫的人口有2856万人。习近平总书记在解决"两不愁三保障"突出问题座谈会上强调，要把防止返贫放在重要位置，要建立预防返贫的长效机制。因此，有效防范居民因病致贫、因病返贫是后脱贫时代的重点工作，也是乡村振兴战略的内在要求。

疾病等负向健康冲击与家庭经济情况之间的关系是双向的。一方面，在疾病冲击下，医疗费用加重了家庭经济负担，导致家庭经济水平下降，进而出现"因病致贫"情况。另一方面，经济水平的下降使贫困户对于食品等生活必需品的消费减少，同时部分贫困户为了改善经济现状可能从事高强度或危险性的职业，从而导致身体健康状况再次出现问题，进而出现"因贫致病"的情况。由于贫困的脆弱性、疾病风险的不确定性与普遍性，因病致（返）贫，即健康贫困将会长期存在（鲍震宇、赵元凤，2018；方迎风、周辰雨，2020），成为中国当前和今后巩固拓展脱贫攻坚成果的重大挑战。

国内外理论与实践发展表明，保险是市场经济体制中能充分发挥风险转移和损失补偿功能的有效机制，与扶贫脱困有着天然的内在联系。保险以风险保障为"立业之本"，有着"扶危济困、雪中送炭"的行业特征，因其可直接面向贫困人口和社会弱势群体，针对该群体精准提供保险保障产品和服务，在扶贫中的作用与地位日益凸显。2013年以来，中国政府发布了多项支持保险参与扶贫开发和助推脱贫攻坚的政策文献，强调要不断创新完善扶贫保险产品与服务机制。自2016年6月起，中国开始实施健康扶贫工程，政策目标在于提升居民健康水平，有效缓解因病致贫返贫问题。

根据《中国农村贫困监测报告（2020）》，按现行国家农村贫困标准测算，一半以上的农村贫困人口集中在西部地区。2019年西部农村贫困人口323万人，贫困人口占全国农村贫困人口的比重为58.62%。在西部农村地区，深度贫困群体贫病交加、健康贫困问题严重。自保险扶贫政策实施以来，西部地区各省份采取了多种模式借助健康保险助推精准扶贫。随着脱贫攻坚的深入，西部农村地区的贫困人口与贫困发生率均大幅下降，取得了显著脱贫成果，并形成了健康保险扶贫的特色机制与一系列代表性模式，为其他地区健康保险扶贫提供有益经验借鉴。研究西部地区健康保险扶贫的体制机制与典型模式，识别其减贫效应并总结经验，有助于进一步发挥健康保险功能，助推巩固拓展脱贫攻坚成果与乡村振兴发展。

本章首先对健康保险扶贫的理论机理进行梳理；其次对中国西部地区农村居民的健康状况及其经济风险进行定性分析，对西部地区健康保险扶贫脱贫的体制机制、典型模式进行归纳总结；再次对健康保险扶贫效应进行实证分析；最后针对西部地区健康保险扶贫中存在的问题，以及后脱贫时代如何有效防贫提出对策建议。

第二节 健康保险扶贫防贫的理论机理

一 健康与贫困

健康是人力资本的重要组成部分，能够提高个体的收入能力，因而是减贫的重要内在动力。从定义上看，疾病是健康的负向定义。以往研究表明，健康与贫困互为因果。一方面，健康冲击会使居民家庭医疗费用增加的同时收入下降，从而无力支付医疗费用或基本生活保障难以满足，陷入贫困，也即因病致贫；另一方面，家庭贫困会导致居民健康状况恶化，即因贫致病，从而陷入贫困与疾病的恶性循环（刘慧侠，2011）。

（一）健康对家庭收入的影响路径

健康冲击对家庭收入的影响主要包含以下两条路径。其一，健康冲击会使疾病患者人力资本降低，导致家庭物质资本的损耗。具体来看，一方面，健康冲击会降低疾病患者的劳动时间与劳动效率，如需家庭成员照料，家庭其他成员的劳动时间也会减少，从而导致家庭的工资性收入降低（Ettner，1996）；另一方面，为了抵御疾病，家庭需支付医疗费用以及相关的餐饮、交通费用等，尤其是健康冲击较大时，家庭甚至需要变卖一定的其他资产，从而导致家庭的物质资本存量下降（Himmelstein et al.，2005）。当医疗花费超过家庭收入与资产时，健康冲击进一步导致家庭负债的增加，从而陷入贫困。其二，健康冲击存在一定的代际影响，家庭成员遭受健康冲击，可能会挤压子女的教育投资，从而对子女的人力资本产生不利影响，降低家庭长期平均收入（孙昂、姚洋，2006）。

（二）贫困对家庭成员健康的冲击

家庭贫困对健康的冲击也包含两条影响路径。其一，家庭贫困会迫使家庭成员减少基本食品外的其他消费，导致营养供给不足或失调，健康风险增大。其二，家庭贫困会迫使家庭成员从事安全系数更低、工作环境更恶劣的工作，或主动延长工作时间，以赚取更高收入，导致健康风险增大、健康状况恶化。一旦家庭成员中有人遭受健康冲击，家庭再次陷入"疾病—贫困"的循环，并不断恶化。

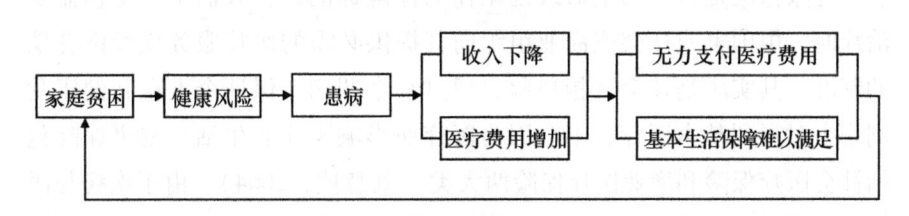

图6-1 健康与贫困循环关系

二 医疗可及性与健康

对健康的需求引致医疗服务需求。疾病是威胁人类健康的重要因素之一，而医疗卫生服务则是健康维护的重要手段。在健全良好的医疗卫生体制下，所有人能够均等地获得就医机会，疾病风险可以得到有效的分散。

医疗可及性是指人们是否有钱治病，是否有可能利用的医疗卫生资源，通常包括经济可及性和资源可及性。经济可及性是指居民是否拥有足够的经济能力支付医疗卫生费用,一般通过医疗保障可及性来衡量;资源可及性是指居民在需要医疗卫生服务时在多大程度上可以及时、便捷、经济地得到服务,而不受卫生资源的限制(刘慧侠,2011)。

医疗可及性通过影响人们对医疗卫生服务的利用,进而影响人们的健康结果。首先,不同于其他商品或服务消费,医疗服务的消费不能由消费者自己完全支付,其性质决定了医疗消费需要由第三方参与支付,即医疗保险的介入。完善的医疗保障制度能够将疾病带来的经济风险在不同健康状况和不同收入水平的个体之间进行分散、转移,具有社会财富再分配的效应。其次,多样化的医疗服务和高超的医疗技术水平可以降低患病风险,改善人们的健康状况。再次,在其他条件相同的情况下,拥有医疗保险保障的居民比没有保障的居民更能充分利用医疗服务,从而拥有更加健康的身体。最后,距离医疗机构的距离越近,到达的时间越短,居民越能够及时方便地利用医疗卫生资源,疾病预防意识也相对变强,从而拥有较好的健康状况。

三 健康保险的内涵与分类

健康保险是以人的生命或健康作为保险标的,在人们生病受伤需要治疗时,由国家或社会或商业组织向其提供必需的医疗服务或经济补偿的制度。其实质是社会共担风险,通过社会调剂,保证个人在其健康受到伤害时得到基本医疗,不会因为医疗而影响工作和生活。健康保险包括社会医疗保险和商业医疗保险两大类(刘慧侠,2004)。由于疾病与医疗卫生服务的特殊性,世界上许多国家将医疗保险纳入社会保险的范围,属于社会保险的一个分支,为绝大部分人口提供最基本的医疗费用保障,而另一部分健康保险则由商业保险提供,作为补充医疗保险满足不同人群多元化医疗保障需求。

社会医疗保险是国家强制实施,由雇主和个人按一定比例缴纳保险费,建立社会医疗保险基金,在个人发生经济风险时,由社会保险机构对其医疗费用给予适当补贴或报销,以缓解个人医疗负担,管理健康风险的医疗保险制度。社会医疗保险强制投保,旨在使居民因患病、伤残等面临经济损失并丧失劳动能力时能够获得补偿和帮助而建立的保险制度,其目的是确保居民的基本生活稳定,具有覆盖面广、保费相对优惠,甚至政府补贴等特点。

商业健康保险指保险公司根据保险合同的约定，当被保险人发生伤残、疾病或意外事故，引发费用或收入受损时，给予被保险人经济补偿的保险。商业健康保险的标的是人的身体，由投保人向保险公司支付保险费，保险公司依据保险合同给予补偿，具体包括疾病保险、医疗保险、收入保障保险和长期护理保险等。

社会医疗保险种类、功能单一，以保障绝大多数人口的"基本医疗需求"、确保"社会公平"为原则的特性，导致其无法满足不同人群多层次、差异化的医疗服务需求。因此，需要商业健康保险来弥补空缺。各大商业保险公司通过设计不同费率、差异化、多元化的健康保险产品，以满足不同居民的多样化医疗保障需求。

自中华人民共和国成立以来，中国一直在探索建立完善为居民提供更加有保障、更加健全的医疗保障体系。目前，已经建立起了以社会医疗保险为主体（包括城镇职工基本医疗保险、城乡居民基本医疗保险），以其他多种形式（补充医疗保险和商业健康保险）为补充，以医疗救助为托底的多层次医疗保障体系。

其中，社会医疗保险体系包括基本医疗保险、大病保险以及医疗救助等，具体如图6-2所示。根据《2021年全国医疗保障事业发展统计公报》，截至2021年年底，全国基本医疗保险已覆盖136297万人，参保率稳定在95%以上；2021年全国医疗救助支出共计619.90亿元，资助参加基本医疗保险8816万人，实施门诊和住院救助10126万人次。据银保监会统计，2021年大病保险已覆盖12.2亿城乡居民，累计赔付超过6千万人次，大病保险的报销比例提高了10—15个百分点。

目前，中国市场上提供的商业健康险主要包括疾病保险、医疗保险、收入保障保险和长期护理保险等（见图6-3）。据银保监会统计，2021年健康保险保费收入8803.06亿元，同比增长7.7%，赔付支出4085.3亿元，同比增长39.9%，并为参保人积累了1.3万亿元的长期健康风险准备金。长期护理保险试点项目覆盖人口累计超过1亿人，为超过70万失能老人提供了长期护理服务保障。

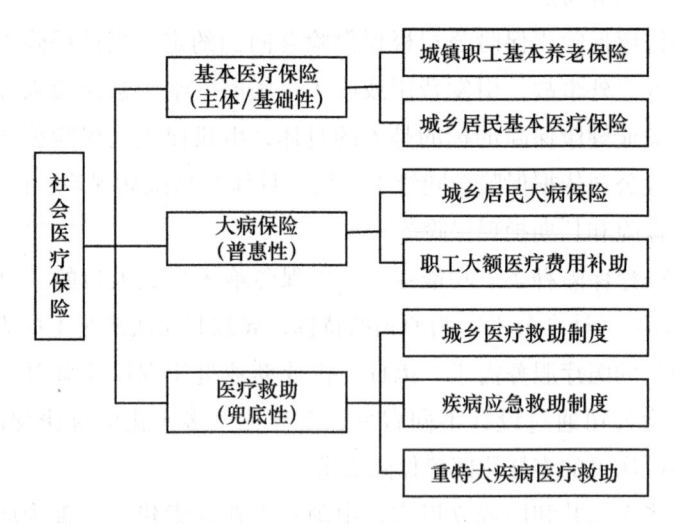

图 6-2　中国的社会医疗保险体系

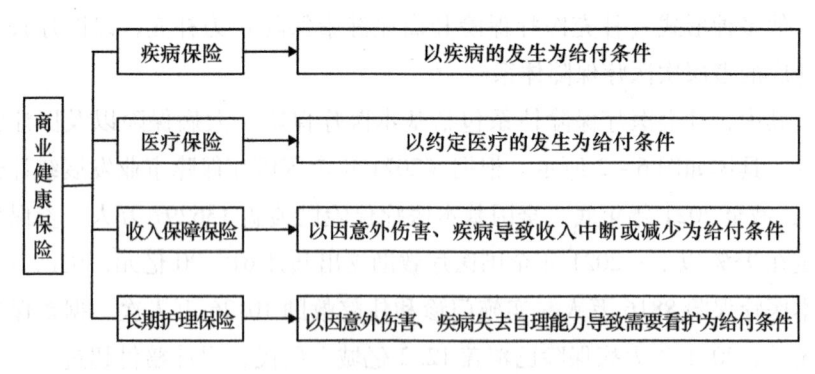

图 6-3　中国的商业健康保险体系

本章重点研究健康保险在中国西部地区精准扶贫中的主要体制机制创新、典型模式及脱贫效应，本章以下内容中所提及的健康保险概念内涵包括新型农村合作医疗制度（新农合）、城乡居民大病保险、医疗救助以及商业健康保险等。

四　健康保险扶贫防贫的作用路径

健康保险是防止因病致贫、因病返贫的重要工具，更是后脱贫时代建立长效防贫机制的重要工具。一方面，健康保险可以有效缓解医疗负担，降低灾难性医疗支出发生的概率，还可以提高医疗服务的可及性，改善居民健康状况，从而发挥扶贫功能。另一方面，社会医疗保险发挥广覆盖的全民健康风险保障机制，同时，商业健康保险能够提升居民家庭的自我保障能力，社会医疗保险与商业健康险合力助推脱贫攻坚，从而构建起内外结合的健康风险防范机制，有效发挥防贫功能。具体而言，健康保险扶贫、防贫的作用路径包括如下几个方面。

（一）减轻贫困家庭的医疗负担

健康保险可以减轻贫困家庭的医疗负担，降低灾难性医疗支出发生的概率。一方面，贫困人口罹患疾病后，健康保险依据合同约定给予一定的医疗费用报销补偿，在医疗费用总额不变的情形下，居民的自付金额大大降低，从而使其家庭的医疗负担得以减轻（Ranson，2002）。另一方面，健康保险降低了家庭自付医疗费用，间接增加了家庭的资产积累，提高了其资产性收入（于新亮等，2019）。

（二）提高贫困人口的医疗可及性

健康保险可以提高贫困人口的医疗服务可及性，改善居民健康资本，增加患者及其家人的劳动时间，提高他们的劳动生产率，进而提高其工资性收入（张子豪、谭燕芝，2020）。另外，与其他扶贫工具相比，健康保险具有靶向性补偿特征，实现了疾病补偿的"点对点滴灌"，可以提升扶贫资源的利用效率。

（三）构建全民健康风险抵御机制

首先，社会医疗保险为绝大多数人口提供了基本的风险抵御机制，提高了其疾病风险抵御能力，防止其因病致贫、因病返贫。其次，商业健康保险增强了贫困人口抵御疾病风险冲击的自我保障能力，商业健康保险可以缓解家庭因健康冲击导致的收入波动，降低健康冲击对子女教育、生产性投入的挤占效应，防范因病致（返）贫的同时，隔断代际传递（任志江、苏瑞珍，2020）。最后，社会医疗保险构建的外部保障机制与商业健康保险形成的内部保障机制相互结合，共同发力，构建了良好的"防贫"保障。

第三节 西部农村居民的健康状况及其经济负担分析

随着中国社会经济快速发展、人民生活水平不断提高以及医疗卫生保障体系逐步完善，中国人口平均预期寿命不断延长，两周患病率、慢性病患病率以及婴儿死亡率进一步下降，国民整体健康水平持续较大幅度地提高。然而，中国还存在健康不平等问题，人口健康水平存在差异。

西部地区受地理位置、自然环境、经济水平等因素的制约，农村地区居民的健康水平普遍低于全国平均水平。加之经济水平落后，同等疾病带来的负担更重，加剧了西部地区的贫困程度，也加大了扶贫的难度。本部分将对西部地区居民的健康状况及其经济负担进行描述性分析。

一 西部地区农村居民的健康状况

（一）两周患病率

两周患病率是学术界与实践界常用的衡量城乡居民健康水平的重要指标，是指每百名被调查者中两周内患病受伤的人数或人次数。根据《全国第六次卫生服务统计调查报告》，自2003年以来，中国农村居民两周患病率持续提高，并且增长幅度大于城市。2018年，西部地区农村居民两周患病率为32.1%，略低于全国平均水平，但高于中部地区农村居民。从性别来看，西部农村地区男性居民的两周患病率为29.7%，女性居民两周患病率为34.7%，女性患病率明显高于男性，且高于东部、中部地区居民的患病率（见表6-1）。

表6-1　　　　2018年居民两周患病率情况　　　　（单位:%）

	男性	女性	合计
全国	30.8	33.6	32.2
东部农村	31.1	34.6	32.8
中部农村	29.9	33.5	31.7
西部农村	29.7	34.7	32.1

资料来源：《全国第六次卫生服务统计调查报告》。

进一步分析两周患病发生的时间及严重程度（见表6-2），发现西部地区农村居民两周内新发病率为30.5%，这一数据明显高于全国平均水平（24%）、东部农村地区（25%）及中部农村地区（24.2%）。西部地区农村居民急性病两周前发病率为4.5%，明显高于东部农村地区（3.9%）。慢性病延续导致的患病率为71.5%，略高于全国平均水平（70.6%），其比例之高亦不容忽视。

就疾病严重程度来看，西部地区农村居民两周患病中，严重类别的疾病所占的比例高达41.6%，远远高于东部农村地区（27.8%）、中部农村地区（37.7%）。

表6-2　　2018年居民两周患病发生时间和疾病严重程度　　（单位：%）

	疾病发生时间			疾病严重程度构成		
	两周内新发	急性病两周前发病	慢性病延续至两周内	严重	一般	不严重
全国	24.0	4.5	70.6	32.2	45.7	22.1
东部地区农村	25.0	3.9	71.9	27.8	46.9	25.3
中部地区农村	24.2	5.6	63.9	37.7	44.7	17.6
西部地区农村	30.5	4.5	71.5	41.6	40.1	18.3

资料来源：《全国第六次卫生服务统计调查报告》。

（二）慢性病患病率

慢性病患病率是指每百名15岁及以上被调查者中慢性病患病的人数或者例数。根据《全国第六次卫生服务统计调查报告》，自2013年以来，中国城乡居民慢性病患病率快速上升，并且农村居民慢性病患病率增长幅度大于城市。从2018年的调查数据来看（见表6-3），西部地区农村居民的慢性病患病率为34.1%，虽略低于全国平均水平（34.3%），但高于东部农村地区。从性别来看，西部农村地区男性居民的慢性病患病率为32%，女性为36.3%，西部地区农村女性的慢性病患病率明显高于男性。

表6-3　　　　　2018年居民慢性病患病率情况　　　　（单位：%）

	男性	女性	合计
合国	33.6	34.9	34.3
东部地区农村	32.7	35.0	33.9
中部地区农村	36.2	38.7	37.5
西部地区农村	32.0	36.3	34.1

资料来源：《全国第六次卫生服务统计调查报告》。

（三）预期寿命

人口预期寿命常被用来描述一个国家或地区居民的健康水平。世界银行（World Bank）将预期寿命定义为，假定新生儿出生时的死亡模式保持不变，他们预期能存活的年数。逐渐增加的平均预期寿命反映了一个国家或一个地区居民健康水平的提升。

中国人口预期寿命水平不断提高。中华人民共和国成立初期，中国人均预期寿命仅为35.0岁，改革开放之初的1981年提高到67.9岁。1990年第四次全国人口普查，中国人均预期寿命为68.6岁；2000年第五次全国人口普查，人均预期寿命为71.4岁；2010年第六次全国人口普查，人均预期寿命为74.83岁；2020年第七次全国人口普查，人均预期寿命提高到77.93岁，中国人口主要健康指标居于中高收入国家前列。

然而从总体来看，中国西部地区居民的健康水平普遍低于全国平均值。以2010年为例，除重庆、广西外，其余10个西部地区省份的人口平均预期寿命均低于全国平均水平，尤其是西藏、云南、青海、贵州等地，其平均预期寿命远远低于全国平均预期寿命。从性别来看，西部地区各省份与全国平均水平的差异与上述情况类似，具体如表6-4、图6-4所示。

表6-4　　　　　2010年西部地区居民平均预期寿命　　　　（单位：岁）

	全国	陕西	四川	云南	贵州	广西	甘肃	青海	宁夏	西藏	新疆	内蒙古	重庆
平均	74.83	74.68	74.75	69.54	71.1	75.11	72.23	69.96	73.38	68.17	72.35	74.44	75.7
男性	72.38	72.84	72.25	67.06	68.43	71.77	70.6	68.11	71.31	66.33	70.1	72.04	73.16
女性	77.37	76.74	77.59	72.43	74.11	79.05	74.06	72.07	75.71	70.07	74.86	77.27	78.6

资料来源：《中国卫生健康统计年鉴》。

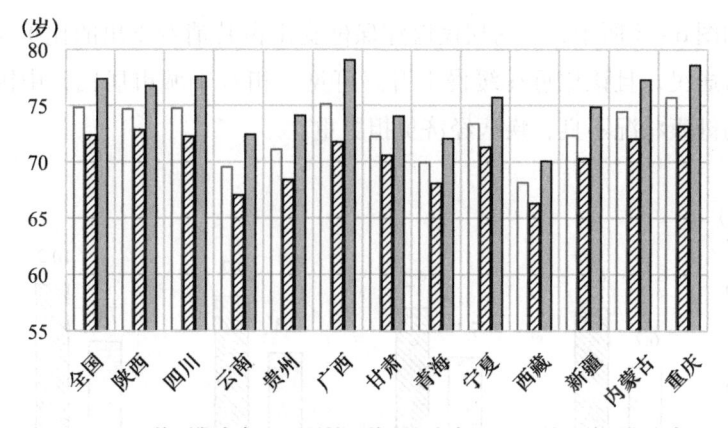

图 6-4　2010 年西部地区居民平均预期寿命

资料来源：《中国卫生健康统计年鉴》。

二　西部地区农村居民的疾病经济负担

健康不良会给居民带来较大的经济风险，居民医疗保健支出可以直接反映居民的疾病经济负担。近年来，中国居民医疗保健支出逐渐提升，城市居民从 2015 年的 1443.4 元提升至 2018 年的 2045.7 元，增长了 602.3 元；而同期，农村居民从 846 元提升至 1240.1 元，增长了 394.1 元。

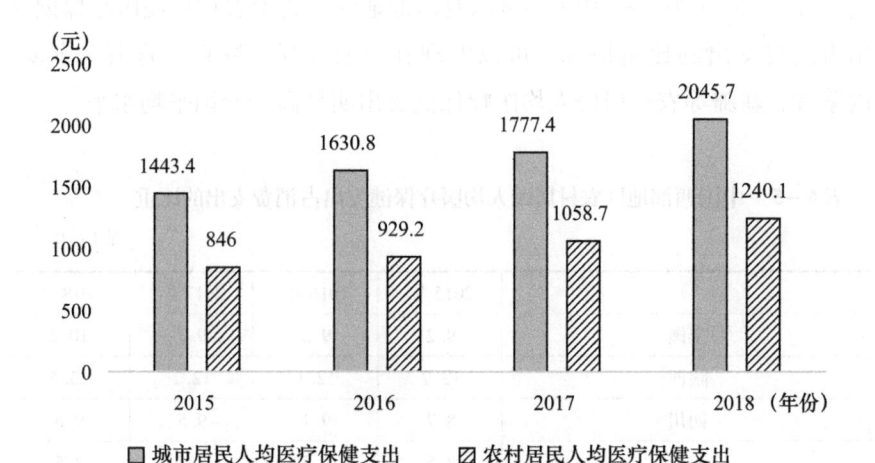

图 6-5　中国居民人均医疗保健支出

资料来源：《中国卫生健康统计年鉴》。

如图 6-6 所示，农村居民医疗保健支出占其消费支出的比重明显高于城市居民，且该比重在缓慢上升。可见，相对于城市居民，中国农村居民的健康状况不良，疾病经济负担更重。

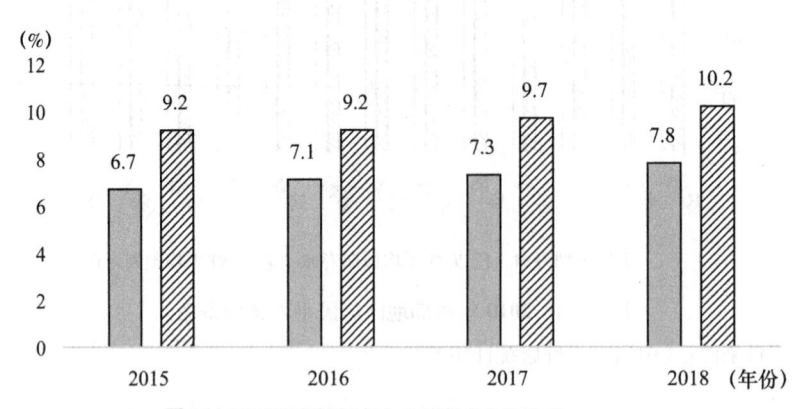

图 6-6 中国居民人均医疗保健支出占消费支出的比重

资料来源：《中国卫生健康统计年鉴》。

与全国相比，西部地区农村居民的疾病经济负担更重、经济风险更高。表 6-5 为 2015—2018 年全国及西部地区各省份农村居民医疗保健支出占消费支出的比重情况，可以发现在所有年份，陕西、青海、宁夏、内蒙古、新疆等农村居民人均医疗保健支出明显高于全国平均水平。

表 6-5　中国西部地区农村居民人均医疗保健支出占消费支出的比重

（单位：%）

	2015 年	2016 年	2017 年	2018 年
全国	9.2	9.2	9.7	10.2
陕西	12.2	12.1	12.2	13.5
四川	8.7	9.1	9.5	9.6
云南	8.5	8.5	8.5	8.5
贵州	6.2	6.8	7	7.3

续表

	2015 年	2016 年	2017 年	2018 年
广西	8.3	9.4	9.4	9.9
甘肃	8.9	9.8	11	11.1
青海	11.5	13.9	13.9	12.8
宁夏	11.2	11	11.4	11.3
西藏	1.9	2.4	2.5	2.2
新疆	9.7	9.5	10.2	11.1
内蒙古	11.2	10.5	10.4	10.6
重庆	8.5	8.3	8.6	8.1

资料来源：《中国卫生健康统计年鉴》。

第四节 西部地区健康保险扶贫机制分析

随着脱贫攻坚与健康中国战略的深入推进，政府和社会认识到健康保险在扶贫开发和助推脱贫中的重要作用。西部地区各省份纷纷根据当地致贫原因和脱贫需求，与商业保险机构紧密合作探索健康保险扶贫的路径，建立了各具特色的健康保险扶贫机制。

一 社会医疗保险扶贫机制

经过多年探索改革，中国特色的多层次医疗保障制度建立起来，包括基本医疗保险、大病保险、医疗救助、企业补充医疗保险、商业健康险、医疗互助等在内的多层次医疗保障体系，实现了医疗保障全民覆盖。截至2020年，基本医疗保险（包括职工基本医疗保险和城乡居民基本医疗保险）参保人数达到136131万人，参保率稳定在95%以上；大病保险覆盖了12.2亿城乡居民。

中国多层次医疗保障制度在满足广大人民群众的基本医疗保障需求、预防疾病经济风险、解决广大人民群众"看病难、看病贵"问题、防止因病致（返）贫方面发挥着越来越重要的作用。与此同时，社会医疗保险制度对贫困户实行重点倾斜：其一，政府补贴保费，使所有建档立卡贫困户均参加了城乡居民基本医疗保险及大病保险，基本医疗保险覆盖全部贫困人口；其二，采取免垫付或仅支付自费部分、"一站式"结算等方式，使贫困人口能够看得起病，有效缓解了自付支付能力约束等保险偿付倾斜性分担机制，提高了医疗服务利用可及性；其三，采取降低起付线、提高封顶线及报销比例等政策，实现了对贫困人口或边缘人口的医疗费用倾斜补偿。

在脱贫攻坚阶段，中国社会医疗保险制度通过财政补贴、倾斜式保险补偿机制，有效降低了贫困人口及边缘贫困人口的医疗费用负担，大大提高了贫困人口的医疗可及性，有效发挥了医疗保险的扶贫效应。自2018年推进医保扶贫以来，中国通过基本医保、大病保险以及医疗救助三项制度保障惠及贫困人口就医5.3亿人次，减轻个人缴费和医疗费用负担3600多亿元，助力1000多万户家庭精准脱贫。2020年，国家累计资助7837.2万贫困人口（含动态调出）参加基本医疗保险，资助参加医疗保险缴费支出140.2亿元，人均资助178.9元，参保率稳定在99.9%以上；各项医保扶贫政策累计惠及贫困人口就医1.8亿人次，减轻贫困人口医疗费用负担1188.3亿元。实践及大量实证研究表明，医疗保障水平和医疗卫生服务能力的全面提升，以及社会和政府卫生筹资水平的扩大，有效减轻了居民的就医费用负担，减少了城乡居民因病致贫、因病返贫现象。

持续提高农村养老金待遇和贫困老年人口医疗保障水平，农村老年人口贫困问题得到进一步解决。经济困难的高龄、失能等老年人补贴制度全面建立，惠及3689万老年人。实施老年健康西部行项目，在西部贫困地区开展老年健康宣传教育，组织医务人员、志愿者开展义诊和健康指导服务，促进西部地区老年人健康素养和健康水平提高。建立农村留守老年人关爱服务制度，推动贫困老年人医疗保障从救治为主向健康服务为主转变。贫困老年人的生活和服务保障得到显著改善。

二 商业健康保险扶贫机制

其一，大病补充医疗保险对贫困户因疾病风险造成的经济损失，在基本医疗保险报销之后，进行再次报销，以满足更高层次的医疗保障。其二，意外伤害保险、妇女部分原发性癌症保险、慢性病辅助保险、长期护理保险等多层次商业健康保险，针对贫困人口或贫困边缘人口的特定风险给予补充式的补偿保障,对各类贫困户进行重点照顾。商业健康保险的保费大多由政府财政承担,或者政府财政承担大部分,个人承担小部分。

三 医疗救助制度扶贫

医疗救助通过医疗费用再补偿或直接支付医疗费用,为贫困人口构建了"托底救急"层的保障。医疗救助对贫困人口经过医疗保险报销后的医疗费用进行补助或者直接提供医疗费用,包括普通疾病门诊医疗救助、普通疾病住院医疗救助、特殊病种医疗救助和大病医疗救助等。救助费用来自财政转移支付。

四 多层次医疗保险机制无缝衔接有效发挥扶贫作用

首先,"一次救助"确保城乡居民医疗保险对贫困人口的覆盖,并且提高大病保险对贫困人口的倾斜支付力度。其次,商业健康保险的"二次救助"弥补了基本医疗保险保障的不足。最后,不同医疗保障制度的"一站式"结算,减轻了贫困人口医疗费用的垫资负担,对贫困人口进行"倾向照顾",减轻其医疗负担,提高医疗资源对贫困人群的可及性(见图6-7)。

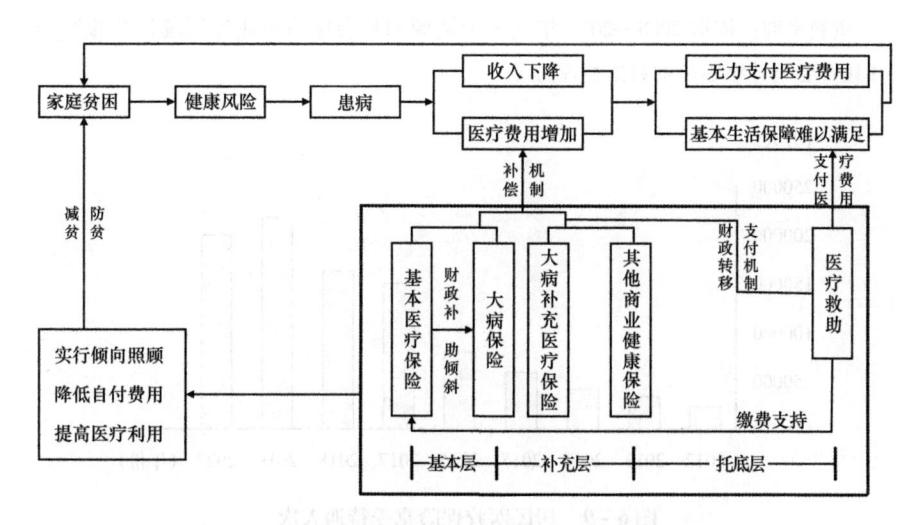

图6-7 西部地区多层次的健康保险扶贫机制

社会医疗保险作为医疗保障的托底工程,不仅能够对参保人员的医疗费用支出风险进行保障,而且能够对贫困人口与健康弱势群体提供权益保障。社会医疗保险发挥广覆盖的全民健康风险保障机制,同时,商业健康保险能够提升居民家庭的自我保障能力,社会医疗保险与商业健康险合力助推脱贫攻坚。社会医疗保险构建的外部保障机制与商业健康保险形成的内部保障机制相互结合,从而构建起内外结合的健康风险防范机制,共同发力,有效发挥健康保险的"扶贫""防贫"功能。

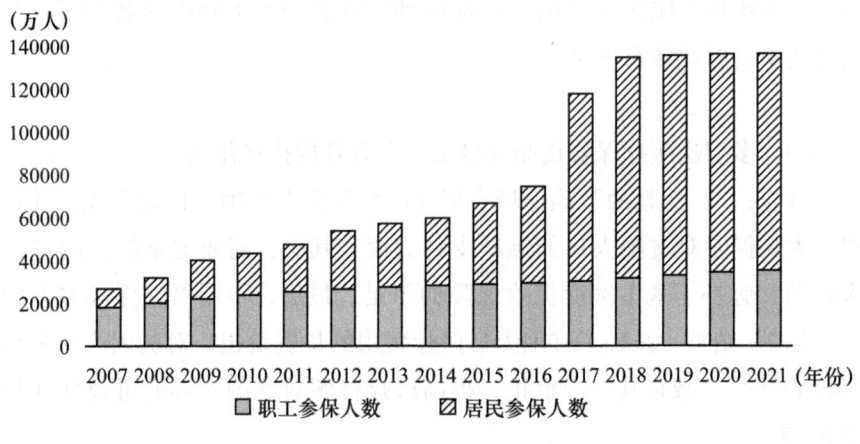

图 6-8 中国医疗保险参保人数

资料来源:依据 2008—2022 年《人力资源和社会保障事业发展统计公报》及《中国社会统计年鉴》的数据整理而得。

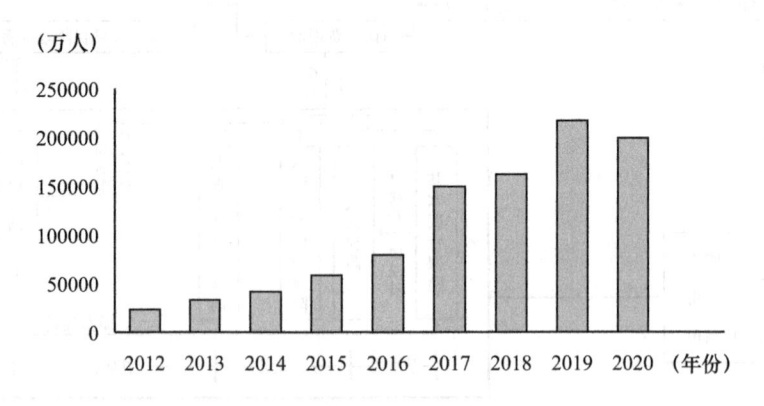

图 6-9 居民医疗保险享受待遇人次

资料来源:整理自 2013—2021 年《人力资源和社会保障事业发展统计公报》。

第五节 西部地区商业健康保险扶贫模式创新

在国家脱贫攻坚战略政策指引下，中国西部地区各省份根据当地的致贫原因与脱贫需求，充分发挥保险分散风险、损失补偿功能，探索创新了以政府为主导，多方统筹的"政府+保险"健康保险扶贫模式，颇具代表性，助力脱贫、巩固拓展脱贫成果，为西部地区的贫困人口及脱贫不稳定人群提供了强有力的保险保障。

一 云南："三道保障线"模式

云南省大理州是深度贫困地区，其12个县市中有9个是国家扶贫开发工作重点县。疾病是贫困人口致贫返贫的主要风险因素，"看病贵""报销难"是居民反映最强烈的医疗问题，也是缓解因病致贫返贫的重要环节。大理州政府将健康扶贫作为脱贫攻坚的重点工作之一。2016年12月，大理州政府出台《大理州建档立卡贫困户补充医疗保险方案》，委托中国人民健康保险公司（以下简称"人保健康"）承办全州建档立卡贫困户补充医疗保险，探索出了"城乡居民基本医疗保险+大病保险+商业补充医疗保险"三道保障线的健康保险扶贫模式，以减轻贫困人口的医疗费用负担。

（一）主要做法

1. 扩大保障范围，提升保障水平

保障范围方面，大理健康保险扶贫项目实行"脱贫不脱保"原则，保障对象包括已有在册建档立卡贫困人口（含脱贫人口）和之后被核实的建档立卡贫困人口。这些贫困人口的医疗保险保费由州、县市两级财政共同承担，个人无须支付。保障水平方面，采取"三免除、两提高、一降低、一兜底"政策。其中，"三免除"是指免除住院门槛费、门诊一般诊疗费和住院押金；"两提高"是指提高大病保险、基本医疗保险的报销比例和最高报销限额；"一降低"是指大病保险报销起付线降至0；"一兜底"是指在基本医疗保险协议规定的医疗机构住院发生的合规医疗费用，100%赔付。

2. 建立"一站式"结算机制

为简化多重保障报销手续，大理州建立了可以同时报销不同医疗保险的"一站式"结算系统。贫困人口在大理州定点医院产生的所有医疗费用，出院时只需要支付不属于报销范围内的自付部分，其他医疗费用由医院与医保经办机构和人保健康对接。同时，为解决贫困人口异地就医报销难问题，大理州医保局建立了异地结算绿色通道，有效解决了"报销难"问题。

3. 建立保费调节机制

补充医疗保险业务秉持商业可持续原则，人保健康实行独立核算，承担经营风险，建立了风险调节机制。如果人保健康当年的经营为亏损，全额承担，但次年可根据科学预测来调整经营目标，调整保险费率。

(二) 经验启示

大理州健康保险扶贫在社会医疗保险的基础上引入商业补充医疗保险，有效提升了贫困人口医疗保障水平，极大地缓解了因病致贫返贫状况，为脱贫攻坚提供了健康保障。通过对大理健康保险扶贫实践的分析，得到如下经验启示。

1. 满足健康保障新需求

"基本医保+大病保险"两道保障线可为居民报销医疗支出的70%，在面临高额医疗费用时，剩余的30%医疗费用对贫困户而言仍然是一笔不菲的支出。减轻贫困户医疗费用的负担是健康保险扶贫的实质，补充医疗保险可以将平均分配到个人的有限财政扶贫资金集中用于救助遭受大病冲击的困难群体，发挥保险精准靶向性的天然优势，从而提高了健康保险扶贫的"精准度"。地方政府包办补充医疗保险时，政府缺少个性化和差异化的商业保险研发经验，专业的理赔服务相对较差，从而需要委托商业保险公司承办补充医疗保险，结合市场机制与政府行政优势。因此，在健康保险扶贫中产生了对商业医疗保险的新需求。

2. 补充医疗保险为大病兜底

为了解决贫困户大病医疗支出的后顾之忧，在基本医保和大病保险报销后，仍然需要补充医疗保险报销剩余30%的医疗费用。商业保险公司是提供保险产品服务的专业机构，有专业的产品开发和精算部门，能够开展数据积累和分析，针对不同地区贫困户的需求，提供差异化和个性化的保障方案。

3. 合署办公提高健康保险扶贫效率

为提高健康保险扶贫效率，保险公司和政府相关部门合署办公，实现"一站式服务"。一方面，人保健康社保部工作人员派驻大理州县市医保局业务办理窗口，与当地医保局共同管理日常工作和开展业务，降低了保险公司和医保局的沟通成本，提高了扶贫工作效率。另一方面，大理州在 2017 年 6 月研发了"一站式结算系统"，针对省内就医贫困户，医院设立绿色通道合署办公，有效整合了扶贫办、医保局、人保健康、卫计委等部门资源，贫困户各项家庭信息和保障信息一目了然，可以同步完成医疗费用的报销结算，提高了效率。

4. 健康管理提高劳动生产水平

健康保险可以通过提高贫困群体的医疗服务利用水平来发挥健康保障和健康管理的作用，从而提高劳动力供给水平和收入水平。基于健康管理的需求，人保健康为大理患有慢性病、重大疾病的建档立卡贫困人口建立健康管理档案，对其提供日常生活建议，将健康保险和健康管理有效结合，倡导健康保健和预防，从而提高贫困人口的健康水平和劳动生产力。另外，医保局积极推行家庭医生签约到户，帮助贫困户进行健康管理，提高其健康素养水平，为早日实现脱贫打好基础。

5. 多方协同——各司其职助力健康保险扶贫

大理州扶贫办负责建立全州建档立卡贫困户参保人员基本信息花名册；州财政局负责做好全州建档立卡贫困户补充医疗保险费的资金筹措和拨付工作，并做好资金跟踪问效相关工作；州人社局代表全州建档立卡贫困户和人保健康签订补充医疗保险战略合作协议，做好扶贫政策宣传和咨询工作，同时负责督促人保健康及时做好管理、经办和理赔等服务工作；州卫计委负责督促医疗机构做好贫困户住院人员的服务工作。人保健康在健康保险扶贫过程中，与政府各职能部门相互配合，提升服务质量，做好相关管理和赔付等工作。

二 宁夏："健康险＋意外险"模式

宁夏积极开展全区商业大病保险，并积极进行"扶贫保"一揽子保险的优异探索，取得了较好效果。

（一）主要做法

宁夏扶贫办、保监局与中国人寿、人保财险、平安产险三家保险机构进行合作，分别推出"脱贫保"（"扶贫保"）家庭成员意外伤害保险、大病补充医疗保险、借款人意外伤害保险和优势特色产业保险。宁夏地区"脱贫保"产品的保费来源，采取政府补助和贫困户个人自筹相结合的形式，原则上政府补助承担保费金额的80%，贫困户个人仅承担保费的20%。其中，大病补充医疗保险主要针对建档立卡贫困户因住院发生的医疗费用，在基本医保、大病保险等其他保险机构报销后不为零的个人自付费用，按照一定比例给予再次赔付，保费每人每年45元，累计最高赔付限额每人8万元。贫困户家庭成员意外伤害保险，为贫困家庭成员提供了意外伤害风险保障。借款人意外伤害保险，有利于贫困户融通资金，解决贷款难问题。

（二）经验启示

宁夏健康险扶贫模式在大病保险基础上增添了家庭成员及借款人意外险，不仅有助于缓解意外伤害引致贫困的状况，也有助于缓解贫困户借款难的问题，提供融资、增信的债务风险保障。

三 青海："健康保""脱贫保"模式

2017年，青海省正式将保险助推扶贫列为精准扶贫10项重点工作。青海省以大病保险、农业保险、民生保险、小额贷款保险等各种险种为抓手，进行保险扶贫。其中，健康保险扶贫方面形成了"健康保""脱贫保"两种模式。

（一）主要做法

1. 健康保

受限于地域、气候、经济等原因，青海省地方病、传染病、高原病、慢性病易发，因病致贫返贫现象十分突出。为了有效缓解贫困户因病致贫返贫问题，西宁市于2016年联合中国人寿保险公司，开启"健康保"精准扶贫模式，为建档立卡贫困户提供综合保险，承保了意外事故、意外残疾、疾病身故及妇女部分原发性癌症等人身风险。"健康保"保费每人100元，保障期限为1年，在基本医保、大病保险和民政救助给予贫困户相应补偿之后的剩余部分，再由保险公司给予补充保障，补偿限额为8

万元。

2. 脱贫保

青海省海北藏族自治州刚察县是重点牧业县，也是贫困县。该县因地制宜，建立了一套"政府支持、贫困户受益、市场运作、广泛覆盖"的保险扶贫体系。"脱贫保"人均保费为460元/年，包括意外伤害身故、意外伤害残疾、意外伤害医疗、意外住院补贴金、重大疾病提前给付、常见病住院医疗给付6个险种，最高赔付金额达20万元。

（二）经验启示

青海省按照"国家扶贫＋政府配套＋保险公司出资让利＋贫困户参与"的机制，通过"健康保""脱贫保"等模式，承保范围广泛，有效减轻了贫困户的疾病经济负担，解决了因病致贫返贫问题，巩固了脱贫攻坚成果。

四 贵州："大病保险＋慢性病辅助险＋长期护理险＋普惠意外险"模式

贵州省剑河县等不断探索创新健康保险扶贫模式，彻底解决了贫困户因病致贫返贫问题，取得良好成效。

（一）主要做法

1. 改良新农合大病保险

贵州省剑河县是贵州省最早一批"保险脱贫攻坚示范县"之一，在原有"新农合"大病保险制度适用范围基础上，将"从病种"改为"从金额"，以医疗费用金额作为赔偿依据，并且大幅下调赔偿起付线。新农合大病保险精准扶贫对象和建档立卡贫困人口的起付线为3000元，比一般农户的起付线低2000元，最高赔偿比例高达90%，不设封顶线。

2. 开办慢性病辅助保险

剑河县以政府购买服务方式，向商业保险机构为建档立卡贫困人口购买了慢性病医疗辅助保险，由县财政为贫困户支付保费每人每年30.6元。患慢性疾病的贫困人口的门诊和住院医疗费经新农合基本医疗、大病保险、政策性医疗救助补偿后，剩余的个人年度自付部分，由商业保险机构再次给予赔付。

3. 开办贫困人口长期护理保险

为解决建档立卡贫困人口失能人员的基本生活照料和日常护理问题，剑河县以政府购买服务方式，向商业保险机构为建档立卡贫困人口购买了长期护理保险，保费为每人每年 4 元，由县财政支付。

4. 开办普惠意外保险

由县财政部门为城乡居民每人出资"一元钱"，向商业保险机构购买惠民意外伤害保险，提供意外伤害风险保障。

（二）经验启示

大病、残疾、长期慢性病等人身风险是导致居民贫困、返贫的重要因素，贵州省剑河县探索创新农合大病保险、慢性病辅助保险、长期护理保险、普惠意外险等多种产品，多途径解决疾病导致的贫困与返贫问题。

第六节　西部地区健康保险扶贫效应实证分析

西部地区贫困人口占全国贫困总人口的一半以上，人均可支配收入低于全国平均水平，医疗保健设施虽然逐渐完善但不健全，扶贫、防贫任务仍然艰巨。本部分将实证分析西部地区各省份健康保险的扶贫效果。

一　样本及数据来源

已有文献大多从微观视角或利用中国家庭营养与健康调查（CHNS）数据库分析中国"新农合"缓解贫困的效果，或利用实地调查数据分析大病保险对居民收入的影响。然而当前中国西部地区的保险精准扶贫，是政府宏观政策引导，各级政府与市场协作，共同助力扶贫脱贫。在健康保险扶贫方面，是社会医疗保险制度与商业健康险"合力"助推精准扶贫，解决因病致贫、因贫致病难题。所以，不同于以往的研究，本书将利用宏观数据，全面评价分析西部地区的健康保险扶贫脱贫效果。

本书选取西部地区 12 个省份 2015—2019 年的农村地区贫困发生率作为衡量扶贫效果的指标，以检验健康保险的减贫效果，相关数据主要来源于历年的《中国统计年鉴》《中国保险年鉴》《中国农村贫困监测报告》等。

二 模型建立

本书利用2015—2019年西部地区12个省份的面板数据进行分析,为了消除量纲影响,回归分析前对除农村贫困发生率外的数据进行了对数化处理。基本回归方程如下:

$$Y_{i,t} = \alpha + \beta_1 ins_{i,t} + \beta_2 w_{i,t} + \varepsilon_{i,t} \qquad (6-1)$$

其中,下标 $i=1, 2, \cdots, N$,$t=1, 2, \cdots, T$,代表不同的省份和年份;被解释变量 $Y_{i,t}$ 代表农村贫困发生率(pov_rate),解释变量 $ins_{i,t}$ 表示大病保险平均每人次赔付支出(ins);控制变量 $w_{i,t}$ 代表控制变量,包括年人均消费支出(consume)、年人均教育娱乐文化支出(edu_consume)、年人均GDP(per_gdp)、年人均医疗保健支出(med_consume)。

三 变量选择及统计特征

考虑到农村贫困发生率可以直接衡量贫困程度,进而衡量扶贫效果,本部分选用农村贫困发生率作为被解释变量。

解释变量选择大病保险平均每人次赔付支出(ins)来反映健康保险扶贫力度。考虑到家庭特征和地区特征对健康保险的参保以及医疗支出行为会有影响,进而影响健康保险扶贫效果,本部分选取年人均消费支出(consume)、年人均教育娱乐文化支出(edu_consume)、年人均医疗保健支出(med_consume)作为家庭特征控制变量,选取年人均GDP(per_gdp)作为地区特征控制变量,以反映地区经济发展水平。

对各变量进行统计分析,结果如表6-6所示。

由表6-6可知,农村地区贫困发生率平均值为6.27,比较低,这得益于多年的扶贫工作。大病保险平均每人次赔付支出平均值较高,反映了中国在健康保险上的投入力度。各解释变量的标准差均较大,最大值与最小值相差很大,可见各变量偏离均值的差异程度较高,省份之间差异较大。

表6-6　　　　　　　　　变量的描述性统计　　　　　　（单位:%，元）

	代码	观测值	平均值	标准差	最小值	最大值
农村贫困发生率	pov_rate	60	6.27	4.58	0	18.6
大病保险平均每人次赔付支出	ins	60	7083.18	9452.61	442.67	48885.77
年人均消费支出	consume	60	14840.47	2825.42	8245.8	20773.9
年人均教育娱乐文化支出	edu_consume	60	1857.63	1925.32	146.2	16025
年人均医疗保健支出	med_consume	60	1320.96	451.25	229.2	2108
年人均GDP	per_gdp	60	46376.52	12468.17	26433	76828

四　基准回归

本部分利用 Stata 15 软件进行回归，以分析健康保险对西部地区贫困发生率的影响。

（一）个体效应显著性检验

对数据进行 F 检验，以判断选取个体固定效应模型还是混合回归模型。经过检验，F 统计量的 P 值小于 0.01，从而拒绝了不存在个体固定效应的原假设，因此选择个体固定效应模型进行估计更合理。

（二）稳健豪斯曼检验

对数据进行稳健豪斯曼检验，以判断固定效应模型与随机效应模型哪个更优。结果显示，卡方统计量对应的 P 值明显小于 0.01，应使用固定效应模型进行回归分析。

（三）回归结果

使用双向固定效应模型，对省份、年份进行控制，并考虑异方差序列自相关后，得到表 6-7 中的回归结果。

表6-7　　　健康保险对西部地区农村贫困发生率的回归结果

	Coef.	Robust St. Err.	t-value	p-value	95% Conf Interval
ins	-0.75*	0.394	-1.91	0.083	[-1.619, 0.116]
consume	-29.896*	15.396	-1.94	0.078	[-63.781, 3.989]

续表

	Coef.	Robust St. Err.	t-value	p-value	95% Conf Interval
edu_consume	0.596*	0.315	1.89	0.085	[-0.097, 1.289]
per_gdp	4.044	4.732	0.85	0.411	[-6.371, 14.459]
med_consume	1.099	3.768	0.29	0.776	[-7.195, 9.392]
constant	244.9244**	105.4881	2.32	0.040	[12.747, 477.102]
R^2		0.713	Number of obs		60.000
F-test		108.52	Prob > F		0.000

注：** $p<0.05$，* $p<0.1$。

表6-7为基准回归的主要结果，核心解释变量大病保险每人次赔付支出的系数为-0.75，且在10%的水平上显著，表明健康保险赔付支出增加，农村贫困发生率会下降。从经济意义上分析，健康保险可以提高个体对医疗服务的利用水平，改善个体健康状况，在一定程度上中断"疾病—贫困"的恶性循环，从而达到减贫与防贫效果。控制变量中人均消费支出、人均教育娱乐文化支出的结果符合预期且在10%的水平上显著，表明人均消费支出与贫困发生率呈负向关系，而人均教育娱乐文化支出与贫困发生率呈正向关系，即教育支出可以提高人力资本，提升家庭赚取收入的能力从而缓解贫困。

五 稳健性检验

（一）替换被解释变量

为了增加结论的稳健性，本书应用贫困人口规模作为贫困的替代变量。在替换被解释变量后，得到表6-8中的回归结果。

表6-8　健康保险对西部地区农村贫困人口规模的回归结果

	Coef.	Robust St. Err.	t-value	p-value	95% Conf Interval
ins	-0.417***	0.095	-4.40	0.001	[-0.625, -0.208]
consume	-7.382*	3.712	-1.99	0.072	[-15.553, 0.789]
edu_consume	-0.032	0.320	-0.10	0.921	[-0.737, 0.672]

续表

	Coef.	Robust St. Err.	t-value	p-value	95% Conf Interval
per_gdp	-0.281	1.325	-0.21	0.836	[-3.197, 2.636]
med_consume	2.264**	0.856	2.64	0.023	[-0.379, 4.148]
constant	474.974**	210.701	2.25	0.046	[11.224, 938.724]
R^2		0.714	Number of obs		60.000
F-test		23.65	Prob > F		0.000

注：*** $p<0.01$，** $p<0.05$，* $p<0.1$。

如表6-8所示，替换被解释变量后，大病保险每人次赔付支出的系数依然为负，且在1%的水平上显著，与基准回归结果一致。

（二）替换解释变量

考虑到各个解释变量对贫困发生率的影响可能存在时滞效应，将各解释变量分别进行回归，得到表6-9中的回归结果。

表6-9 健康保险（滞后）对西部地区农村贫困发生率的回归结果

	Coef.	Robust St. Err.	t – value	p – value	95% Conf Interval
insL1.	-0.884**	0.346	-2.55	0.027	[-1.645, -0.122]
consumeL1.	-18.653	12.677	-1.47	0.169	[-46.554, 9.248]
edu_consumeL1.	0.231	0.367	0.63	0.542	[-0.576, 1.038]
per_gdpL1.	0.987	3.219	0.31	0.765	[-6.099, 8.073]
med_consumeL1.	-1.241	3.057	-0.41	0.692	[-7.971, 5.488]
constantL1.	188.233*	91.111	2.07	0.063	[-12.301, 388.768]
R^2		0.594	Number of obs		48.000
F-test		57.28	Prob > F		0.000

注：** $p<0.05$，* $p<0.1$。

如表6-9所示，替换被解释变量后，大病保险每人次赔付支出的系数依然为负，且在5%的水平上显著，与基准回归结果一致。

由此可见，在西部地区的精准扶贫中，社会医疗保险构建的外部保障机制与商业健康保险形成的内部保障机制相互结合，共同发力，达到了良好的"脱贫""防贫"效果。

第七节　西部地区健康保险扶贫存在的问题及对策建议

研究及实践表明，西部地区健康保险精准扶贫举措，为贫困户提供了多重风险保障，有效减轻了贫困户的医疗费用负担，确保了贫困户对基本医疗服务利用的可及性，脱贫攻坚战取得了全面胜利，西部地区的绝对贫困问题已得到彻底解决。但西部地区的各种自然灾害、重大疾病、慢性病、传染性疾病等各类风险对居民身体健康带来巨大潜在威胁，脱贫后的居民面临返贫风险以及相对贫困问题。因此，很有必要总结反思健康保险扶贫中存在的问题，找出短板与不足，提出在当前乡村振兴、共同富裕大背景下，健康保险如何发挥更大功能来巩固拓展脱贫攻坚成果。

一　健康保险扶贫存在的主要问题

尽管西部地区各省份的健康保险扶贫工作取得了显著成效，但从各地政策的实施过程以及今后的可持续性方面来看，健康保险扶贫主要存在如下三个方面的问题。

（一）健康保险扶贫的可持续性面临挑战

一方面，尽管目前各地的医疗保险基金能够基本维持收支平衡，但随着贫困人口对医保报销优惠政策的了解，其医疗服务需求将被大幅释放，"道德风险"也会随之产生，再加上老龄化趋势加重以及新冠疫情肆虐，医疗服务费用急剧上升，所以医疗保险的高保障水平和"脱贫不脱保"政策，从长期来看，对医保基金的收支平衡造成很大压力。另一方面，健康保险扶贫政策将大病起付线大幅降低，给承办补充医疗保险的商业保险机构经营管理带来压力。这种高保障水平政策在脱贫攻坚期间内尚可惠及所有贫困户，但一旦没有此类优惠政策，可能还会频繁出现因病致贫返贫现象，尤其是对"后脱贫时代"的健康保险扶贫可持续性带来挑战。

（二）专属扶贫政策造成新的"不公平"

许多地方规定，只有被纳入建档立卡的贫困户才能享受专属的补充医疗保险保障政策，而在西部贫困地区，存在一部分"边缘贫困户"，他们的经济条件略优于贫困户识别标准，但仍有较高的贫困脆弱性，在未来"陷贫"的概率极高。这些"边缘贫困户"无法参加建档立卡贫困户专属的补充医疗保险，无法享受建档立卡贫困户的专属保障政策，与建档立卡贫困户相比，承担了相对较高的医疗费用支出负担，造成了"边缘贫困户"和"建档立卡贫困户"之间的不公平。同时，"脱贫不脱保"政策导致已经脱贫的贫困户仍然能够参加补充医疗保险，也导致了"边缘贫困户"和"脱贫贫困户"之间的不公平。健康保险扶贫旨在降低大病风险给家庭带来的冲击，但如果专属扶贫政策导致新的"不公平"，将会导致医疗资源分配的无效性和扶贫的不精准性。

(三) 基层医疗卫生服务能力欠缺

西部贫困地区的基础医疗设施和服务仍然制约着健康保险扶贫效果的发挥，主要表现为两点：其一，贫困户所在的县级医院和基层医疗卫生服务不完善，医院和基层卫生机构尚未形成利益共同体、责任共同体、发展共同体；其二，家庭医生制度落实不到位，家庭医生原本是给贫困户提供就医和咨询服务，倡导医养结合，提高健康素养，通过健康管理达到健康扶贫的效果，但是由于基层医疗服务人员的短缺，尚无法达到家庭医生广覆盖和真落地的目标，家庭医生的预期效果也大打折扣。

二 健康保险助力脱贫攻坚成果的对策建议

2020年，中国脱贫攻坚工作取得阶段性胜利，绝对贫困已经全面消除，但西部地区的居民仍面临罹患重大疾病、意外残疾等人身风险，扶贫政策撤离的政策风险，固有的自然灾害风险以及生产技术落后的技术风险等。因此，脱贫人口的返贫风险依然较高。其中，疾病、伤残及灾害等带来的人身风险以及扶贫政策改变带来的政策风险最为突出（刘妍等，2020）。后脱贫时代，要守住脱贫成果，就必须将脱贫工作重心向治理相对贫困与精准防贫转移。鉴于健康保险的减贫机理及效应，在今后很长一段时间内，还需继续发挥健康保险的作用，将其广泛应用于扶贫、防贫工作中，以降低贫困家庭的经济脆弱性与健康脆弱性，进一步破解"因病致贫、因病返贫"难题。

(一)做好健康保险扶贫制度设计

中央政府加强关于保险扶贫制度的顶层设计，将保险作为一项制度性安排纳入可持续性扶贫开发政策以及乡村振兴战略的支持体系，引导地方政府加大对保险工具的运用力度。地方政府层面，因地制宜，巩固并不断创新政府与保险机构的公私合作模式，为贫困人口提供效率更高、服务更广的健康风险保障。另外，提升治理能力，结合当地实际情况，更好地运用保险这一现代化风险管理工具，加强政府各部门之间以及政府部门与保险机构之间的协调配合和数据共享，做好与保险扶贫相关的管理和支持工作。要充分调动保险公司的积极性，一方面，适度放宽对于保险公司相关产品与业务的管制，允许其在保持保险基金平衡的基础上微薄盈利；另一方面，发挥商业保险公司在健康管理等方面的优势，对贫困脆弱性群体定期进行免费检查与义诊活动，帮助贫困脆弱性群体把握治疗良机、小病早治，构建预防层的健康保障。

(二)建立针对"边缘贫困户"的识别机制和补贴机制

要牢固守住脱贫成果、有效防止因病返贫，就必须通过科学手段精准识别贫困脆弱性群体。首先，在绝对贫困已经解决之后，要关注"相对贫困"人群，依据各省份实际情况建立科学标准，精准识别不同贫困人群。既要关注已脱贫"贫困家庭"的返贫风险（即"建档立卡贫困户"），还必须关注"边缘脱贫家庭"的风险，在"健康防贫"监测范围进行动态监测。其次，要进一步提高政策支持精准度和公平性，建立梯度式保费补贴机制，对贫困家庭、边缘脱贫家庭、稳定脱贫家庭给予不同梯度的保费补贴，相关保费补贴区间应根据不同风险及产品类型进行测算和调整。最后，对符合条件的扶贫保险产品给予适当的税费减免，以降低保险附加费率，惠及更多的脱贫家庭。

(三)保险机构要优化产品设计

首先，保险机构要提升专业自信和专业能力，平衡好商业利益与社会责任的关系，并认识到向贫困人口提供保险有助于扩展业务范围和增强发展后劲。其次，要设计层次化和菜单化的保险选项，有针对性地提供多个保障层次、不同免赔额或免赔率组合、多个价格水平的扶贫保险产品，供地方政府和被保险人选用。这样拥有不同购买力和不同风险状况的家庭，会自然分组选择不同类型适合自身家庭情况的保险产品。最后，长期慢性病和大病是贫困户致贫和返贫的主要诱因，保险公司需要加速推进补充性的大病保险、慢性病保险以及长期护理保险的设计、试点与推广。

关于健康保险产品的创新可以从以下两个方面着手。其一，设计累进赔付的保险产品，医疗费用报销按保险有效期内累计医疗费用高低分段累进支付，医疗费用越高则报销比例越高，具体分段支付比例由保险机构根据当地实际情况确定。由于医疗费用越高隐含了健康状况越差，累进报销某种程度上为健康状况越差的群体提供了较低的自付比例，达到了精准帮扶的效果。其二，设计层次化的健康保险产品，以适合不同保障需求的群体，可以为贫困群体选择较高保障水平的保险产品或者补充医疗保险。

（四）利用保险科技参与健康扶贫和防贫

当前，保险科技快速发展，运用大数据、云计算、区块链和人工智能的保险科技已逐渐成熟，保险机构应充分利用这些技术开展扶贫工作。在大数据方面，保险公司应当首先打通与政府有关部门、医疗机构有关部门的数据连通；其次，打通保险公司之间的数据连通；最后，打通与金融机构之间的数据连通，充分利用大数据进行保险扶贫管理，对贫困户实行动态跟踪和管理，提升保险扶贫的效率。

（五）加强居民的健康教育

借助乡村振兴全面推进的契机，加快乡村地区现代化治理体系构建，加强居民健康知识培训与教育，提升健康管理意识与抵御健康风险的能力，从源头遏制因病致贫、因病返贫的产生。

第 七 章

西部地区信用保证保险扶贫实践及改进对策研究

保险资金是实体经济领域资金的重要提供者，在国家基础设施建设、制造业和新兴产业扶持等领域发挥了积极的作用，保险资金是金融市场重要的资金来源。保险的直接投资、融资增信、风险保障功能发挥，可以提升贫困地区的贷款可获得性，满足"三农"融资问题，而且在一定程度上帮助稀释社会信用风险。本章分析信用保证保险扶贫的理论机理、在西部地区的精准扶贫中信用保证保险扶贫的主要模式、典型案例及取得的减贫成效、经验总结。

第一节 引言

金融是现代农村经济的核心。随着中国新农村建设不断推进，农村经济逐步货币化、市场化、产业化。然而，融资难问题是困扰西部地区农村经济发展的一大阻碍。因此，通过金融扶贫，引导资金投入"三农"，实现"造血式"发展，是中国西部地区农村反贫困治理的重要方式。在诸多金融扶贫模式中，农业价值链贷款融资、土地流转贷款融资等效果良好，前者以农业订单为担保，后者以农村土地经营权为抵押，二者都是要求借款人提供合规抵押担保品为前提，主要针对专业大户、家庭农场以及农村专业合作社等新型农业经营主体。大多数农户（尤其是贫困户）因不具备合规抵押品而难以获得贷款。要解决贫困人口融资难、融资贵问题，必须借助外部增信手段，即通过引入第三方担保提升贫困家庭的信用水平，强化其还款意愿，提高其贷款的可获得性及还款能力。

信用保证保险是通过引入保险公司担保来为借款人融资增信的重要工具。在中国，以保险公司为主导的贷款保证保险始于20世纪80年代，农业信贷与农业保险的互动机制受到政府政策的大力支持。1988年，中国人民保险公司湖南省分公司在湖南郴州、株洲、湘潭三市开展贷款保证保险试点。2009年的中央一号文件首次提出了"探索建立我国农村信贷和农业保险相结合的银保互动机制"，同年9月，城乡小额贷款保证保险试点在浙江宁波正式启动。之后，政府对"政银保"模式下的涉农贷款保证保险支持力度不断增大。2014年8月，国务院办公厅出台《关于多措并举着力缓解企业融资成本高问题的指导意见》，提出了开展信贷和保险合作的新思路，鼓励通过农业保险保单质押贷款模式来解决农户信贷约束。2020年，《中国银保监会办公厅关于印发信用保险和保证保险业务监管办法》进一步规范了信用保证保险的运营管理。

在脱贫攻坚阶段，中国西部地区各省份积极探索创新保险扶贫体制机制，充分发挥保险的融资增信功能，形成了以银行信贷为支撑，保险公司、资本市场、融资担保等金融机构共同发力的保险扶贫模式，为打赢脱贫攻坚战发挥了重要保障作用。本章以西部地区各省份为典型案例，从理论与实践方面系统分析保险增信扶贫的理论机理、模式创新及其运行效果，为后脱贫时代巩固拓展脱贫攻坚成果、实现乡村振兴提供对策建议。

第二节 信用保证保险扶贫的理论机理

一 信用保证保险的概念内涵

信用保证保险是指权利人向保险人投保债务人的信用风险的一种保险，其原理是把债务人的信用违约风险转嫁给保险人，当债务人不能履行其义务时，由保险人承担损失赔偿。信用保证保险是一种担保性质的保险。通常将权利人投保义务人信用的保险业务叫信用保险，而将义务人投保自己信用的保险业务叫保证保险。

信用保险与保证保险既有联系又有区别（见表7-1），信用保险的投保人是权利人，而保证保险的投保人则是义务人，广义的信用保险包括保证保险。本书统一用"信用保证保险"。

表7-1　　　　　　　　信用保险与保证保险对比

	信用保险	保证保险
投保目的	权利人为以防万一	义务人为取信于人
涉及主体	两方：权利人、保险人	三方：义务人、权利人、保险人
投保人	权利人	义务人
被保险人	权利人	权利人
反担保	无须有反担保	须有反担保
承保风险	违约风险、财务信用风险（借贷风险）、商业信用风险、预付款信用风险、保证信用风险、诚实信用风险

二 信用保证保险的基本类型

以信用风险作为保险标的的信用保证保险发展时间短而曲折。中国信用保证保险的开端，源于20世纪80年代原中国人民保险公司开展的首笔长期信用保险业务。而此险种真正被大家认知，是1999年中国人保公司开办的机动车辆消费贷款保证保险。近年来，市场中对"增信、融资、履约"等信用保证存在迫切需求，使得履约担保、融资性信用保证保险这种通过险企为投保人的信贷行为提供履约保障的险种需求旺盛，迎来快速发展。目前中国金融市场上的信用保证保险业务高度多元化，险种涉及进出口信用保证保险，国内、国际工程履约保险，产品质量保证保险，住房抵押贷款保证保险，汽车贷款保证保险，雇员忠诚保证保险，融资保证保险等。中国的信用保证保险与发达国家相比发展较为落后，但市场需求潜力巨大，需要加快创新发展。本书将通用的相关产品归纳如下（见表7-2）。

表7-2　　　　　　　　信用保证保险基本类型

	具体业务
出口信用保证保险	对企业投保的为中国出口货物，对其他国家政府援助建设、国外投资、国外工程承包等项目提供风险保障

续表

	具体业务
消费信贷保证保险	为了满足个人消费需求，许多银行和保险公司推出小额个人抵押或无抵押贷款，积极推进个人消费信用贷款保证保险
小微企业融资保证保险	保险公司和银行为了解决小微企业融资问题，采取多项小微企业专项扶持政策，为小微企业发展提供资金保障
涉农信用保证保险	为解决农业企业和农户贷款门槛高、贷款流程复杂等问题，保险公司、银行与政府开展农业保证保险业务，合作开展涉农贷款
互联网交易活动保证保险	随着电子商务活动的高速发展，出现了许多线上信用保证保险模式，保险公司针对电子商务的不同客户群体，开发出不同应用场景和定制的信用保证保险产品：网上销售产品质量保证险、退货险、账户资金安全险、盗刷险、应收账款保证险等，从不同方面保障买家和卖家的利益，建立了互联网交易活动的信用风险保障体系

三 信用保证保险扶贫的机理与路径

（一）信用保证保险扶贫的机理

信用保证保险扶贫的理论机理在于保险的直接投资、融资增信、风险保障功能发挥。从需求端来看，信用保证保险可通过增信，提升贷款可获得性，满足"三农"融资需求；从供给端来看，保险公司经营信用保证保险险种，一定程度上帮助稀释社会信用风险。

1. 保险资金直接投资机制

贫困地区无论是基础设施建设还是种植业、养殖业以及相关涉农产业发展，均需要大量资金投入。保险具有资金融通功能，保险资金具有规模大、使用灵活、可长期投资（尤其是寿险资金）等特点。其既能吸引更多银行信贷等资金，又能促进政府财政资金发挥作用。因此，保险资金直接投资可以促进贫困地区特色优势产业发展，助推经济转型升级，最终实现贫困地区脱贫致富目标。

2. 保险融资增信机制

随着农村金融的发展和农业现代化推进，"三农"领域的信贷配给现象凸显。贫困地区农民农业经营主体资产单一，缺乏抵押担保物，农民因为信用力不足而无法从银行等金融机构获得贷款，融资难、融资贵问题日益受到社会各界关注，在西部农村地区该问题更加严重。而保险具有融资增信功能，信用保证保险能够解决农户财富约束下的担保增信问题，借助融资性信用保证保险，银保合作，农户及农业经营主体可以获得风险担保，获得银行贷款资金，支持种养业及农业产业发展，助推贫困地区早日实现脱贫。

3. 农业保险与农业信贷相结合机制

国内外实践发展及相关研究表明，农业保险能够起到充当抵押物的作用，金融机构更倾向于将贷款发放给已投保农业保险的农民。因此，农业保险与银行信贷相结合，在脱贫攻坚中具有独特的优势，其逻辑在于：其一，农业保险可以分散农民在农业生产过程中的自然风险与价格风险，而农业信贷能够为农民的生产提供稳定资金来源，对农业生产规模扩大与生产效率提高具有积极意义；其二，农业保险保单可以作为农业信贷抵押物的替代，起到隐性担保作用，银行等信贷机构因为有农业保险提供风险保障，更愿意将农业信贷贷给农民，从而促进农业信贷在农村地区的扩张，而农业信贷又能够激发农民的风险意识，促进农业保险的需求。农业保险与农业信贷良性互动，这种双向因果关系同样能够对脱贫攻坚起到积极的推动作用。

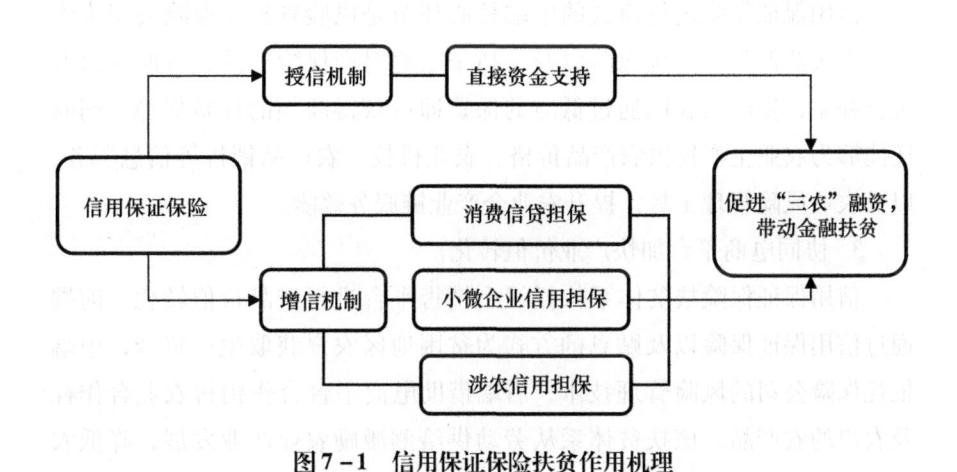

图 7-1 信用保证保险扶贫作用机理

（二）信用保证保险扶贫的路径

实践中，政府、保险、担保、银行等金融机构多方联动，协同助力精准扶贫。其中,信用保证保险扶贫的模式路径如下。

1. 保险资金直接支农融资

按照"保证保险+政府贴息"模式,地方政府与保险公司合作启动"政融保"扶贫项目,提供"保险+融资"一站式综合金融服务,满足农户对保险和融资的双重金融服务需求。保险公司推出"支农融资"产品,为在本地区从事生产经营活动且参加农业保险的农户和涉农企业提供一定额度的贷款,支持农户生产和农业产业发展。各级政府对农户、保险公司及银行等信贷机构进行贴息或税收优惠。例如,中国人民保险集团设立250亿元"支农支小"融资产品,在西部地区一些省份开展"农业保险+扶贫小额信贷保证保险+保险资金支农融资"扶贫项目,帮助贫困人口便利获得免担保、免抵押、优惠利率的小额资金。

同时,通过保险资金的杠杆效应,进一步放大资金使用效能。随着中央和地方政府对贫困地区的资金支持力度不断加大,扶贫效果得到了进一步提升。另外通过发挥保险融资增信功能,能进一步激发农村金融活力,这对农村信贷环境优化、农村信用体系建设具有重要意义,产生长远影响。

2. 为农户及农业全产业链提供风险管理

信用保证保险运行模式的中端核心环节是风险管理。保险公司为农民提供农业保险、大病保险以及一揽子家庭财产保险产品,政府对保费进行补贴,使广大农民通过低廉的保费即可获得高额的保险保障,同时还能够为农业生产提供农产品价格、农业科技、农产品销售等信息服务,以及农业风险管理工具,提升农业全产业链服务效能。

3. 协同电商平台加快产业价值转化

信用保证保险扶贫体系依托线上销售平台进行产品价值转化。前端通过信用保证保险以及贴息的方式为贫困地区农户获取生产资金,中端依托保险公司的风险管理技术,后端借助电商平台合作销售农业合作社及农户的农产品。该扶贫体系从劳动供给侧激励农业产业发展,降低农业生产的投入风险,解决农产品销售的后顾之忧,形成"产业—科技—风险保障—销售"一条龙的闭环运作。

第三节 西部地区信用保证保险扶贫的主要模式

一 四川:"保险融资+担保保证+再担保"模式

中国人民保险集团股份有限公司(以下简称"中国人保")普惠金融事业部推出"政融保"产品,开展支农融资,支持地方农业产业化发展。"政融保"包括融资板块和保险板块。融资板块的放款机构为人保公司,主营业务为支农"政融保"贷款业务,人保财险对外可以为办理贷款的农业客户提供对应的农业保险、成本价格保险、借款人意外险、保证保险以及其他保险的一揽子综合保险服务,以降低贷款客户的经营风险;对内由于融资板块为新的业务板块,为了便于人保财险内部人员的操作,将与贷款业务关系密切的农业保险、成本价格保险、借款人意外险、"支农支小"融资还款保证保险等相关险种一同放在融资板块,提示各级机构在办理"政融保"过程中,为有相关需求的贷款客户办理农业保险等相关险种。保险板块的放款机构为银行,人保方主要为该笔贷款提供保证保险,起到分担农户及农业企业经营主体的贷款风险效果,该板块主要的产品为"政银保"和"助贷险"。

2018年,人保财险四川省分公司与巴中市秦巴农业融资担保股份有限公司、四川信用再担保有限公司合作推出"险资直投、再担保风险"保险扶贫项目,通过"政融保"助推脱贫攻坚。"政融保"的运行机制及扶贫效果如下。

(一)项目合作机制

由县(区)人民政府与人保财险四川省分公司签订"政融保"互动合作协议,指定经人保财险公司确认的融资担保公司为支农融资提供全额连带责任担保。政府将"政融保"支农融资纳入银行投放的同类资金给予政策扶持,形成了信贷风险由政府、保险机构、担保公司、再担保公司各方共担机制。

(二)建立风险保障代偿基金

人保财险四川省分公司与市级农业担保公司建立共管账户、共同管理风险保障代偿金,降低融资主体的贷款成本。四川信用再担保有限公司支持融资担保机构为符合条件的新型农业经营主体提供贷款担保,有效分散政府、人保财险、担保公司、金融机构的信贷风险，拓宽担保融资渠道，引导更多金融"活水"流向"三农"等薄弱领域。

（三）政府提供财政补贴

政府为融资主体提供贷款贴息担保及保费补助、风险补偿等支持。人保财险四川省分公司为融资主体提供最优融资利率，并配套特色惠农保险。新型农业经营主体、农户及专业合作社融资金额不超过200万元，涉农企业融资金额不超过1000万元，年利率为5%，担保费率为2%。市级财政每年补助担保额的3%，保险每年补助担保额的2%，差额部分由市县级财政按5∶5分担。

（四）扶贫成效

2018年，巴中、达州两地累计放款57笔，落地资金5070万元。直接受益于农业企业发展的农村人口达6万人，农业企业发展带动农村就业率提升，间接受益农村人口达十余万人，受益建档立卡贫困户1万多人。

二 贵州："保险+担保+贷款企业"模式

贵州是一个贫困面积大、贫困程度深、扶贫难度大的省份，是全国脱贫攻坚的主战场。贵州省积极探索保险扶贫模式，除了农业保险，在保险融资增信方面进行了大胆尝试，创立了"保险+担保+贷款企业"融资风险共担机制，运行机制及扶贫效果如下。

（一）信贷风险共担模式

为解决"黔茶联盟"涉农会员的融资难、融资贵问题，由"黔茶联盟"为其成员企业贷款提供担保。当贷款企业发生违约时，保险公司、"黔茶联盟"和企业按4.5∶4.5∶1的比例共同承担贷款损失。2015年，"黔茶联盟"11家会员企业获得2400万元的贷款。黔西南州探索政、银、保、企"四位一体"运行模式，由农业部门牵头设立"资金池"，遇到风险时由保险公司、银行和"资金池"按7∶2∶1的比例分担风险。中国人保在贵州开办保险资金直接投资支农项目，首批试点在剑河县。2017年，试点额度提高到250亿元，并针对农业产业发展中面临的灾害、病疫、有害生物及市场价格波动等风险配套保险保障，为解决当地农业产业融资难、融资贵、风险不确定问题提供了系统性方案。

（二）中国人保支农融资

中国人保公司在贵州积极开展保险支农融资带动产业扶贫，采取"政府＋公司＋合作社＋贫困户"模式，在革东镇麻栗村建成"中国人保助推剑河脱贫示范生态养殖场"，扶持生猪养殖产业，在麻栗村、东南村建成圈舍6000平方米的两个养殖场，通过养殖劳务、分红收入直接带动204户813人脱贫，并通过猪粪环保利用，配套饲料玉米种植带动20余户脱贫，在此基础上，加快推进支农融资产业扶贫工作，助推脱贫攻坚战取得胜利。2020年3月，剑河县退出贫困县序列，实现脱贫"摘帽"。

（三）保险产业扶贫及效果

贵州的保险扶贫机制为保险与政府、企业、专业合作社、银行等多部门合作，结合当地致贫原因以及农林牧渔业特色产业发展，通过提供"一揽子"涉农综合保险、信贷保证保险、保险支农融资等模式，解决农业经营主体融资难、融资贵问题，增强地区自我发展的意识与能力，通过产业发展带动经济发展，促进就业。一方面，农民通过造林劳务、森林养护、林下经济获得稳定收入，实实在在受益；另一方面，充分利用当地资源禀赋，极大盘活林业、养殖业等经济存量，形成高效利用及保护性开发的良性循环，促进养殖业、林业产业链的形成。充分发挥了保险融通资金、保障风险、开发经济的作用，提升扶贫的功效。

三　西藏："保险保证＋信贷＋政府补贴"模式

西藏是边境地区、民族地区，又是集中连片和深度贫困地区。近年来，政府通过产业扶贫、易地扶贫搬迁、生态扶贫、教育扶贫、就业扶贫、金融扶贫和援藏扶贫等多举措、多途径开展精准扶贫，取得了巨大成就。保险机制在助推精准扶贫方面发挥了积极作用，一方面通过融资增信"造血"，促进地方产业发展，增加农牧民收入；另一方面通过风险保障"止血"，以防止出现因病、因灾致贫返贫现象。

西藏自治区不断探索符合当地实际的解决办法，创新政府与银保合作的金融扶贫模式，实施"政府＋保险保证＋信贷＋政府补贴"的扶贫项目。2016年3月，西藏自治区首次推出《中小微企业小额贷款保证保险管理试点暂行办法》，意在解决中小微企业融资难问题。政府为中小微企业向保险公司投保银行贷款保证保险并缴纳保费，银行以此为担保方式向中小企业发放贷款，期限不超过一年。贷款保证保险费率按贷款本金的2%执行，借款人与自治区财政分别支付1%。银行对中型企业、小微企业单户分别放贷不超过200万元、100万元。得益于信贷保证保险政策支持，以个体工商户和私营企业为主的非公经济正享受着金融"活水"，迅速发展，健康茁壮成长。

西藏自治区政府大力发展农作物保险、主要畜产品保险、重要"菜篮子"品种保险和森林保险，鼓励保险公司开展主要粮食作物、生猪和蔬菜价格保险试点。

同时，政府补贴与银行保险机构相结合，即农牧民在申请农业信贷时，银行优先给购买了农业保险的农户发放贷款，使农险保单起到增信担保的作用。2017年，《西藏自治区涉农贷款保证保险试点工作方案》提出，按照农牧区种养大户和家庭农场单户贷款额度最高不超过50万元（含），农牧民专业合作经济组织、涉农企业单户贷款额度最高不超过200万元（含）为限额，提供70%—100%的超赔损失风险补偿和保费补贴政策。截至2020年10月底，据西藏银保监局统计，累计发放扶贫小额贷款超过70亿元，惠及全区建档立卡贫困户15万户次，覆盖率超过95%。

2021年8月，西藏自治区财政厅、乡村振兴局等联合印发《西藏自治区财政衔接推进乡村振兴补助资金管理办法》，提出了相关财政政策举措，为信用保证保险在巩固拓展脱贫攻坚成果同乡村振兴有效衔接中发挥更大融资增信功能提供了更好的机遇。

第四节　西部地区信用保证保险扶贫存在的主要问题

西部地区在精准扶贫中，结合当地农民致贫返贫原因，充分发挥信用保证保险的融资增信、直接投资、风险保障功能，积极探索创新，取得了显著的扶贫脱贫效果。实践中，仍然存在一些问题亟待改进。

一　涉农保证保险无法有效运用"大数法则"进行风险预测

从理论上讲，保证保险贷款本身存在缺陷。以"政银保"为例，贫困地区的农户及涉农小微企业等借款人，无论是信用水平、经济收入还是贷款目标、资金使用等，均存在较大差异，不可能形成大量的同质性风险、风险程度及信用等级相似的"风险单位"。再者，农业存在系统性风险，一旦遭遇洪涝灾害、泥石流滑坡或其他不可抗力风险，损失必然发生且可能超出预期，标的同时受灾的概率较大。因此，农业信贷风险并不符合可保风险条件。准确地说，保险公司在"政银保"合作中更多只是充当第三方担保，既无法运用保险的"大数法则"集合众多同质风险单位，也难以通过保险精算拟合风险分布。其专业性风险管理技术优势难以有效发挥，因而在保险费率厘定、损失核赔理赔等方面无法做到精确化。

二　缺乏有效的责任确认机制

现行涉农贷款保证保险并非真正意义上的保证业务，而是介于"信用保险"和"保证业务"之间的产品。借款人（即农户及农业经营主体）对自己的信用具有保险利益，可以进行投保，但被保险人是谁，这对产品界定有着本质影响。只有被保险人是农业经营主体时，才能被称为保证业务。而现行的涉农贷款保证保险合同中，被保险人是放款人（即放贷金融机构），损失由保险公司进行赔付，然后向投保人追偿，这种追偿如何界定？如果称之为代位追偿的话，投保人却不是保险合同的第三方，这不符合保险基本原理中对代位追偿的界定；如果称之为追偿的话，保险公司追偿的法律基础不牢固，因为投保人所提供的抵押物或无抵押贷款的信用审核等相关信息均在被保险人（银行等放款机构）的掌握之中，在三方利益相关者之间缺少明确的责任确认机制，这使得涉农贷款的风险管控难度巨大，也是现行涉农贷款保证业务陷入尴尬境地的原因之一。

另外，现行涉农贷款保证业务中涉及的保险公司和银行等金融机构存在严重的信息不对称、权责划分不清、风险承担不平衡等问题，使保险公司开展业务时处在劣势地位，不利于银保合作关系长期协同、稳定发展。

三　政府超赔责任诱发银保机构放松风险管控

农业保证保险贷款中银行放宽了对农户抵押品的要求，从而缓解了农户因供给不足受到的信贷配给，提高了农户的信贷可获得性。然而，西部个别地区的实践却发现：一方面，在"政银保"多方合作模式下，农户信贷风险由保险公司与银行进行一定比例分摊，不足部分由政府兜底，政府实际充当了贷款最后担保人，从而引发一系列道德风险，如银行可能放松信贷约束及贷前贷后风险防范，保险公司可能会为扩大农村市场份额而与银行合谋，农户则可能利用信息不对称优势改变贷款资金用途，甚至从主观上丧失还款意愿；另一方面，银保合作利益分配不均、政府超赔导致风控放松，影响合作效率，可能产生保证保险贷款实施效果与政策目标相悖，进而危及信贷保证保险可持续发展。

第五节 西部地区信用保证保险助力乡村振兴的对策建议

当前，适逢巩固拓展脱贫攻坚成果与乡村振兴有效衔接的交汇期，西部农村地区大部分农户及农业经营主体具有明显的脆弱性，融资难仍然是一个突出问题。中国的精准扶贫实践表明，在后脱贫时代，信用保证保险是巩固拓展脱贫攻坚成果、保障乡村振兴建设发展强有力的保险工具：一方面信用保证保险可通过增信，提升贷款可获得性，满足脱贫农户及涉农企业的贷款需求；另一方面信用保证保险能够推进农村诚信文化建设，加强信用风险防范，树立"信用也是财产"的社会共识。

一 创新"多方联动"合作机制

其一，要借助政府与保险、银行、基金等金融机构多方联动合作机制，规避信用保证保险自身的局限性，激励金融机构为脱贫攻坚及乡村振兴提供更多金融服务和农业技术支持，催生更多有效的"造血"式信贷供给。其二，在风险管理方面，地方政府、保险机构及信贷机构共同协作管理、共担风险，明确政府与金融机构的边界和责任，要鼓励市场化运作与竞争，提高保险保障机制运行效率。其三，结合各地实际，进一步优化涉农贷款保证业务操作流程，强化保险公司方在贷款业务流程中的担保人角色，明确保险公司在费率设定、资信审核、贷款监管方面的权责。其四，要建立银行与保险公司之间的合作信息数据库，实现信息共享。商业银行、保险公司等金融机构的贷款及还款、保险承保、理赔等关键信息逐步实现跨行业、跨地区共享，并与司法系统、中国人民银行征信系统逐步实现互联互通，在确保信息安全的情况下不断扩大使用范围，减少重复劳动，降低审核成本，提高服务效率。

二　建立完善财政补贴及风险分担机制

其一，要建立健全为"三农"提供服务的保险及信贷机构合作的长效激励机制，政府可以为提供农业保险、信贷保证保险的机构等提供税费补贴与减免，激励农村金融供给。同时，依据不同农户的贷款规模提供相应的农业保险保费补贴，激发农户的保险需求。其二，加大对承保环节的补贴力度。提高对贷款利息和保费的财政补贴比例，降低发生贷款逾期风险后政府分担损失比例。其三，调整财政补贴结构。按照收益与风险匹配原则，引导贷款利息和贷款保证保险费率市场化定价，调动商业银行和保险公司参与积极性，扩大有效供给。其四，调整风险分担方式。改变目前商业银行、保险公司和地方政府按比例分担贷款逾期损失的做法，按照责任明确的原则，调整为分层承担损失，细化与明确承担损失的比例、限额和顺序。

三　保险公司创新产品和服务

中国新型农业经营主体对农业保险的需求不再是单一的，更多的是需要能够解决生产所需的资金，缓冲市场波动带来的价格风险，提供高质量全方位服务。为此，保险公司方面，首先要通过"保险＋其他金融"模式加速产品和服务创新，要依据农户种养业规模及风险特征、收入水平等情况，为农户提供多样化选择，满足不同层次农户信贷及风险保障需求，提高金融服务效率；其次，要将保险科技运用到保险产品开发、费率厘定、勘验定损、损失理赔、风险管理等业务环节，降低经营成本，缩短理赔周期，提高服务质量与效率；最后，要与政府合作，探索创新农业巨灾保险、农业再保险体系建设。

四　保险公司完善风险内控体系

融资性信用保证保险业务存在较高经营门槛，受经济周期、行业景气度影响较大。如果不具备多维风险控制能力、资本基础和积极的业务创新迭代能力，再加上粗放经营，那么融资性信用保证保险将会问题频发，在信用风险上行期将难以承受赔付压力，威胁金融体系稳定。为此，保险公司方面要建立健全信用保证保险风险内控体系，做好风险识别、风险评估与风险应对，练好内功、规范发展是核心要务。首先，要建立数字化和趋向智能化的风控系统，从客户筛选、风险评估、授信、签约、放款、支付、用途跟踪、代偿回收等业务环节进行全流程风险管理。例如，在农业信贷保证保险业务中，保险公司在收到担保申请后要对申请人的资产情况、债务情况、信用等级等进行评估审核，并对反担保物进行确认；贷款发放后，保险公司应对其担保的涉农贷款进行贷后风险管理，如贷款实际用途、借款人的收入情况等，有助于避免金融机构贷后管理不力，致使保险公司营业风险增加的情况发生。其次，要增强保险机构对信用保证保险业务的风控能力；同时，要加大人才队伍建设以及对逆周期资本调节的力度。最后，保险公司要基于业务整体，建立信用保证保险的风险预警机制。

五　建立完善农村信用体系

一是地方政府牵头组织推动，有效发挥保险公司和商业银行的风险管理专业优势，建立完善信用评价体系。丰富评价指标，统一评价标准，着力提高信用评价的精准性。二是统筹保险公司、商业银行以及其他社会资源形成宣传合力，增强农户的风险意识，在农村弘扬诚信文化、培养契约精神，从源头上减少失信行为的产生。三是从法律层面上规范农业保险发展，加强和完善农业保险、农业信贷协同服务与农村金融的立法，为银保合作框架提供法律制度保障。

综上，信用保证保险是通过引入保险公司担保来为借款人融资增信的重要工具。西部地区各省份积极探索创新保险扶贫体制机制，充分发挥保险的融资增信功能，形成了以银行信贷为支撑，保险公司、资本市场、融资担保等金融机构共同发力的保险扶贫模式，为打赢脱贫攻坚战发挥了重要作用。信用保证保险在扶贫实践中存在的主要问题是保险公司无法有效运用"大数法则"进行风险预测、利益相关者之间缺少明确责任确认机制、政府超赔责任诱发银保合谋放松风险管控等。在西部地区巩固拓展脱贫攻坚成果与乡村振兴中，信用保证保险要创新"多方联动"合作机制，建立完善财政补贴及风险分担机制，保险公司方面要不断创新产品和服务模式，建立信用保证保险的风险内控体系，助推农村信用体系建设。

第八章

保险助力西部地区乡村振兴的路径及对策建议

习近平总书记指出，脱贫摘帽不是终点，而是新生活、新奋斗的起点。党的十九大提出实施乡村振兴战略，并以此作为新时代"三农"工作总抓手。党的十九届五中全会进一步将脱贫攻坚成果巩固拓展、乡村振兴全面推进作为今后五年发展的主要目标和关键指标。党的二十大报告强调，巩固拓展脱贫攻坚成果，增强脱贫地区和脱贫群众内生发展动力。实现巩固拓展脱贫攻坚成果同乡村振兴有效衔接，既是新时代中国"三农"工作的重要战略部署，亦是破解中国新时代主要矛盾、实现共同富裕的重要手段。西部地区城镇化率较低，农村人口占比较高，西部地区农村仍然面临着来自自然、社会及市场等方面的风险，脱贫人口依然具有返贫的可能性，仍然有大量中低收入及以下人群。保险机制在巩固拓展脱贫攻坚成果、保驾护航乡村振兴战略高质量实施中大有可为。本章总结了中国保险扶贫的成功经验，分析了保险助力西部地区乡村振兴的路径并提出对策建议。

第一节 中国保险扶贫的成功经验

基于大量权威研究文献以及笔者长期以来对中国保险扶贫的实践调查与实证研究结果，本书将中国保险扶贫的成功经验总结为以下几个方面。

一 坚持中国共产党的领导，建立健全中国特色的社会保障制度

中国特色社会主义最本质的特征是中国共产党领导，中国特色社会主义制度的最大优势是中国共产党领导。中华人民共和国成立 70 余年来，在中国共产党领导下，中国社会保障制度建设取得了伟大成就，逐步形成了以社会保险、社会救助、社会福利为基础，以基本养老、基本医疗、最低生活保障制度为重点的具有中国特色且为世界上规模最大的社会保障体系。中国社会保障制度不仅在保障和改善民生中发挥了基础性作用，而且在脱贫攻坚中发挥了不可替代的减贫作用，全面助力社会主义现代化建设第一个百年奋斗目标实现。在促进中国式现代化建设、实现全体人民共同富裕目标进程中，社会保障肩负着更加重大的责任与使命。

二 汇聚社会保险与商业保险之合力，形成系统性保险扶贫减贫机制

中国共产党始终坚持以人民为中心，走共同富裕发展道路，从开发式扶贫到精准扶贫，中国的保险机制充分发挥社会保险和商业保险各自功能优势，二者紧密衔接，相互补充，形成合力，共同助推脱贫攻坚，使保险精准扶贫脱贫的有效性日益增强。

一方面社会保险保基本、兜底线，不断扩大覆盖范围、提高保障水平，社会保险为绝大多数人提供了经济安全基础，提供了物质和经济保障，从而能够应对人们因年老、疾病、工伤、残疾以及失业等风险带来的长期经济问题。社会保险对低收入人群及家庭提供重点保障，针对建档立卡贫困户中超过 40% 的因病致贫人口，完善医疗保障制度，提高医疗保险和医疗救助保障水平，减轻贫困人口医疗费用负担；针对老年贫困人口，完善养老保障制度，代缴基本养老保险费，通过养老金和老年福利项目增加贫困老人收入；针对无劳动能力或劳动能力较弱的贫困人口，完善低保和特困人员供养制度，提高覆盖面及待遇水平，同时根据实际情况提供住房救助、就业救助等专项救助项目。社会保险的减贫功能在满足基本生存需求、降低贫困风险和脆弱性、减少社会不公和促进社会融合等方面都得到充分展现。另一方面，商业保险积极参与医疗保险和养老保险体系建设，完善贫困地区灾害风险转移，提供农业保

险、健康保险、信用保证保险、教育保险等，参与贫困地区综合开发，优化资金配置，重点帮助遭遇不幸的贫困阶层脱贫解困。商业保险一定程度上弥补了社会保险的局限性，筑牢因病因灾致贫返贫的"第二层防护网"。

三 商业保险精准提供多样化的保险产品和服务

自脱贫攻坚以来，商业保险精准对接各地区的"三农"风险保障需求，不断进行保险产品和服务创新。一方面保险机构通过创新政策性农业保险、家庭财产保险、重大疾病保险、健康保险、意外伤害保险等保险产品，在保障城乡居民人身风险财产安全方面发挥着重要作用，从而减缓因灾致贫、因灾返贫状况；另一方面，保险通过创新信用保证保险、扶贫小额信贷等机制，为贫困户融资提供增信支持。各大商业保险机构针对不同的保险对象实施差异化的产品设计来满足不同贫困群体多元化的风险保障需求，同时针对服务对象的变化进行动态调整，做到了扶贫对象精准性、保障内容精准性以及保障水平精准性。

四 商业保险扶贫将政府支持与市场运作相结合，创设"联办共保"机制

商业保险扶贫将政府支持和市场运作相结合，建立了政府、市场、社会共同参与的保险服务体制机制，尤其是在健康保险扶贫、农业保险扶贫以及信贷保证保险扶贫方面，形成了保险机构、金融机构、政府部门等各方优势互补、合作发力的"联办共保"机制。一方面，政府扩大政策性农险的覆盖范围，鼓励贫困农户参保，让更多农户享受到农险服务；另一方面，相关部门联合起来，激励引导商业保险机构进入农村到贫困地区开展农险业务，共同承担扶贫重任。财政方面整合扶贫资金，对保费进行全额或部分补贴。突出对建档立卡贫困人口的重点保障和精准扶贫，通过提供多种类型的扶贫保险产品和服务，兜住了贫困人口因病、因灾、因意外致贫返贫的底线，增强了贫困人口便捷获得贷款的能力。组织架构上，建立县乡村三级金融服务网络，具体由县金融服务中心、乡金融工作部、村金融工作室构成，解决了保险进农村面临的信息不对称、人力成本高、组织力量薄弱难题。

五 对建档立卡贫困户精准提供政策支持

社会保险方面，对建档立卡人口、低保对象、特困人员代缴部分或全部最低标准城乡居民养老保险保费，确保贫困人口养老保险全覆盖，社会医疗保险减免保费、降低起付点、提高报销比例等，对贫困人口及其家庭的实际医疗负担实施精准补贴，扩大和提高了贫困人口受益面和受益水平，有效发挥了社会医疗保险的扶贫脱贫效应。不断改善和提升贫困老年人、残疾人、妇女儿童的生活保障水平。持续提高农村养老金待遇和贫困老年人口医疗保障水平，使农村老年人口贫困问题得到进一步解决。针对经济困难的高龄、失能等老年人实施特殊补贴政策，惠及3689万老年人。例如，实施老年健康西部行项目，在西部贫困地区开展老年健康宣传教育，组织医务人员、志愿者开展义诊和健康指导服务，促进西部老年人健康素养和健康水平提高。建立农村留守老年人关爱服务制度，推动贫困老年人医疗保障从救治为主向健康服务为主转变，加强失能贫困老年人关爱照护等。

商业保险方面，针对建档立卡人口的农业保险产品费率可以在向监管部门报备的基础上下调20%—30%。针对贫困地区和贫困人口，各家保险公司相继出台了一系列降低农业保险费率、放宽投保门槛限制的农业保险扶贫政策。这些倾斜政策及举措，对提升贫困人口抵御风险的能力，防止因灾因病致贫返贫具有十分重要的作用。

第二节 保险助力西部地区乡村振兴的主要路径

脱贫攻坚战略旨在通过多元化手段、多维治理方法，深入推进贫困地区产业、文化、健康、就业、教育、搬迁、社会保障等帮扶措施，提升贫困群体生计资本，实现"两不愁三保障"目标，满足贫困群体的生存需求。乡村振兴则是在精准扶贫战略的基础上，围绕"巩固、增强、提升、畅通"的发展方针，强化乡村经济、文化、政治、社会、生态文明"五位一体"建设，破解乡村发展"不充分不均衡"的突出问题和矛盾，实现发展方式从"帮扶式"向"造血式"转变，激活乡村发展的内在动力，巩固和维护脱贫成果，推动乡村全面振兴，最终实现"农业强、农村美、农民富"的农业农村现代化格局。保险在保驾护航西部地区乡村振兴战略高质量实施中大有可为,其主要服务路径如下。

一 为边缘脱贫和多维相对贫困人口提供保险保障

中国已经基本解决了绝对贫困问题,扶贫的目标和工作重心转向巩固边缘脱贫家庭稳定脱贫以及解决多维相对贫困问题。部分脱贫家庭的生活还不稳定,当前国际经济形势复杂多变,稍有经济震动就有可能再次返贫。中国还有6亿中低收入及以下人群,生活水平不高,处于相对贫困状态。一方面,频发的自然灾害风险客观存在,给农业生产和经营造成巨大损失,另一方面,疾病和健康问题是致贫的主要因素,是横亘在脱贫路上的最大"拦路虎"。自然灾害风险、疾病风险以及市场风险的客观存在给巩固拓展脱贫攻坚工作带来巨大困难和不确定性,严重影响脱贫攻坚效果和乡村振兴发展的质量。

保险机制在西部地区乡村振兴建设中大有可为,能够为改善边缘脱贫和相对贫困人口福利提供切实可行选项和方案;保险的风险保障功能能够对各类风险带来的经济损失进行及时有效补偿;保险的增信功能可以帮助低收入群体更便捷地获得贷款,激发他们的内生发展动力;保险的融资功能可以打破相对贫困地区资金短缺的困局,有助于促进地方经济发展。

二 为农业生产及粮食供应链稳定提供自然风险和市场风险双保障

乡村振兴是解决"三农"问题的根本途径,不仅要解决粮食的安全和发展,更要解决农业的安全和发展、农村产业和社会的安全和发展,只有这样才能让农民富裕起来,加快缩小城乡差距,实现城乡共同富裕。2022年中央农村工作会议强调,要牢牢守住保障国家粮食安全和不发生规模性返贫两条底线。目前,全球气候变化影响日益加剧,气象灾害频发,保障粮食供应链稳定难度加大。现代农业是一个巨大的产业链,生产领域延伸到农产品储藏和流通领域,不仅农林牧副渔的生产、储藏、运销等环节需要风险保障,农房、渔船、农机、农业设施、仓储等农村财产也需要风险保障。而农业保险能为农业生产和农村财产安上自然风险和市场风险的双保险杠,保驾护航乡村振兴实施,实现农业农村现代化。

现代农业保险的完全成本保险能够承保当地主要的自然灾害、重大病虫害和意外事故等风险；农作物收入保险、牲畜等养殖业收入保险，能够通过价格保险或者收入保险来承保农牧产品的自然风险和市场风险；家庭财产险能涵盖农机具、农业仓储方面的财产风险。保险公司推出农产品价格保险、收入保险以及"保险+期货"，同时承保产量风险和价格风险。这些农险产品都能对冲部分自然灾害导致产量减产、价格波动的风险损失，既能保证种养农户和企业的收入，又能稳定农作物、经济作物以及饲养业生产供给能力，对稳产保供，稳定种植业、养殖业乃至整个农业农村的可持续发展具有重大意义。

三　为乡村产业振兴发展提供风险保障和投融资支持

随着乡村振兴战略的实施、农业农村现代化的推进，农业生产将呈现一、二、三产业融合发展及生产、加工、物流、仓储、营销等链式发展的态势，特别是农业与文化、科技、生态、旅游、教育、康养等深度融合形成的休闲农业和乡村旅游等农村新产业、新业态，呈现出主体多元化、业态多样化、设施现代化、服务规范化和发展集聚化态势。

保险业要牢牢把握乡村振兴战略总目标，以产业为切入点，顺应产业发展规律，提供风险保障和投融资支持，推进产业兴旺、农民生活富裕。一是要量身定制，助推"拳头"产业更好更强。对在当地已经形成规模且有发展前景的农产品企业，推广实施价格指数保险，并逐步扩大覆盖面。二是要对当地形成规模的特色种植业提供气象指数保险，例如茶叶气象指数保险等。三是抓住经济增长点，通过农业保险加快扶持培育乡村建设中的新动能、新技术、新产品。

四　为乡村绿色低碳化发展提供保险保障

建设美丽乡村，要注重环境保护，守得住绿水青山。绿色保险产品丰富，在建设乡村绿色低碳化发展方面具有独特的优势和作用。生态环境信贷保险、林权抵押和公益林补偿收益权质押贷款等，助力农业产业绿色低碳化生产，为保护绿水青山，做大金山银山，盘活扩大森林、草原及环保经济提供融资支持。除此之外，绿色保险还涵盖巨灾或天气风险、环境损害风险、绿色资源风险、绿色产业风险等。在风险保障方面，环境责任保险可以有效化解环境损害风险；森林保险可以助力绿色资源安全，保证保险可支持农村产业购置环保设备，进行清洁设备更新升级，从而降低产业对环境的污染，护航绿色产业发展；巨灾保险发挥保险平滑灾害引致的财政波动风险，助力社会应对全球气候问题。

五 为农村诚信文化建设提供信用风险保障

在乡村振兴中需要建立信用体系，推进诚信文化建设，防范信用风险，因此切实需要农业农村贷款保证保险、土地流转履约责任保证保险、环境污染保险、第三方责任保险等，这些保险产品主要为信用风险提供保证，在农村很需要，是保险增信功能的体现，也符合政府解决农户"贷款难、贷款贵"问题的期望。再者，信贷及信用保证保险的推广实施，有利于推进农村诚信体系建设，并树立"信用也是财产"的社会共识。

第三节　保险护航西部地区乡村振兴战略高质量实施的对策建议

在西部地区乡村振兴建设中，如何更好发挥保险的功能和优势？本书系统研究西部地区精准扶贫脱贫实践，发现保险扶贫项目之所以取得成功，至少具备了三个条件。一是需求方面，地方政府要有风险和保险意识，认识到保险在化解致贫返贫风险上的独特优势与作用，将保险作为巩固拓展脱贫攻坚和乡村振兴的有效工具，凝聚社会各方共识是保险扶贫顺利开展的首要前提。二是供给方面，保险机构应当积极响应乡村振兴战略实施需求，通过产品创新和服务创新为西部农村提供解决方案，并具备相应的承保能力和承保技术。三是合作方面，地方政府与保险机构应当创新切实有效的合作机制与合作模式。

一 确保有效的体制机制及政策扶持

首先，中央政府层面做好顶层设计，将保险作为一项制度性安排纳入政策支持体系，引导地方政府加大对保险工具的运用力度。地方政府层面，要转变传统观念，应从长远和全局角度算大账，看到保险机制的正向溢出效应，要结合当地实际运用好现代保险工具。其次，明确政府、市场、社会共同参与体制机制模式，鼓励市场化运作与竞争，明确政府与市场的边界和责任，提高保险机制运行效率。要注重发挥社会保险和商业保险两个体系的积极作用，注重市场化运作和竞争，从而提高保险机制运转效率、降低成本、减轻财政压力，鼓励技术、产品和运营模式的创新。同时，要引导社会力量积极参与，发挥有效作用。再次，持续加大相关政策的扶持力度。进一步扩大农业保险补贴规模，按照农业生产总值的一定比例加大财政补贴力度，做到农业保险补贴与农业生产规模相适应，有步骤地扩大各级财政对农业保险的补贴规模。创新财政补贴方式，改变现有的直接补贴，对于部分农业保险采用"以奖代补"政策加以支持，并制定差异化的财政补贴政策，提高保险公司的承保积极性。最后，政府部门要加强农村返贫风险的动态调整，采用分类分层的政策推动实现乡村振兴。西部地区经济发展相对落后，且西部各省份也存在区域差异，针对差异化问题，应注重梯次化原则，采用阶段性衔接，实现巩固脱贫攻坚成果同乡村振兴的有效衔接。

二 构建保险工具同乡村振兴政策体系协同机制

保险公司针对不同需求层次创新多样化产品满足农户在农业生产、重大疾病、教育等方面的风险保障。在农业生产方面，因地制宜发展"三农"特色保险；在健康方面，根据投保人实际，以投保人为核心，提供个性化的服务，要建立跨区域重大疾病绿色通道；在教育方面，积极打造"教育金+综合保险"，例如，"教育金+学业金+成家立业+重大疾病"，确保农户子女在各个阶段均可获得教育保障和健康保障；在产业方面，为了实现农业产业兴旺，需建立一系列利益联结机制，比如，"农户+企业+合作社""农户+财政+保险+银行"的利益联结机制等，同时要在制度层面对保险产业扶贫的风险进行控制。需要经过风险分散、风险监控、风险可持续管理三个方面加以实现。借助政府和保险公司等金融机构力量，对"三农"保险实施再保险，还要定点设立保险监管机构，对"三农"保险与再保险实施效果进行定期考评。通过建立多方协同机制，对农户来讲，减少了后顾之忧；对保险公司来说，扩大了业务量，打开了农村市场，发掘了潜在市场客户；对政府来说，完善了社会治理机制，减少了转移支付的财政压力，实现多方协同持续发展。

三　因地制宜丰富保险产品

随着农业产业化的发展，新型农业经营主体发展势头良好，成为农业高质量发展的新趋势，保险能够有效分散农业遭受的自然风险和市场风险，保险机构应进一步研发和丰富保险产品，更好地满足新型农业经营主体的多元化保险需求，助力农业产业化发展，实现乡村振兴。西部农村地区自然环境、地理环境等方面具有一定的差异，因而各地的保险需求和消费不尽相同。各家保险公司应加大对西部地区农业产业发展方面的保险产品开发，以便满足不同地域的保险需求。在保险产品开发中坚持创新性与适用性相结合，在人身保险方面，根据当地的实际情况，积极推出小额人身保险、大病保险、养老补充保险、消费性医疗保险、教育保险等多元化的选择。在财产保险方面，可以开展房屋保险加责任保险的组合，切实避免风险发生后带来的财务压力。在农业产业化方面，为了提升农户的自力更生能力，要为农户提供融资担保，可以开展小额信贷保证保险，助力农户进行扩大生产，提高经济收入。同时，要根据当地的经济作物，丰富特色农业保险产品，比如农产品价格指数保险、气象指数保险等。在产品销售方面，提供农产品质量保证保险，可以稳定农产品的销路。

四　不断拓宽保险服务领域

根据地方经济发展实际，要不断拓宽保险服务领域，增强主动服务性。以"保险+"为重要依托，积极拓展保险服务领域。2021年1月，习近平总书记在中央农村工作会议上强调，要加快发展乡村产业，顺应产业发展规律，立足当地特色资源，推动乡村产业发展壮大，优化产业布局，完善利益联结机制，让农民更多分享产业增值收益。保险机构要充分发挥自身基层服务队伍的辐射作用，深化农村地区各项工作，通过"保险+"供给体系，以"米袋子""菜篮子""果盘子"等一揽子重要农产品保险及农家保、民生保等关注民生保障的拳头产品为基础，为广大农户提供贴息贷、保费贷、保单贷等普惠金融产品，真正满足农村群众对金融保险的服务需求，为农村特色产业发展提供有力支持。此外，随着信息技术的发展，科技赋能保险，有助于推动乡村振兴。保险公司要建立和完善一套"金融造血、精准帮扶、长效促进"为特点的产业帮扶模式，通过科技赋能整个乡村产业链，以保险创新撬动产业发展。为此要建立由政府、农户农企、保险公司共同参与的"智慧农业一体化解决方案"，实现科技赋能保险，促进保险产品创新、模式创新，让更多的农户切实感受到科技带来的利益，提升农户获得感。

五 完善激励相容的保险业监管机制

完善对保险业的激励机制，有助于使保险机构主动参与乡村振兴战略，同时也要加强监管，促进保险业健康可持续发展。一方面，政府机构要采取税收优惠、保费补贴等方式有针对性地给予保险机构支持，同时要加大保险基金对乡村振兴投资的政策支持力度，让政策支持、市场化运作与保险机构职能相结合，有效降低风险，提升资金利用效率。通过直接或间接激励方式引导保险机构扩大对农村产业的支持，扩大农业保险与农村养老保险覆盖率。除了传统的财政税收支持以外，要不断创新激励方式，激发保险机构助力乡村振兴的积极性。另一方面，完善对保险机构的监管约束机制。首先，健全保险监管机制，加强对基层保险机构的监管治理，尤其是农村保险市场的不规范行为。其次，加强保险业协会监督体系，积极发挥行业协会的监督作用，对违规行为进行及时处理，维护市场秩序。最后，完善考评机制。从法律层面设置基础考评机制、监督机制、绩效保障机制，依靠政府、行业、监管机构等多方力量，保障当地保险政策能及时、准确、持续落地见效，从而促进农村保险市场健康、平稳、可持续发展。

六 保险科技赋能助力保险业高质量发展

随着大数据、云计算和人工智能技术的兴起，数字技术在各行业得到广泛应用。保险科技涵盖了人工智能、区块链、云计算等底层技术，契合保险行业应用场景，促进了保险业多维度变革。保险科技可以有效降低保险公司运营成本，提高理赔效率。尤其对于农业保险而言，将大数据、云计算等数字技术应用到勘验定损中，降低查勘、理赔成本，缩短理赔周期，提高服务质量。因此，要加大保险科技在乡村振兴建设中的应用力度，助推保险业实现高质量发展。一方面，要加大保险科技应用试点推广力度。保险科技仍为新鲜事物，其研发需要一个过程，针对农业保险科技，要加大试点力度，如中国平安财产保险股份有限公司陕西分公司与中化现代农业有限公司合作的 MAP 大数据小麦产量保险在陕西省渭南市华州区试点。通过试点，不断积累经验，待技术成熟后在全域推广，可有效防范保险创新带来的风险。另一方面，要构建信息共享机制。保险科技需要数据作为支撑，单靠保险公司搜集的信息难以满足需要。因此，要制定农业保险数据共享机制，降低数据获取成本，逐步破除政府管理部门、保险机构和被保险人之间的数据鸿沟。同时，要加大数据知识产权保护力度，保护保险公司的商业机密，提高数据安全性。从而使保险科技助推保险业高质量发展，进而为乡村振兴提供大力支持。

参考文献

一 中文文献

鲍震宇、赵元凤，2018，《农村居民医疗保险的反贫困效果研究——基于PSM的实证分析》，《江西财经大学学报》第1期。

陈华等，2017，《"新农合"缓解了农村居民的贫困程度吗?》，《科学决策》第10期。

陈中南、孙圣民，2022，《大病保险的减贫效果研究——基于CFPS数据的实证分析》，《暨南学报》（哲学社会科学版）第3期。

邓大松、杨晶，2019，《养老保险、消费差异与农村老年人主观幸福感——基于中国家庭金融调查数据的实证分析》，《中国人口科学》第4期。

丁静、徐英奇，2021，《商业补充医疗保险对农村家庭贫困脆弱性的影响》，《中国卫生政策研究》第6期。

都阳、蔡昉，2005，《中国农村贫困性质的变化与扶贫战略调整》，《中国农村观察》第5期。

段白鸽、何敏华，2021，《政策性农业保险的精准扶贫效果评估——来自中国准自然实验的证据》，《保险研究》第11期。

方迎风、周辰雨，2020，《健康的长期减贫效应——基于中国新型农村合作医疗政策的评估》，《当代经济科学》第4期。

冯文丽，2004，《我国农业保险市场失灵与制度供给》，《金融研究》第4期。

冯文丽、苏晓鹏，2020，《农业保险助推乡村振兴战略实施的制度约束与改革》，《农业经济问题》第4期。

高健、丁静，2021，《新农合大病保险能缓解农村长期贫困吗？——来自贫困脆弱性视角的检验》，《兰州学刊》第 4 期。

高鸣等，2017，《补贴减少了粮食生产效率损失吗？——基于动态资产贫困理论的分析》，《管理世界》第 9 期。

顾昕，2017，《社会医疗保险和全民公费医疗：医疗保障制度的国际比较》，《行政管理改革》第 12 期。

郭怀成等，2004，《西部地区反贫困与生态环境可持续性研究——以新疆和墨洛地区为例》，《北京大学学报》（自然科学版）第 1 期。

和萍等，2020，《降低贫困脆弱性更有效的政策：直接补贴还是保险？——以宁夏回族自治区 Y 县为例》，《中央民族大学学报》（哲学社会科学版）第 1 期。

黄薇，2017，《医保政策精准扶贫效果研究——基于 URBMI 试点评估入户调查数据》，《经济研究》第 9 期。

黄薇，2019，《保险政策与中国式减贫：经验、困局与路径优化》，《管理世界》第 1 期。

贾若，2020，《后脱贫时代中边缘脱贫和相对贫困群体的保险扶贫方案》，《中国保险》第 7 期。

江洁，2018，《保险扶贫的四个路径》，《人民论坛》第 22 期。

康萌萌，2018，《中国保险业减贫效应区域差异及门槛特征研究——基于 2003—2015 年省际空间面板数据的实证研究》，《保险研究》第 7 期。

柯甫榕等，2017，《商业保险支持精准扶贫的路径研究》，《福建金融》第 6 期。

李静，2019，《中国健康扶贫的成效与挑战》，《求索》第 5 期。

李立清、龚君，2020，《农村贫困人口健康问题研究》，《湖南社会科学》第 2 期。

李文中，2014，《小额贷款保证保险在缓解小微企业融资难中的作用——基于银、企、保三方的博弈分析》，《保险研究》第 2 期。

李小云等，2019，《新中国成立后 70 年的反贫困历程及减贫机制》，《中国农村经济》第 10 期。

李玉华，2017，《保险助力精准扶贫：作用机理、功能价值与对策建议》，《南方金融》第 8 期。

廖朴等，2019，《信贷、保险、"信贷+保险"的扶贫效果比较研究》，《保险研究》第2期。

廖新年，2012，《商业保险支持农村扶贫开发初探》，《保险职业学院学报》第3期。

林木西、白晰，2021，《因灾返贫政府干预的基本逻辑和作用机制》，《政治经济学评论》第4期。

凌颖慧等，2023，《科技赋能农业保险发展研究——以江苏省为例》，《江苏农业科学》第1期。

刘汉成、陶建平，2020，《倾斜性医疗保险扶贫政策的减贫效应与路径优化》，《社会保障研究》第4期。

刘慧侠、赵守国，2004，《我国政府介入医疗保险的政策研究》，《中国软科学》第11期。

刘金霞、梁晓宁，2018，《保险精准扶贫模式经验借鉴——基于顶梁柱健康扶贫公益保险的分析》，《中国保险》第10期。

刘林等，2011，《西北地区城镇居民贫困程度的测度与实证分析》，《人口学刊》第6期。

刘然、刘慧侠，2014，《全民医保体系下商业健康险与社会医疗保险如何共赢》，《金融经济》第10期。

刘喜堂，2010，《建国60年来我国社会救助发展历程与制度变迁》，《华中师范大学学报》（人文社会科学版）第4期。

刘小珉，2015，《民族地区农村最低生活保障制度的反贫困效应研究》，《民族研究》第2期。

刘妍等，2020，《"后脱贫时代"返贫风险与保险反贫困对策——基于南京市A区的调研》，《江苏农业科学》第21期。

刘一伟，2017，《社会保障支出对居民多维贫困的影响及其机制分析》，《中央财经大学学报》第7期。

刘子宁等，2019，《医疗保险、健康异质性与精准脱贫——基于贫困脆弱性的分析》，《金融研究》第05期。

柳清瑞、刘淑娜，2019，《农村基本养老保险的减贫效应——基于PSM-DID的实证分析》，《人口与发展》第3期。

马振涛，2018，《保险扶贫：内在机理、工具构成及价值属性》，《西南金融》第 10 期。

牛晓睿等，2020，《贷款保证保险对农户正规金融选择影响研究——以江苏省农业保险贷为例》，《农业与技术》第 12 期。

潘国臣、李雪，2016，《基于可持续生计框架（SLA）的脱贫风险分析与保险扶贫》，《保险研究》第 10 期。

裴光，2020，《农业保险助力乡村振兴》，《中国金融》第 13 期。

蒲实、袁威，2021，《中国共产党的百年反贫困历程及经验》，《行政管理改革》第 5 期。

齐良书，2011，《新型农村合作医疗的减贫、增收和再分配效果研究》，《数量经济技术经济研究》第 8 期。

乔庆梅，2008，《从"五年规划"看中国社会保障发展 30 年》，《社会保障研究》第 2 期。

人社部农保司、人社部社保中心，2020，《社保扶贫攻坚战大事记》，《中国社会保障》第 10 期。

任志江、苏瑞珍，2020，《增强医疗保障减贫效应的再分配实现机制研究——基于改善亲贫性的视角》，《中国行政管理》第 8 期。

瑞士再保险，2018，《保险扶贫的理论与实践：以中国为例》，《上海保险》第 5 期。

邵全权等，2017，《农业保险对农户消费和效用的影响——兼论农业保险对反贫困的意义》，《保险研究》第 10 期。

沈小波、林擎国，2005，《贫困范式的演变及其理论和政策意义》，《经济学家》第 6 期。

史培军等，1997，《最近 15 年来中国气候变化、农业自然灾害与粮食生产的初步研究》，《自然资源学报》第 3 期。

孙昂、姚洋，2006，《劳动力的大病对家庭教育投资行为的影响——中国农村的研究》，《世界经济文汇》第 1 期。

孙武军、祁晶，2016，《保险保障、家庭资本增长与贫困陷阱》，《管理科学学报》第 12 期。

孙向谦、王红波，2019，《商业保险公司参与健康扶贫的路径、挑战与对策》，《卫生经济研究》第 7 期。

谭英平、董奇，2020，《我国农业保险扶贫效率研究——基于三阶段 DEA

模型的分析》,《价格理论与实践》第 4 期。

童天天、周一鸣,2021,《多维贫困视角下社会保险减贫效应研究》,《宏观经济研究》第 8 期。

庹国柱,2021a,《发展政策性农业保险 护航乡村振兴战略》,《中国农村金融》第 16 期。

庹国柱,2021b,《论地方政府在农业保险中的职责和权力》,《农村金融研究》第 3 期。

万广华、胡晓珊,2021,《中国相对贫困线的设计:转移性支出的视角》,《财政研究》第 6 期。

汪晨等,2020,《中国减贫战略转型及其面临的挑战》,《中国工业经济》第 1 期。

汪丽萍,2016,《天气指数保险及创新产品的比较研究》,《保险研究》第 10 期。

汪三贵、冯紫曦,2019,《脱贫攻坚与乡村振兴有机衔接:逻辑关系、内涵与重点内容》,《南京农业大学学报》(社会科学版)第 5 期。

汪三贵、胡骏,2020,《从生存到发展:新中国七十年反贫困的实践》,《农业经济问题》第 2 期。

汪三贵、刘明月,2020,《从绝对贫困到相对贫困:理论关系、战略转变与政策重点》,《社会科学文摘》第 12 期。

汪伟,2012,《人口老龄化、养老保险制度变革与中国经济增长——理论分析与数值模拟》,《金融研究》第 10 期。

王韧、王弘轩,2017,《基于决策树的农业保险精准扶贫研究——以湖南省 14 地市为例》,《农村经济》第 11 期。

王琬,2020,《健康保险参与精准扶贫:基于地方经验的考察》,《中国医疗保险》第 1 期。

王向楠,2011,《农业贷款、农业保险对农业产出的影响——来自 2004—2009 年中国地级单位的证据》,《中国农村经济》第 10 期。

王兴智,2018,《商业健康保险精准扶贫调查——以中国人寿青海省分公司为例》,《青海金融》第 8 期。

王绪瑾、王翀,2020,《我国农业保险创新实践》,《中国金融》第 13 期。

王彦历,2019,《对宁夏老龄化背景下健康险发展研究》,《保险理论与实践》第 5 期。

吴传清、郑开元，2008，《保险精准扶贫的路径选择与促进机制》，《甘肃社会科学》第 3 期。

武汉大学乡村振兴研究课题组，2021，《脱贫攻坚与乡村振兴战略的有效衔接——来自贵州省的调研》，《中国人口科学》第 2 期。

席恒等，2021，《光荣与梦想：中国共产党社会保障 100 年回顾》，《管理世界》第 4 期。

夏支平，2020，《后脱贫时代农民贫困风险对乡村振兴的挑战》，《江淮论坛》第 1 期。

向阳生，2013，《扶贫开发与农村低保制度的有效衔接及评估与改革》，《贵州社会科学》第 12 期。

谢远涛、杨娟，2018，《医疗保险全覆盖对抑制因病致贫返贫的政策效应》，《北京师范大学学报》（社会科学版）第 4 期。

星焱，2018，《改革开放 40 年中国金融扶贫工具的演化》，《四川师范大学学报》（社会科学版）第 6 期。

徐多、黄健英，2021，《民族地区商业保险扶贫效率研究——基于 AHP-DEA 模型分析》，《西南民族大学学报》（人文社会科学版）第 11 期。

徐婷婷、孙蓉，2022，《政策性农业保险能否缓解贫困脆弱性——基于典型村庄调研数据的分析》，《农业技术经济》第 2 期。

徐小言，2018，《农村居民"贫困—疾病"陷阱的形成分析》，《山东社会科学》第 8 期。

徐泽宇、栾敬东，2020，《多层次农业保险体系构建的路径与瓶颈——来自安徽省的经验》，《学术界》第 12 期。

杨馥、刘悦，2018，《基于层次分析法的保险精准扶贫绩效评价指标体系研究》，《保险职业学院学报》第 2 期。

杨穗、鲍传健，2018，《改革开放 40 年中国社会救助减贫：实践、绩效与前瞻》，《改革》第 12 期。

杨穗、赵小漫，2021，《建党百年来中国的社会保障减贫》，《中国延安干部学院学报》第 5 期。

于新亮等，2019，《慢病致贫与多层次医疗保障研究》，《保险研究》第 12 期。

张伟等，2014，《民族地区农业保险补贴政策评价与补贴模式优化——基于反贫困视角》，《中央财经大学学报》第8期。

张子豪、谭燕芝，2020，《认知能力、信贷与农户多维贫困》《农业技术经济》第8期。

赵磊、吴媛，2018，《中国旅游业与农村贫困减缓：事实与解释》，《南开管理评论》第6期。

郑功成，2010，《中国社会保障改革与未来发展》，《中国人民大学学报》第5期。

郑功成，2021，《面向2035年的中国特色社会保障体系建设——基于目标导向的理论思考与政策建议》，《社会科学文摘》第4期。

郑丽莎，2010，《发挥商业医疗保险在扶贫解困中的资源配置优化作用》，《科教导刊》（中旬刊）第14期。

郑伟等，2018，《保险扶贫项目的评估框架及应用——基于两个调研案例的分析》，《保险研究》第8期。

周稳海等，2014，《农业保险发展对农民收入影响的动态研究——基于面板系统GMM模型的实证检验》，《保险研究》第5期。

朱华雄、阳甜，2016，《中国共产党人的早期社会保障思想探析（1921—1949）》，《贵州社会科学》第3期。

朱蕊、江生忠，2019，《我国政策性农业保险的扶贫效果分析》，《保险研究》第2期。

邹新阳、温涛，2021，《普惠金融、社会绩效与乡村振兴——基于30省（区、市）的面板数据》，《改革》第4期。

左停等，2018，《路径、机理与创新：社会保障促进精准扶贫的政策分析》，《华中农业大学学报》（社会科学版）第1期。

左停等，2021a，《巩固拓展脱贫攻坚成果的机制与路径分析——基于全国117个案例的文本研究》，《华中农业大学学报》（社会科学版）第2期。

左停等，2021b，《巩固拓展脱贫攻坚成果同乡村振兴有效衔接的政策维度与框架》，《贵州社会科学》第10期。

［印］阿马蒂亚·森，2002，《以自由看待发展》，任赜、于真译，中国人民大学出版社。

刘慧侠，2011，《转型期中国经济增长中的健康不平等研究》，中国经济出版社。

孙祁祥，2009，《保险学》（第四版），北京大学出版社。

魏华林、林宝清主编，2006，《保险学》（第二版），高等教育出版社。

张晓等，2000，《中国水旱灾害的经济学分析》，中国经济出版社。

二　英文文献

Ali, A., E. Thorbecke, 2000, "The State and Path of Poverty in Sub-Saharan Africa: Some Preliminary Results", *Journal of African Economies*, Vol. 9, No. 1.

Asfaw, A., J. P. Jütting, 2007, "The Role of Health Insurance in Poverty Reduction: Empirical Evidence from Senegal", *International Journal of Public Administration*, Vol. 30, No. 8 – 9.

Barnett, B. J. et al., 2008, "Poverty Traps and Index-based Risk Transfer Products", *World Development*, Vol. 36, No. 10.

Barrett, C. B. et al., 2008, "Poverty Traps and Social Protection", *Social Protection Discussion Papers and Notes*, Vol. 20, No. 35.

Becker, G. S., 1995, "Human Capital and Poverty Alleviation", Human Capital Working Paper.

Bejarano, L. et al., 2000, "Glycoalkaloids in Potato Tubers: The Effect of Variety and Drought Stress on the α-solanine and α-chaconine Contents of Potatoes", *Journal of the Science of Food and Agriculture*, Vol. 80, No. 14.

Brown, W., C. Churchill, 2020," Insurance Provision in Low-income Communities, Part Ⅱ: Initial Lessons from Micro-insurance Experiments for the Poor ", Microenterprise Best Practices, Bethesda (MD): Development Alternatives Inc.

Chamber, R., 1995, "Poverty and Livelihoods: Whose Reality Counts", *Environment and Urbanization*, Vol. 7, No. 1.

Churchill, Craig, 2007, *Protecting the Poor: A Microinsurance Compendium*, International Labor Office, 2007.

Clarke, D. J., S. Dercon, *Dull Disasters? How Planning Ahead will Make a*

Difference, Oxford University Press, 2016.

Coble, K. H., B. J. Barnett, 2013, "Why Do We Subsidize Crop Insurance?", *American Journal of Agricultural Economics*, Vol. 95, No. 2.

Cole, S. et al., 2014, "Dynamics of Demand for Index Insurance: Evidence from a Long-run Field Experiment", *American Economic Review*, Vol. 104, No. 5.

David, Brady, 2005, "The Welfare State and Relative Poverty in Rich Western Democracies, 1967 – 1997", *Social Forces*, No. 4.

Dercon, S., L. Christiaensen, 2011, "Consumption Risk, Technology Adoption and Poverty Traps: Evidence from Ethiopia", *Journal of Development Economics*, Vol. 96, No. 2.

Dercon, S. et al., 2014, "Offering Rainfall Insurance to Informal Insurance Groups: Evidence from a Field Experiment in Ethiopia", *Journal of Development Economics*, Vol. 106, No. 5.

Ettner, S. L., 1996, "New Evidence on the Relationship between Income and Health", *Journal of Health Economics*, Vol. 15, No. 1.

Finkelstein, A. et al., 2012, "The Oregon Health Insurance Experiment: Evidence from the First Year", *The Quarterly Journal of Economics*, Vol. 127, No. 3.

Foster, J. et al., 1984, "A Class of Decomposable Poverty Measures", *Journal of Econometrics*, Vol. 52, No. 2.

Fulford, S. L., 2013, "The Effects of Financial Development in the Short and Long Run: Theory and Evidence from India", *Journal of Development Economics*, Vol. 104, No. 5.

Gaiha, R., 1993, *Design of Poverty Alleviation Strategy in Rural Areas*, Food & Agriculture Org.

Geda, A., 2006, "Openness, Inequality and Poverty in Africa", Working Papers, Sponsored by United Nations, Department of Economics and Social Affairs.

Glauber, J. W. et al., 2021, "US Farm Support under a Biden Administration: Plus ça Change, plus c'est la même chose?", *Canadian Journal of*

Agricultural Economics, Vol. 69, No. 1.

Goodwin, B. K., 2001, "Problems with Market Insurance in Agriculture", *American Journal of Agricultural Economics*, Vol. 83, No. 3.

Goodwin, B. K., V. H. Smith, 2013, "What Harm is Done by Subsidizing Crop Insurance?", *American Journal of Agricultural Economics*, Vol. 95, No. 2.

Gross, T., M. J. Notowidigdo, 2011, "Health Insurance and the Consumer Bankruptcy Decision: Evidence from Expansions of Medicaid", *Journal of Public Economics*, Vol. 95, No. 7 – 8.

Gulli, H., 1998, *Microfinance and Poverty: Questioning the Conventional Wisdom*.

Hamid, S. A. et al., 2011, "Can Micro Health Insurance Reduce Poverty? Evidence from Bangladesh", *Journal of Risk and Insurance*, Vol. 78, No. 1.

Hill, R. V., A. Viceisza, 2012, "A Field Experiment on the Impact of Weather Shocks and Insurance on Risky Investment", *Experimental Economics*, Vol. 15, No. 2.

Himmelstein, D. U. et al., 2005, "Illness and Injury as Contributors to Bankruptcy", *Health Affairs*, Vol. 24, No. 1.

Innes, Robert, 2003, "Crop Insurance in a Political Economy: An Alternative Perspective on Agricultural Policy", *American Journal of Agricultural Economics*, Vol. 85, No. 2.

Golan, Jennifer et al., 2017, "Unconditional Cash Transfers in China: Who Benefits from the Rural Minimum Living Standard Guarantee (Dibao) Program?", *World Development*, Vol. 93, No. 2.

Janzen, R. et al., 2007, "Capturing System Level Activities and Impacts of Mental Health Consumer-run Organizations", *American Journal of Community Psychology*, Vol. 39, No. 3.

Janzen, S. A. et al., 2016, "Asset Insurance Markets and Chronic Poverty", Working paper.

Jensen, N. et al., 2015, "Index Insurance and Cash Transfers: A Comparative Analysis from Northern Kenya", Mpra Paper.

Jutting, J., R. Ahuja, 2003, "Are the Poor too Poor to Demand Health Insurance", *Journal of Microfinance*, Vol. 6, No. 13.

Kakwani, N., 1980, "On a Class of Poverty Measures", *Econometrica*, Vol. 48, No. 2.

Karlan, D. et al., 2014a, "Agricultural Decisions after Relaxing Credit and Risk Constraints", *The Quarterly Journal of Economics*, Vol. 129, No. 2.

Karlan, D. et al., 2014b, "Savings by and for the Poor: A Research Review and Agenda", *Review of Income and Wealth*, Vol. 60, No. 1.

Kochar, A., 2004, "Ill-health, Savings and Portfolio Choices in Developing Economies", *Journal of Development Economics*, Vol. 73, No. 1.

Kovacevic, R. M., G. C. Pflug, 2011, "Does Insurance Help to Escape the Poverty Trap?: A Ruin Theoretic Approach", *Journal of Risk and Insurance*, Vol. 78, No. 4.

Lane, Kenworthy, 1999, "Do Social Welfare Policies Reduce Poverty? A Cross-National Assessment", *Social Force*, No. 3.

Long, G. T., W. D. Pfau, 2009, "Ageing, Poverty and the Role of a Social Pension in Vietnam", *Development and Change*, Vol. 40, No. 2.

Mechler, R. et al., 2006, "Disaster Insurance for the Poor? A Review of Microinsurance for Natural Disaster Risks in Developing Countries", Provention Consortium.

Miranda, M. J., C. Gonzalez-Vega, 2011, "Systemic Risk, Index Insurance, And Optimal Management of Agricultural Loan Portfolios in Developing Countries", *American Journal of Agricultural Economics*, Vol. 93, No. 2.

Morduch, J., 1999, "The Microfinance Promise", *Journal of Economic Literature*, Vol. 37, No. 4.

Patel, S., 2002, "Insurance and Poverty Alleviation", *The Cooperative Advantage*.

Ranson, M. K., 2002, "Reduction of Catastrophic Health Care Expenditures by a Community-based Health Insurance Scheme in Gujarat, India: Current Experiences and Challenges", *Bulletin of the World Health Organization*, Vol. 80, No. 8.

Rowntree, B. S., 1902, *Poverty: A Study of Town Life*, Macmillan.

Runciman, W. G., 1966, *Relative Deprivation and Social Justice: A Study of Attitudes to Social Inequality in Twentieth-century England*, Routledge & Kegan Paul.

Rutherford, P., 2000, *Endless Propaganda: The Advertising of Public Goods*, Toronto: University of Toronto Press.

Sampalis, J. S. et al., 1999, "Trauma Care Regionalization: A Process-outcome Evaluation", *Journal of Trauma and Acute Care Surgery*, Vol. 46, No. 4.

Santos, P., C. B. Barrett, 2006, "Informal Insurance in the Presence of Poverty Traps: Evidence from Southern Ethiopia", *Ssrn Electronic Journal*.

Sarah, A. et al., 2021, "Can Insurance Alter Poverty Dynamics and Reduce the Cost of Social Protection in Developing Countries?", *Journal of Risk & Insurance*, Vol. 88, No. 2.

Sauerborn, R. et al., 1996, "Seasonal Variations of Household Costs of Illness in Burkina Faso", *Social Science & Medicine*, Vol. 43, No. 3.

Schultz, T. W., 1960, "Capital Formation by Education", *Journal of Political Economy*, Vol. 68, No. 6.

Sen, A. K., 1976, "Poverty: An Ordinal Approach to Measurement", *Econometrica*, Vol. 44, No. 2.

Chen, Shaohua et al., 2008, *Does the Di Bao Program Guarantee a Minimum Income in China's Cities?* Washington D. C.: World Bank.

Smith, P. et al., 2007, "Policy and Technological Constraints to Implementation of Greenhouse Gas Mitigation Options in Agriculture", *Agriculture, Ecosystems & Environment*, Vol. 118, No. 1 – 4.

Song, Zhanjun, Wen Xinxing, 2018, "The Role and Realization Path of Commercial Health Insurance in Tackling Poverty Alleviation", China International Conference on Insurance and Risk Management, No. 1.

Strobel, P., 1996, "From Poverty to Exclusion: A Wage-earning Society or a Society of Human Rights?", *International Social Science Journal*, Vol. 48, No. 148.

Torkamani, J., 2009, "Effects of Agricultural Crop Insurance on Farmers'

Risk Aversion and Income Distribution: A Case Study of Fars Province", *Journal of Agricultural Economics Research*, Vol. 81, No. 1.

Townsend, J., 1971, *A Dissertation on the Poor Laws: By a Well-wisher to Mankind*, California: University of California Press.

Villasenor, J., B. C. Arnold, 1989, "Elliptical Lorenz Curves", *Journal of Econometrics*, Vol. 40, No. 2.

Wagstaff, A., M. Lindelow, 2008, "Can Insurance Increase Financial Risk?: The Curious Case of Health Insurance in China", *Journal of Health Economics*, Vol. 27, No. 4.

Zimmerman, F. J., M. R. Carter, 2003, "Asset Smoothing, Consumption Smoothing and the Reproduction of Inequality under Risk and Subsistence Constraints", *Journal of Development Economics*, Vol. 71, No. 2, 2003.

后　　记

　　贫困是人类社会的顽疾，如何摆脱贫困是一项世界性难题。导致贫困的因素多种多样，既有社会经济和制度因素，又有自然灾害和个人因素，解决贫困问题就要增强贫困人口抵御风险和参与市场、社会活动的能力。保险作为一种风险管理手段，其本质是互帮互助、扶危济困，与扶贫开发有着天然的内在联系，各类保险计划及多样化的保险工具是国际扶贫减贫的一项重要战略。西部农村贫困是中国脱贫攻坚战的重点领域，在精准扶贫脱贫攻坚阶段，西部地区各省份根据当地致贫原因和脱贫需求，创设多项支持政策，形成社会保险、商业保险与其他金融机构优势互补、合作发力的保险扶贫机制，创新出一系列保险扶贫模式，有效减缓了疾病和自然灾害给农民带来的各种风险冲击，提升了贫困地区广大群众的风险抵御能力及脱贫内生动力。西部地区保险扶贫的创新举措、机制模式、脱贫效果，有待从理论与实证方面全面系统研究，其实践经验值得总结推广。

　　2020年，中国脱贫攻坚战取得全面胜利，区域性整体绝对贫困已得到彻底解决，但广大农村的相对贫困仍然存在，特别是西部地区受自然条件和基础设施的制约更大，风险抵御能力较低，因而重视后脱贫时代"三农"面临的"风险性"尤为重要。习近平总书记指出："脱贫摘帽不是终点，而是新生活、新奋斗的起点。"长效脱贫机制的构建是巩固拓展脱贫攻坚成果的关键。党的二十大报告强调："巩固拓展脱贫攻坚成果，增强脱贫地区和脱贫群众内生发展动力。"那么，后脱贫时代，如何发挥保险功能的新渠道、新路径，如何构建可持续的保险扶贫长效机制，进而形成稳定的脱贫体系，持续不断增强脱贫地区和贫困群众的内生发展能力和动力,是当前学者和政策制定者关注的焦点问题。

本书以中国西部地区为例,从理论与实践结合角度全面系统研究保险扶贫的机制模式创新及减贫效果问题,并结合当前西部农村地区巩固拓展脱贫攻坚成果与乡村振兴建设的实际,探索如何构建有效衔接机制、完善衔接策略、优化衔接路径。本书总结提炼出更具普遍理论意义和实践应用价值的中国特色保险扶贫的机制路径、经验与智慧。第一,基于研究文献及国际、国内保险扶贫实践,提出了保险扶贫机制与路径分析框架——"社会保险+商业保险"双保险体系扶贫机制,社会保险为消除绝对贫困提供兜底性保障,有效遏制贫困增量,而商业保险能够预防风险、补偿经济损失,进而减少贫困存量。第二,系统分析中华人民共和国成立70余年来保险扶贫的机制路径演进特征,分析了每一个阶段社会保险、商业保险扶贫的相关政策举措、扶贫机制、路径模式以及减贫成效。第三,整理出西部农村保险扶贫的典型模式和案例。我们调查挖掘西部地区12个省份在农业保险、健康保险、信用保证保险、产业扶贫、教育扶贫等方面的典型模式、运行机制,分析每一种模式下各大保险公司创新的扶贫产品服务、承保风险、损失补偿方式和扶贫案例,分析总结成功经验、存在的主要问题,提出对策选择。这些案例真实典型,其运行机制、成功举措具有可操作性、可借鉴性以及可推广性。第四,总结中国保险扶贫的成功经验:坚持中国共产党的领导,建立健全中国特色的社会保障制度;汇聚社会保险与商业保险之合力,形成系统性保险扶贫减贫机制;商业保险精准提供多样化的保险产品和服务;商业保险扶贫将政府支持与市场运作相结合,创设"联办共保"机制;对建档立卡贫困户精准提供政策支持。这些成功经验,是中国通过保险机制扶贫减贫的智慧与方略,也是中国对国际社会保险减贫理论和政策的重要贡献。第五,提出了保险助力西部地区乡村振兴的路径和对策建议。

本书是由刘慧侠与几位博士研究生、硕士研究生合作完成,由刘慧侠提出研究思路及写作提纲,经多次讨论最后确定。在写作过程中,闫永生、付志颖、高智美承担了大量的组织、撰稿及统稿工作。本书各章撰写者如下:第一章由刘慧侠撰写;第二章由高智美撰写;第三章由付志颖撰写;第四章、第五章由闫永生撰写;第六章由李艳珍撰写;第七章由朱玉婷撰写;第八章由高智美撰写。初稿完成之后,刘慧侠对各章节在内容上进行了较大幅度的补充与完善。袁钰莹、高海波、郭子珣、朱睿协助承担文献资料查询整理工作。

本书得到陕西省社会科学基金项目"陕西保险精准扶贫模式创新及脱贫效果研究"（批准号：2017D033）、陕西省保险学会研究课题"陕西保险业声誉风险防范机制研究"（批准号：202111）的资助，以及西北大学经济管理学院的大力支持。

在本书编辑出版过程中，中国社会科学出版社的王茵副总编给予大力支持，周佳编辑对本书进行了大量细致的编辑工作，在此表示深深的感谢。因作者水平有限，书中不足之处在所难免，恳请学界予以包容及批评指正。

本书在分析保险扶贫机理与路径、国际国内扶贫实践、中华人民共和国成立70余年来中国保险扶贫的机制路径演进发展以及西部保险扶贫模式及案例时，参考了许多前人的研究成果，在参考文献中进行了罗列，若有疏漏请予谅解。在此，对所有的成果作者表示衷心感谢！

刘慧侠
2023年7月于西北大学长安校区